21世纪经济学类管理学类专业主干课程系列教材

成本会计
（第3版）

主编　唐婉虹

清华大学出版社
北京交通大学出版社
·北京·

内容简介

本书以企业会计准则、会计制度及其他经济法律为依据，全面论述了成本会计的基本理论、基本方法。成本会计领域的一些新的研究成果在本书中也有所体现，将作业成本法、战略成本管理纳入所编写的内容，并注意吸收借鉴已有教材的优点。

本书的结构和内容，按照学习和理解成本会计课程的规律来安排，深度适中，易于学习和理解，力求做到理论联系实际。在基本理论方面，尽可能吸收我国成本会计理论研究的最新成果；在实务上，围绕教材内容，精心设计大量例题，并在每章内容之后配有练习题，便于读者掌握成本会计的基本理论和基本方法及实务操作技能。

本书既可以作为高等院校会计学和财务管理专业的主干课程教材，也可用作其他相关专业的教材和参考书，还可供从事不同层次会计教学工作的教师、从事会计实务的管理人员及从事经济工作的管理人员阅读参考。

图书在版编目（CIP）数据

成本会计/唐婉虹主编. —3版. —北京：北京交通大学出版社；清华大学出版社，2018.11（2021.7重印）
（21世纪经济学类管理学类专业主干课程系列教材）
ISBN 978-7-5121-3725-7

Ⅰ.①成…　Ⅱ.①唐…　Ⅲ.①成本会计-教材　Ⅳ.①F234.2

中国版本图书馆CIP数据核字（2018）第218824号

成本会计
CHENGBEN KUAIJI

策划编辑：郭东青
责任编辑：郭东青
出版发行：清华大学出版社　邮编：100084　电话：010-62776969
　　　　　北京交通大学出版社　邮编：100044　电话：010-51686414
印 刷 者：北京鑫海金澳胶印有限公司
经　　销：全国新华书店
开　　本：185 mm×260 mm　印张：17.25　字数：448千字
版　　次：2018年11月第3版　2021年7月第3次印刷
书　　号：ISBN 978-7-5121-3725-7/F·1829
印　　数：5 001～8 000册　定价：46.00元

本书如有质量问题，请向北京交通大学出版社质监组反映。对您的意见和批评，我们表示欢迎和感谢。
投诉电话：010-51686043，51686008；传真：010-62225406；E-mail：press@bjtu.edu.cn。

前　言

现代企业会计分为财务会计和管理会计两个分支，成本会计是衔接这两个分支的桥梁和纽带，将财务会计和管理会计有机地联系起来。21 世纪之初，人类社会正在步入知识经济时代，经济发展日益呈现出市场化、知识化、信息化和全球化的趋势，引起生产组织与管理的变化，也对成本信息提出了新的要求，要求成本会计为企业提供适合管理要求相关性和充分可靠性的信息，使企业以较低的成本创造更多的价值，为企业创造越来越多的机会。成本会计的功能越来越受到社会各行业的关注，成本会计已成为高等院校经济管理类专业的一门主要课程。

成本会计作为现代企业会计的重要组成部分，是一门应用性很强的经济管理学科，在整个会计体系中占有十分重要的地位。为了适应我国经济发展对高素质会计人才的要求，编者吸收我国会计工作和会计教学的实践经验，以及同类教材的优点，精心编写了这本《成本会计》教材。本教材是根据最新的企业会计准则体系的规范要求及财政部颁布的《企业会计准则指南》的规定进行编写的。立足现实、发挥优势、励精图变，力求写出一本立意新颖、内容丰富、方法精准、体系完整、语言通俗易懂的成本管理教材。本教材的特点主要表现在以下几点。

1. 注意各学科的联系和区别。现代成本会计包括成本预测、成本决策、成本计划、成本核算、成本控制、成本分析和成本考核等内容，为了避免与《管理会计》课程之间的重复与交叉，本教材重点讲述成本核算、成本分析和成本控制，使学生能轻松地掌握成本会计课程的主要内容。

2. 力求内容新颖，结构合理。本教材全面系统地介绍了成本会计的核心内容，每章按照本章导读一逻辑框架一情景案例一正文一本章小结一复习思考题一练习题一案例分析的体例编写，内容安排上力求贴近实际，提供丰富的范例，收集大量反映最新动态的案例，以激发学生的学习兴趣。并通过小贴士的方式将本教材未详细讲述而与成本会计相关的内容，生动、完整地展现出来。

3. 注重理论联系实际。本教材详细阐述成本会计的基本理论且贯穿于整个教材的各个章节，并结合我国企业实际情况，对每部分内容都尽可能地通过例题来加以说明，便于学生更好地理解成本会计的内容。

4. 突出成本会计的应用性。本教材每一章的内容都有复习思考题、练习题，目的是使学生进一步理解所学内容，扎实地掌握相关的知识，并能深入地思考；同时每章设计了案例分析题，目的是引导学生积极思考，增加教学过程的互动性，力求提高学生运用所学知识解决实际问题的能力。

本教材由唐婉虹任主编，负责全书的框架设计、章节总纂、修改和最终定稿。具体分工如下：第 1、2 章由张明燕编写，第 3、4 章由宋玉编写，第 5～14 章由唐婉虹编写，第 15、16 章由邓德强编写，第 17～20 章由谢华编写。

本教材在编写过程中，参考了大量国内外相关教材和著作，吸收了其中很多有益的观点，在此特别对这些书的作者表示感谢。随着会计理论和实务的发展及相关学科的逐步完善，对成本会计教材提出了新的要求，但由于编写时间仓促和作者水平有限，书有难免有不当和疏漏之处，欢迎广大读者、同行批评指正，以便对本教材进行修订和补充。

编者

2011 年 1 月

第 2 版前言

本书是清华大学出版社、北京交通大学出版社 21 世纪经济学类管理学类专业主干课程系列教材之一的《成本会计》的修订版。我们本着着力培养学生对成本会计学实务的理解能力和操作能力的修订原则，听取读者反馈意见，根据作者在课堂教学中发现的问题的基础上，进行了本次修订。

本次修订及时吸收会计理论研究的最新成果，力争教材内容的更新与会计改革实践同步，始终保持原教材易教易学的体系和风格。

本次修订主要做了下列工作：

1. 更新了一些内容；
2. 规范了一些术语；
3. 修订了部分练习题的内容；
4. 对第 1 版中的错误进行了更正。

本教材既可以作为高等院校会计学和财务管理专业的主干课教材，也可用于其他相关专业的教材和参考书，还可供从事不同层次会计教学工作的教师、从事会计实务的管理人员以及从事经济工作的管理人员阅读参考。

本书共 20 章，各章的具体分工如下：第 1、2 章由张明燕编写，第 3、4、15、16 章由赵三保编写，第 5～14 章由唐婉虹编写，第 17～20 章由谢华编写。

本次修订本着不断完善和充实内容的目的，虽然在工作中我们力尽所能，但由于水平有限，可能仍存在不足之处，希望能够得到读者的指正和批评。

编者

2014 年 1 月

第3版前言

为了有助于提高学生的理论水平和对成本会计实务的理解能力和操作能力，使他们能够完整、准确地理解和掌握成本会计的方法体系，考虑到我国《企业会计准则》以及税收法规等的变化情况，我们在听取各方面意见和建议，同时根据作者在课堂教学中发现的问题的基础上，对本教材的第2版进行了修订。

1. 根据现行的会计法规制度和相关的税收法规，对教材的有关内容进行了修订。

2. 对教材所附的案例进行了必要的修改和充实，以保证学生通过对案例的思考，提高对各章关键问题的理解。

4. 对教材所附的练习题进行了较大幅度的修改。

5. 对教材的术语进行了规范，并对教材中的错误和不妥之处进行改正。

本次修订本着不断完善和充实内容的目的，虽然在工作中我们力尽所能，但由于水平有限，可能仍存在不足之处，希望能够得到读者的指正与批评。

编者

2018年9月

目　录

第1章 成本会计概论

1.1 成本的经济含义

1.1.1 成本的概念

成本的含义是由马克思在《资本论》中的论述发展而来的，但马克思所定义的成本是指产品成本，而非一般的成本概念。产品成本属于成本，但成本并不等于产品成本。成本涵盖了产品成本、期间成本、管理成本等各种具体概念。

一般而言，成本是指工业企业制造产品的成本。产品的制造过程，实际上就是生产的耗费过程。工业企业制造产品，需发生各种生产耗费，包括生产资料的耗费和劳动力的耗费。工业企业在一定时期内发生的、用货币表现的生产耗费，是工业企业的生产费用；而企业为生产一定种类、一定数量的产品所支出的各种生产费用之和，即产品的成本。产品成本是产品价值的重要组成部分。产品的价值由三部分组成，即生产中消耗的生产资料的价值（C）、劳动者为自己劳动所创造的价值（V），以及劳动者为社会创造的价值（M）。按照马克思的成本理论，产品成本是前两部分价值之和（C+V）。因此，从理论上说，产品的成本是工业企业在产品制造过程中已耗费的、以货币表现的生产资料的价值与劳动者为自己劳动所创造的价值之和。称之为“产品理论成本”。

由于成本与管理之间存在的密切联系，成本的内容往往要服从管理的需要，并随着管理的发展而发展。实际上，在不同国家的不同发展时期，由于经济环境不同，管理要求不同，成本的列支范围也有不同规定。例如，为了促使工业企业加强经济核算，节约耗费、减少生产损失，某些不形成产品价值的损失（例如废品损失、停工损失）也作为生产费用计入产品成本；此外，大多按时期发生的期间费用（例如销售费用、管理费用、财务费用），难于按产品归集，基于简化成本核算工作的考虑不计入产品的成本，而直接计入当期损益。因此，实际工作中的产品成本，是指产品的生产成本，也称制造成本，并非制造产品所耗费的全部成本。称之为“现实成本”或“实际成本”。

1.1.2 支出、费用与产品成本的关系

1. 支出与费用的关系

支出是指企业的一切开支及耗费。在一般情况下，企业的支出可分为资本性支出、收益性支出、所得税支出、营业外支出和利润分配性支出。资本性支出是指支出的效益同几个会

计年度相关的支出，如企业购置和建造固定资产、无形资产和其他资产的支出，以及对外投资支出等；收益性支出是指支出的效益仅同本会计年度相关的支出，如为企业生产经营所发生的材料、工资及其他开支；所得税支出是指企业按照国家税法的规定，从企业利润总额扣除的一项费用支出，是企业在生产经营过程中的一部分耗费；营业外支出是指同企业的生产经营没有直接联系的支出，是由企业非日常活动所发生的、会导致所有者权益减少的、与向所有者分配利润无关的经济利益的流出。如企业支付的罚款、违约金、赔偿金及非常损失等；利润分配性支出是指在利润分配环节发生的支出，如股利分配支出等。

费用按其同产品生产的关系可划分为生产费用和期间费用。生产费用是指生产过程中所发生的物化劳动和活劳动耗费的货币表现，同产品的生产有直接关系。期间费用是指同企业经营活动有密切关系的耗费，但同产品的生产无直接关系，而与发生期间配比，与当期收益配比。

一般而言，支出中凡是同本企业的生产经营有关的部分，即可表现为或转化为费用；而凡同本企业的生产经营无关的部分出，则不能列为费用。如企业用于购置固定资产、无形资产、其他资产及购买材料等与生产经营有关的支出，能表现为或转换为费用；而发生的长期投资支出、利润分配性支出以及营业外支出，因同本企业的生产经营活动没有关系，就不能视作费用。支出与费用的关系如图 1－1 表示。

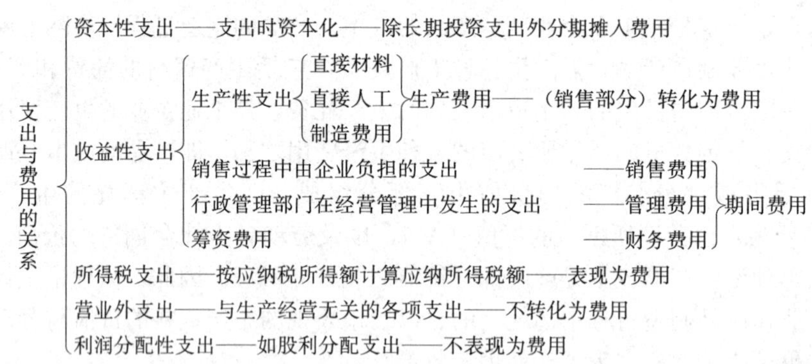

图 1-1　支出与费用的关系图

2. 费用与成本的关系

成本与费用是一组既互相联系又互相区别的概念，区分成本与费用是非常重要的。费用通常是指某一时期（月、季、年）内实际发生的生产费用，而成本反映的是某一时期某种产品所应负担的费用，是对象化的生产费用。

在财务会计中，成本可分为未耗成本与已耗成本两大类。未耗成本是指可在未来的会计期间产生收益的支出，此类成本在资产负债表中列为资产项目，如设备、存货及应收账款等。已耗成本是指本会计期内已经消耗，且在未来会计期间不会创造收益的支出。这类成本又可分为费用和损失，前者在利润表中列为当期收益的减项，如已销产品的生产成本及各项期间费用等；后者则因无相应收益产生，而在利润表中列为营业外支出等项目，如火灾、水灾等自然灾害造成的损失。

典型的成本是产品成本，在产品没有被售出之前，产品成本始终作为资产的一个组成部分。一旦产品售出，其成本就转化为出售当期的销售成本，由当期销售收入予以补偿。但是，按照权责发生制的原则，企业生产费用的发生期与归属产品的期间并不完全一致。归属于当期产品成本中的一部分生产费用并非当期发生，而是以前期间发生的生产费用；归属于本期间的生产费用不一定归属于当期产品成本，可能要由以后期间的产品来负担。所以，企业某一时期实际发生的生产费用总和，不一定等于该期产品成本的总和。某一时期完工产品的成本可能包括几个时期的生产费用，某一时期的生产费用也可能分期计入各期完工产品成本。由此可见，企业生产费用通常与一定期间相联系，而产品成本与特定产品相联系。

由此可以得出以下结论：第一，费用是成本的基础，没有发生费用，就不会形成成本；第二，按对象归集的费用构成成本，其发生期与补偿期并非完全一致，不予对象化的费用则可按发生期间归集，由同期收入补偿。成本与费用的关系如图 1－2 所示。

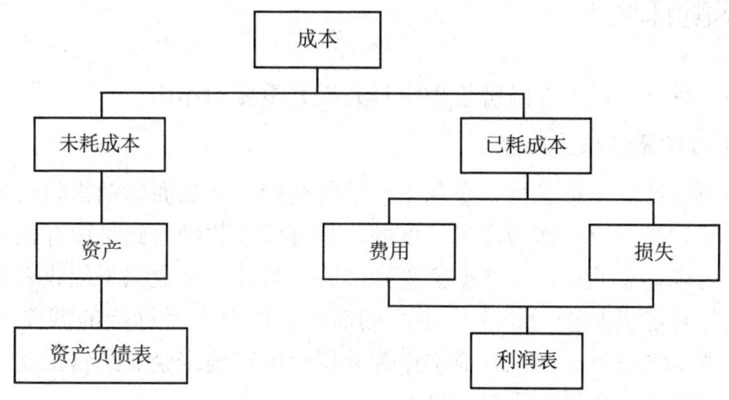

图 1-2　成本与费用的关系图

1.1.3　产品成本的开支范围

产品成本开支范围的规定是财务制度的重要组成部分，直接涉及产品生产经营的劳动耗费和利润取得的多少。它对于加强产品成本管理，增强产品成本的可比性和可控性，正确评价企业经济效益具有重要的意义。综合《企业财务通则》《企业会计准则》和有关会计制度的规定，产品成本开支范围可概括为：

（1）企业生产过程中实际消耗的原材料、辅助材料、外购半成品和燃料的原价和运输、装卸、整理等费用；

（2）为制造产品而耗用的动力费；

（3）企业生产单位支付给职工的工资、奖金、津贴、补贴和其他工资性支出，以及职工的福利费；

（4）生产用固定资产折旧费、租赁费（不包括融资租赁费）、修理费和低值易耗品的摊销费用；

（5）企业生产单位因生产原因发生的废品损失，以及季节性、修理期间的停工损失；

（6）企业生产单位为管理和组织生产而支付的办公费、取暖费、水电费、差旅费，以及运输费、保险费、设计制图费、实验检验费和劳动保护费等。

企业对下列支出，不得列入产品成本：

(1) 为购置和建设固定资产、无形资产和其他长期资产等而发生的资本性支出。这些支出属于资本性支出，在财务上不能一次列入成本，只能逐月摊入；

(2) 对外投资支出以及分配给投资者的利润支出；

(3) 期间费用支出；

(4) 营业外支出，如被没收的财物，支付的滞纳金、赔偿金，以及企业赞助、捐赠等支出；

(5) 其他不应列入产品成本的支出。

1.1.4 成本的作用

在市场经济条件下，成本在经济管理中具有极其重要的作用。

1. 成本是生产耗费的补偿尺度

为保证企业再生产的正常进行，企业生产中的耗费必须从商品销售收入中得到补偿。至于补偿数额的多少，是以成本作为衡量尺度的。只有成本数额得到足额补偿，才能保证再生产的正常进行，否则，企业正常生产就会受到威胁。另外，企业除了用收入补偿耗费外，还必须有盈余，这样才能满足企业扩大再生产的需要，以及满足社会的需要。企业盈余的多少，主要取决于成本的高低。因此，成本作为补偿尺度对确定企业经营损益，正确处理企业和国家之间的分配关系，也具有重要意义。

2. 成本是反映企业工作质量的一个综合指标

由于成本是生产耗费的综合反映，所以，产品设计的好坏、生产工艺是否合理、企业劳动生产率的高低、固定资产利用的好坏、原材料的利用程度、费用开支的节约与浪费、质量的好坏、管理工作和生产组织的水平及供产销是否衔接协调等，最终都会在成本中反映出来。因此，成本是衡量企业生产经营活动质量的综合指标。

3. 成本是制定价格的重要依据

产品的价格是产品价值的货币表现。产品价格的制定，固然要考虑价格政策和市场供求关系，以制定具有竞争力的价格，但也必须考虑企业实际承受能力，即产品实际成本水平。因为成本是产品价格制定的最低经济界限，如果商品的价格低于它的成本，企业的生产经营费用就不能全部由商品销售收入来补偿。因此，成本就成为制定产品价格的一个重要依据。

4. 成本是进行经营预测、决策和分析的重要依据

在市场经济条件下，市场竞争异常激烈，企业要在激烈的市场竞争中取胜，就要面向市场，对生产计划的安排、生产工艺的选择、新产品开发等，都采用现代化管理手段进行经营预测，从而作出正确的决策。同时，为了更好地对企业的生产经营情况进行分析，从而采取有效措施，促使企业完成各项计划任务，只有及时提供准确的成本资料，才能使预测、决策和分析等活动建立在可靠的基础之上。所以，成本指标就成为进行经营预测、决策和分析的重要数据资料。

1.2　费用的分类

1.2.1　费用按经济内容的分类

企业在生产经营过程中发生的耗费是多种多样的，为了进行成本核算，需要对种类繁多的费用进行合理分类。费用有两种最基本的分类：一是按经济内容分为若干费用要素；二是按经济用途分为若干产品成本项目。

费用从其经济内容来看，可分为劳动对象的耗费、劳动手段的耗费和活劳动的耗费三个方面。为了具体反映各项耗费的构成和水平，还可在此基础上将费用进一步划分为几个项目，把费用按经济内容分类的项目称为费用要素。

（1）外购材料。指企业为进行生产经营而耗用的一切从外部购进的原料及主要材料、半成品、辅助材料、包装物、修理用备件和低值易耗品等。

（2）外购燃料。指企业为进行生产经营而耗用的一切从外部购进的各种固体、液体和气体燃料。

（3）外购动力。指企业为进行生产经营而耗用的一切从外部购进的各种动力。

（4）职工薪酬。指企业为进行生产经营发生的，应计入产品成本和期间费用的各种职工薪酬。

（5）折旧费。指对企业使用的各项固定资产按照规定的折旧方法计算提取的折旧费用。

（6）利息支出。指企业应计入财务费用的借入款项的利息支出抵减利息收入后的净额。

（7）税金。指企业计入“税金及附加”的各种税金，如印花税、房产税、车船使用税、土地使用税。

（8）其他支出。指不属于以上各费用要素但应计入产品成本或期间费用的支出，如修理费、差旅费、保险费、邮电费等。

按照以上费用要素反映的费用称为要素费用。费用按经济内容分类，可以反映企业在一定时期发生了哪些性质的费用，其数额是多少，以分析企业各个会计期间各种性质费用占全部费用的比重。

1.2.2　费用按经济用途的分类

费用按经济用途分类，是按费用在生产经营过程中所起的作用来分类，可分为计入产品成本的生产费用和不计入产品成本的费用。相同性质的费用在生产经营过程中的作用不一定相同，不同性质的费用在生产经营过程中的作用也不一定不相同。费用按经济用途分为制造成本和非制造成本两大类。

1. 制造成本

制造成本也称生产成本，是指为制造（生产）产品或提供劳务而发生的支出。可根据其具体的经济用途分为原材料、燃料与动力、生产工资及福利费、制造费用等。对于计入产品成本的生产费用按用途可分为若干项目，在会计上称为产品成本项目。

（1）原材料。也称直接材料，是指在生产中所耗用的构成产品实体或有助于产品形成的各种原料及主要材料、辅助材料等。这里所说的材料对具体企业而言，是指构成其产品的各种物资，包括各种外购半成品，而不仅仅指各种天然的、初级的原材料。如汽车制造厂所用的汽车轮胎购自橡胶厂，对橡胶厂而言，轮胎当然是产成品；而对汽车厂来说，轮胎只不过是汽车产品的原材料之一。

（2）燃料与动力。指直接用于产品生产的各种外购和自制的燃料和动力费用。

（3）生产工资及福利费。也称直接人工（直接工资），指在制造过程中直接对制造对象施以影响以改变其性质或形态所耗费的人工成本。核算上即直接从事产品生产的工人工资及按一定比例计算提取的职工福利费用等。

（4）制造费用。指为制造产品或提供劳务而发生的各项间接费用。从核算的角度讲，包括直接人工、直接材料以外的为制造产品或提供劳务而发生的、只是无法直接归属于某一产品的全部支出。人们通常将制造费用细分为以下几类。①间接材料。指在产品制造过程中被耗用的，但不容易归入某一特定产品的材料成本，或者不必要单独选择分配标准以确定其归属某一特定产品份额的材料成本，如各种生产工具物料的消耗成本。②间接人工。指为生产提供劳务而不直接进行产品制造的人工成本，如设备养护、维修人员、生产管理人员的工资及按规定比例提取的福利费。③其他制造费用。指不属于直接人工和直接材料的其他各种间接费用，如固定资产的折旧费、维护维修费、车间用照明费、动力费等。

以上所述四个成本项目是就一般而言的。在实际工作中应根据生产特点和管理要求等实际情况合理设置。例如，在生产规模较小的情况下，生产工艺用燃料和动力较少，可以将生产产品用燃料合并至“原材料”项目，而将生产工艺用动力合并至“制造费用”项目；在采用分步法计算产品成本的企业，为考核半成品成本，可增设“自制半成品”成本项目；在经常产生废品损失的企业，为了单独考核废品损失，可以设置“废品损失”项目。

将计入产品成本的生产费用划分为成本项目能明确反映直接用于产品生产的材料费用和生产工人工资，以及用于组织管理生产的各项支出，有助于加强成本管理，反映产品成本中各种生产耗费的构成，便于正确计算、分析、考核和控制成本。

2. 非制造成本

非制造成本也称期间成本或期间费用，通常可分为销售费用、管理费用和财务费用。

销售费用指为销售产品而发生的各项成本，如专职销售人员的工资、津贴和差旅费，专门销售机构固定资产的折旧费、保险费、广告费、运输费等。

管理费用指制造成本和销售费用以外的所有办公和管理费用，如董事会经费，行政管理人员的工资、办公费，行政管理部门固定资产的折旧费、保险费等，以及技术转让费、研究与开发费、无形资产摊销等。

财务费用指企业在筹集生产经营所需资金、调剂外汇和调整外汇牌价等财务活动中所发生的各项费用，如作为期间费用的利息支出（减利息收入）、汇兑损失（减汇兑收益）和相关手续费。

1.2.3 生产费用按其与生产工艺过程的关系分类

生产费用按其与生产工艺过程的关系分类，可以分为直接生产费用和间接生产费用。

直接生产费用是指其发生与产品生产工艺过程直接相关的生产费用，如产品生产过程中直接耗用的原材料、生产工人的工资和机器设备的折旧费用等。

间接生产费用是指其发生与产品的生产工艺过程没有直接关系的生产费用，如机物料消耗、辅助生产工人工资和车间厂房的折旧费用。

1.2.4 生产费用按其计入产品成本的方法分类

生产费用按其计入产品成本的方法，可分为直接计入费用和间接计入费用。

直接计入费用，简称直接费用，是指费用发生时就能明确归属于某一成本计算对象，并能直接计入该成本计算对象的费用。如某种产品生产中单独领用的材料、生产工人的计件工资等。

间接计入费用，简称间接费用，是指费用发生时无法明确归属于某一成本计算对象，必须先按地点或用途进行归集，然后通过分配间接计入各成本计算对象的费用。如制造费用应先按车间归集，然后采用一定的标准分配给本车间的各种产品负担。

直接生产费用大多是直接计入费用，例如，原材料费用大多能够直接计入某种产品的成本；间接生产费用大多是间接计入费用，例如，机物料大多只能按照一定标准分配计入有关的产品成本。但也不都是如此，例如，在只生产一种产品或提供一种劳务的企业或车间中，直接生产费用和间接生产费用都可以直接计入该种产品成本，都是直接计入费用；在用同一种原材料、经过同一生产过程、同时生产出几种产品的企业或车间中，直接生产费用和间接生产费用都不能直接计入该种产品成本，都是间接计入费用。

1.3 成本会计流程

1.3.1 成本会计的发展阶段

1. 第一阶段（1880—1920）：早期成本会计阶段

早期的成本会计，起源于英国，当时认为成本会计就是汇集生产成本的一种制度，主要是用来计算和确定产品的生产成本和销售成本。在这期间，英国会计学家已经设计出分批成本计算和分步成本计算的方法（当时应用的范围只限用工业企业），后来传往美国及其他国家。

2. 第二阶段（1921　1950）：近代的成本会计阶段

近代的成本会计，主要是美国会计学家提出了标准成本会计制度，在原有的成本积聚的基础上增加了“管理上的成本控制与分析”的新职能。在这种情况下，成本会计就不仅是计算和确定产品的生产成本和销售成本，还要事先制订成本标准，并据以进行日常的成本控制与定期的成本分析。正因为成本会计扩大了管理职能，所以应用的范围也从原来的工业企业扩大到商业企业、公用事业以及其他服务性行业。

3. 第三阶段（1951 年以后）：现代成本会计阶段

今天对于成本的定义已不再局限于产品成本的范畴，例如美国会计学会就如此定义成本：成本是为了一定目的而付出的（或可能付出的）用货币测定的价值牺牲。从这一定义看，成本的外延除了产品成本的概念与内容，还可以包括：劳务成本、工程成本、开发成本、资产成本、资金成本、质量成本、环保成本等。

1.3.2 成本会计的对象和内容

1. 成本会计的对象

成本会计的对象是指成本会计反映和监督的内容，即企业再生产经营过程中发生的各项费用以及产品生产成本的形成。不同企业成本会计核算和监督的内容基本相同，所以，成本会计的对象可以概括为：各行业企业生产经营业务的成本和有关期间费用，简称成本、费用。因此，成本会计实际上是成本、费用会计。

工业企业成本会计对象可概括为：工业企业生产经营过程中发生的产品成本和期间费用。具体内容如图 1-3 所示。

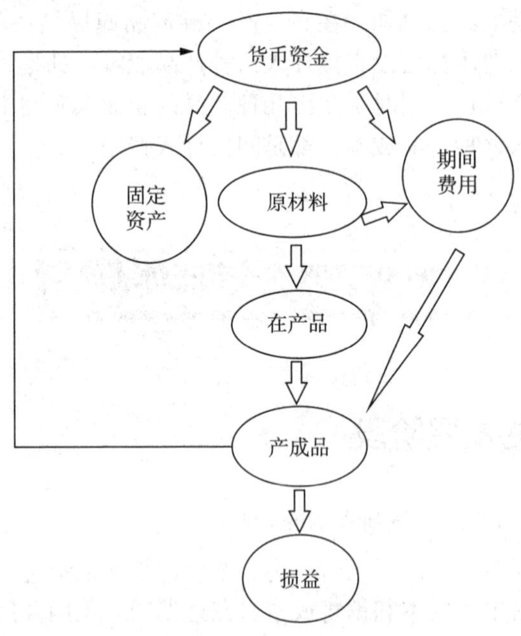

图 1-3 工业企业成本会计对象

商品流通企业、交通运输企业、施工企业、农业企业、旅游饮食服务企业等其他行业企业在生产经营过程中所发生的各种费用，部分地形成各自行业企业的生产经营业务成本，部分地作为期间费用直接计入当期损益。

随着经济的发展与科技进步，企业经营管理要求的提高，成本的概念和内容在不断发展、变化。随着成本概念的发展、变化，成本会计的对象也相应地发展、变化。现代成本会计的对象，应该包括各行业企业生产经营业务成本、有关的期间费用和各种专项成本。

2. 成本会计内容

时期不同，成本会计的含义不同，目的不同，使成本会计的内容随之而不同。成本会计就以如何计算此类成本为中心，并以有关的处理程序占主要的篇幅。现代成本会计，因顾及各种目的和功用，故在基本的成本计算及各种成本会计制度之外，兼及其他各项任务。因此，完整意义上的成本会计应包括：成本预测、成本决策、成本计划、成本核算、成本控制、成本考核、成本分析等内容。其中，成本预测是成本决策的前提，成本决策是成本预测的结果。成本计划是成本决策目标的具体化。成本控制是成本计划实施活动过程的规范，以确保决策目标的实现。成本核算则提供计划执行的结果；只有进行成本分析，才能找出产生差异的原因。成本考核则是确保决策目标实现的重要手段。

在上述内容中，成本核算是成本会计的基本内容。它不仅反映本期计划的执行情况，且能为下期乃至以后时期的成本预测、决策提供有用资料。

1.3.3 成本核算的要求

工业企业成本核算的要求主要包括以下几个方面。

1. 算管结合，算为管用

算即成本核算，管即经营管理。成本核算所提供的各项成本信息在质量、数量等各方面应该满足经营管理的需要。同时，也不能停留在成本核算这一简单的层面上，必须加强经营管理的力度，对各项费用支出加强事前、事中的审核和控制。对于合理、合法、有利于企业提高效益的开支，要积极给予支持；对于不合理、不合法的，要坚决加以抵制；对于费用的发生情况及费用脱离定额的差异，要进行日常的计算和分析，及时进行反馈；对于定额或计划不符合实际情况的，要按规定程序予以修订。

2. 正确划分各种费用界限

正确划分各种费用界限涉及成本计算的全过程，关系到企业成本信息的真实性、可靠性。具体内容如下。

（1）正确划分是否应计入产品成本、期间费用的界限。企业除了生产经营活动以外，还有其他方面的经济活动，因而费用的用途也是多方面的，并非都应计入产品成本和期间费用。如固定资产投资等资本性支出应计入固定资产的原价，股票投资支出应计入资产。固定资产报废清理净损失应计入营业外支出等。企业应该按照成本开支范围的规定，正确地核算产品成本和期间费用。

（2）正确划分产品成本与期间费用的界限。企业在生产经营中发生的各项耗费，由于用途不同，计入损益的时间和方法也有所区别。在生产过程中，一定时期内为生产产品所发生的耗费，构成生产费用，形成产品成本，并在产品销售后通过主营业务成本与主营业务收入相配比。而本月发生的销售费用、管理费用和财务费用，作为期间费用，直接与当月的收入相配比，计入当期损益。因此，为了正确计算企业的损益额，必须正确划分产品生产成本与期间费用的界限。

(3) 正确划分各个会计期间的费用界限。根据《企业会计准则》的规定，企业应按月进行成本计算，以便分析和考核生产费用、期间费用计划和产品成本计划的执行情况，因而必须正确划分各个会计期间的费用界限。企业应计入产品成本的费用，并不等于应该计入本期产品成本。本期发生的而应由几个会计期间生产产品共同负担的费用，在受益的各会计期间合理分配计入产品成本。本期虽未发生，但应由本期产品负担的费用，应当预先分配计入本期产品成本，待到实际支付时，只作为资产和负债的减少，不再作为支付当期的费用。

(4) 正确划分各种产品之间的费用界限。为了保证按成本计算对象正确地归集应负担的费用，必须将应由本期产品负担的生产费用在各种产品之间进行分配。凡能直接认定某种产品应负担的费用，应直接计入该种产品的成本；凡不能直接确认而需要分配计入的费用，要选择合理的分配方法，分配计入各种产品的成本。

(5) 正确划分完工产品与期末在产品之间的费用界限。企业期末有部分产品未完工时，还要对归集到某种成本计算对象中的生产成本，采用适当的、合理的方法在完工产品和期末在产品之间进行分配，以确定完工产品和在产品的成本。

3. 正确确定财产物资的计价和价值结转的方法

企业在生产经营中耗用的财产物资的价值要按照受益的原则转移到产品成本和期间费用中，因此，这些财产物资的计价和价值结转方法，也会影响成本、费用。

为了正确计算成本、费用，这些财产物资的计价和价值结转的方法，应合理、简便。会计准则或制度有规定的，应按规定办理。要防止任意改变财产物资计价和价值结转方法，借以人为调节成本和费用的错误做法。

4. 做好成本核算的各项基础工作

完善的成本会计基础工作是进行有效的成本管理的必要前提条件和保证。企业应认真做好成本会计的基础工作。成本会计的各项基础工作与企业的整个基础工作的管理既密不可分，又有其特点。成本计算正确与否，取决于以下基础工作的扎实程度。

(1) 建立健全的原始记录制度。原始记录是企业经营者为了进行客观反映所做的最初记载，是为成本计算提供计算数据的主要方式。

(2) 计量验收制度。要使原始记录正确无误，必须有完善的计量验收制度。对企业材料物资的收发进行计量、验收并办理必要的凭证手续。利用一定的计量器具对各种材料物资进行测量，准确计算其数量，并对品种、规格、数量进行核实；对各种材料物资的收发和转移进行数量和质量的检验和核实，确认实物与发票、在产品台账等记录所载数量是否相符，与合同或国家规定的品种、规格和质量要求是否相符；对材料物资的收发、领退，在产品、半成品的内部转移，以及产成品的入库等，均应填制相应的凭证，办理审批手续，并严格进行计量与验收。

(3) 定额管理制度。定额是企业在一定的生产技术和生产装备条件下，对生产经营过程中的各种耗费所制定的消耗标准及应达到的要求。定额管理是以定额为依据来安排计划、组织生产、控制消耗的一种科学管理制度。制定合理的定额，实施定额管理是编制成本计划、分析和考核成本水平的依据，也是审核和控制耗费的标准。

定额的制定要有科学性、先进性和可行性，这样才能充分发挥定额在控制生产耗费中的积极作用。随着生产技术条件的变化和生产组织的改进，应适时对定额进行补充和修订，同时又要注意保持定额的相对稳定性，以利于调动职工积极性，使分析和考核建立在可比的基础上。

（4）内部结算价格制度。在管理基础较好的企业中，为了分清企业内部各单位的经济责任，明确各单位工作业绩并对其进行评价和考核，企业内部的材料物资、在产品、半成品、产成品在各单位之间的流转，以及内部各单位之间相互提供的劳务，可以采用内部结算的形式进行核算和管理。实行内部结算，必须制定合理的内部结算价格，兼顾企业的整体利益和内部各单位的利益。由于内部结算价格涉及企业的方方面面，因此应由各部门协商制定。制定内部结算价格的主要依据有：以当时的市场价格作为内部结算价格；在市场价格的基础上，以双方协商确定的价格作为内部结算价格；用标准成本或计划成本作为内部结算价格；在计划成本或定额成本的基础上，加上一定的利润作为内部结算价格。

内部结算价格一经制定，应保持相对稳定。经常变动内部结算价格，不利于内部结算和内部考核。

5. 适应生产的特点和管理要求，采用适当的成本计算方法

在进行成本核算时，必须将各项耗费对象化或直接计入当期损益。由于各项耗费的发生贯穿于生产经营的全过程，因此，在费用的归集和分配过程中，必须充分考虑各企业生产经营的特点以及管理上的要求，选择合适的成本计算方法。这样，提供的成本信息才是有用的，才能满足管理上对成本信息的需要。一般来说，在同一企业内，可以采用一种成本计算方法，也可以采用多种成本计算方法。成本计算方法一经选定，应保持相对稳定。

1.3.4 产品成本核算程序

1. 产品成本核算的账户设置

制造业成本核算的一般程序，就是对生产经营管理费用进行分类核算，将生产经营管理过程中发生的各项要素费用按经济用途归类反映的过程。为了将生产费用计入成本计算对象，计算出各成本计算对象的制造成本，有必要建立一个完整的成本核算账户体系。

为了进行成本核算，企业一般应设置“基本生产成本”“辅助生产成本”“制造费用”等账户。为了核算产品成本，要设置“生产成本”一级账户，并在该一级账户下，分别设置“基本生产成本”和“辅助生产成本”两个二级账户。也可以将“生产成本”账户分设为“基本生产成本”和“辅助生产成本”两个一级账户。本书按分设“基本生产成本”和“辅助生产成本”两个一级账户进行阐述。

（1）“基本生产成本”账户。基本生产是指为完成企业主要生产目的而进行的产品生产。“基本生产成本”账户核算生产各种产成品、自制半成品、自制材料、自制工具等所发生的各项费用。企业生产中发生的直接材料、直接人工等直接费用，直接记入该账户的借方，间接费用应先通过“制造费用”账户归集，月终按一定标准分配记入该账户的借方。已完工验收入库的产成品、自制半成品，应从该账户的贷方转入“库存商品”“自制半成品”账户的借方。该账户余额就是基本生产在产品成本。该账户应按产品品种等成本计算对象分设明细

账，也称产品成本计算单或产品成本明细账。其格式如表 1-1 所示。

表 1-1 基本生产成本明细账

（产品成本计算单）

金额单位：元

年		摘　要	产　量	成本项目			成本合计
月	日			直接材料	直接人工	制造费用	

（2）“辅助生产成本”账户。辅助生产是指为基本生产车间服务而进行的产品生产和提供劳务。“辅助生产成本”账户核算为基本生产车间及其他部门提供产品、劳务所发生的各项费用。属于辅助生产的直接材料、直接人工等直接费用，直接记入该账户的借方；间接费用应先通过“制造费用”账户归集，月终按一定标准分配记入该账户的借方，或者直接记入该账户的借方。月终，完工验收入库产品的成本或分配转出的劳务费用，应从该账户的贷方转出，按各受益部门应负担的费用记入有关账户的借方。该账户月末一般无余额。该账户应按辅助生产车间和生产的产品、劳务分设明细账。

（3）“制造费用”账户。“制造费用”账户核算为企业生产产品和提供劳务而发生的各项间接费用。费用发生时，记入“制造费用”账户的借方，月终按一定标准分配计入有关成本计算对象，从该账户贷方转入“基本生产成本”账户的借方。“制造费用”账户应按不同车间、部门设置明细账。除采用年度计划分配率和累计分配率法分配制造费用外，该账户月末一般无余额。

为了核算期间费用，还可以分别设立“销售费用”“管理费用”“财务费用”等账户。如果需要单独核算废品损失和停工损失，还应设置“废品损失”和“停工损失”账户。

2. 产品成本核算的一般程序

制造企业的产品成本计算是一项比较复杂的工作，所涉及内容及运用的方法很多，但不同生产工艺和不同管理要求下的企业产品成本核算都共同遵守着一个基本程序。

（1）确定成本计算对象。成本计算对象是生产费用的归集对象和生产耗费的承担者。它是设置产品成本计算单和计算产品成本的前提。由于企业的生产特点、管理要求、规模大小、管理水平的不同，企业成本计算对象也不相同。对制造企业而言，产品成本计算的对象，包括产品品种、产品批别和产品的生产步骤三种。企业应根据自身的生产特点和管理要求，选择合适的产品成本计算对象。

（2）确定成本项目。通过成本项目，可以反映成本的经济构成以及产品生产过程中不同的资金耗费情况。因此，企业为了满足成本管理的需要，可在直接材料、燃料与动力、直接人工、制造费用等成本项目的基础上进行必要的调整，如单设废品损失、停工损失等成本项目。

（3）确定成本计算期。成本计算期是指成本计算的间隔期，即多长时间计算一次成本。产品成本计算期的确定，主要取决于企业生产组织的特点。通常在大量、大批生产的情况下，产品成本的计算期间与会计期间相一致。在单件、小批生产的情况下，产品成本的计算期间则与产品的生产周期相一致。

(4) 生产费用的审核和控制。对生产费用进行审核和控制，主要是确定各项费用是否应该开支，开支的费用是否应该计入产品成本。

(5) 生产费用的归集和分配。将应计入本月产品成本的各种要素费用在各有关产品之间，按照成本项目进行归集和分配，直接或间接计入产品成本。一般为产品生产直接发生的生产费用作为产品成本的构成内容，直接计入该产品成本。对于那些为产品生产服务发生的间接费用，可先按发生地点和用途进行归集汇总，然后分配计入各受益产品。产品成本计算的过程也就是生产费用的分配和汇总过程。

(6) 计算完工产品成本和月末在产品成本。对既有完工产品又有月末在产品的产品，应将计入各该产品的生产费用，在其完工产品和月末在产品之间采用适当的方法进行划分，求得完工产品和月末在产品的成本。

根据上述成本核算的一般程序，产品成本核算的账务处理程序如图 1-4 所示。

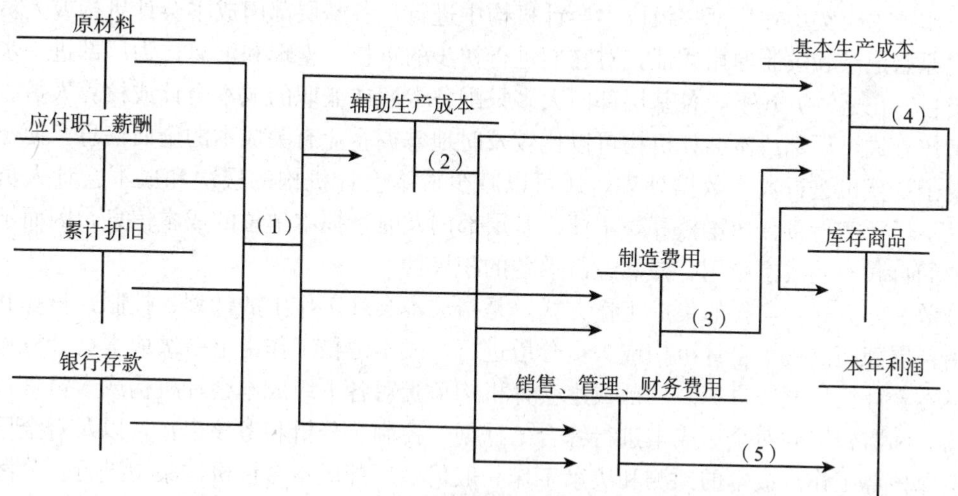

图 1-4　产品成本核算的一般账务处理程序图

注：(1) 生产费用的归集和分配；(2) 辅助生产费用的分配；(3) 制造费用的分配；(4) 结转完工产品成本；(5) 结转期间费用

1.4　成本会计工作的组织

成本会计目标的实现和成本会计任务的完成，有赖于对成本会计工作过程的有效组织。成本会计工作的组织包括成本会计机构的设置、成本会计人员的配备及成本会计法规和制度的制定三个方面的内容。

1.4.1 成本会计机构的设置

企业的成本会计机构是在企业中直接从事成本会计工作的机构，是整个企业会计机构的一部分。成本会计机构的设置是否适当，将会影响到成本会计工作的运转效率，影响到成本会计工作的质量。

成本会计机构内部的组织分工，可以按成本会计的环节分工。例如，厂部成本会计可分为成本预测决策组、成本计划控制组、成本核算组和成本分析考核组；也可以按成本会计的对象分工，例如，分为产品成本组、经营管理费用组和专项成本组。为了科学地组织成本会计工作，还应当按照分工建立成本会计岗位责任制，使每一项成本会计工作都有人负责，每一个成本会计人员都明确自己的责任。

企业内部各级成本会计机构之间的组织分工，有集中工作和分散工作两种基本方式。

集中工作方式是指成本会计工作中的预测、决策、计划、控制、核算、分析和考核各环节的工作，主要集中在厂部一级成本会计机构中进行；各基层部门成本会计机构或人员只负责登记原始记录和填制原始凭证，对它们进行初步的审核、整理和汇总，为厂部进一步工作提供资料。在这种方式下，各基层部门大多只配备专职或兼职的成本会计或核算人员。采用集中工作方式，厂部成本会计机构可以比较及时地掌握企业有关成本的全面信息，便于集中使用电子计算机进行成本数据处理，还可以减少成本会计机构的层次和成本会计人员的数量；但不便于实行责任成本核算，不便于基层部门及时掌握本单位的成本信息，因而不利于调动他们自我控制成本费用、提高经济效益的积极性。

分散工作方式，又称非集中工作方式，是指成本会计工作中的计划、控制、核算和分析工作由基层部门的成本会计机构或人员分散进行，成本考核工作由上一级成本会计机构对下一级成本会计机构逐级进行。厂部成本会计机构负责对各下级成本会计机构或人员进行业务上的指导和监督，并对全厂成本进行综合的计划、控制、分析和考核工作，以及对全厂成本进行汇总核算工作。成本的预测和决策工作一般仍由厂部成本会计机构集中进行。分散工作方式的优、缺点与集中工作方式的优、缺点恰好相反。

企业应该根据规模大小、内部各单位经营管理的要求，以及这些单位成本会计人员的数量和素质，从有利于充分发挥成本会计工作的作用、提高成本会计工作的效率出发，确定采用哪一种工作方式。一般而言，对于组织结构简单、层次少、不要求核算责任成本的企业，可采用集中工作方式；否则，应采用分散工作方式。为了扬长避短，也可以在一个企业中结合采用两种方式，即对某些单位采用分散工作方式，而对另一些单位采用集中工作方式。

企业成本会计机构的工作与直接从事生产经营活动的各单位的工作有着密切的联系。成本会计机构要做好成本会计工作，必须加强同这些单位的协作。此外，为了充分发挥成本会计机构的职能作用，企业的总会计师和会计主管人员应该加强对成本会计机构的领导，经常研究成本会计工作，督促和检查成本会计机构做好各项业务工作，支持成本会计人员履行职责，帮助解决工作中存在的问题，并且以身作则，遵守有关的规章、制度。

1.4.2 成本会计人员的配备

在企业的成本会计机构中，配备适当的品质优良、业务精通的成本会计人员，是做好成本会计工作的决定性因素。

为了保证成本会计工作的顺利开展和成本会计任务的圆满完成，首先必须明确每个成本会计人员的职责。成本会计人员应该通过成本会计的各个环节，充分挖掘企业降低成本、费用的潜力，促使企业不断地降低成本、费用；应该从降低成本、费用和提高经济效益出发，参与制定企业生产经营的决策，提出改进企业生产经营管理的建议，当好企业负责人的参谋。应当注意的是，成本会计人员的职责不仅包括各自独立处理业务方面的职责，而且还包括相互协作方面的职责。

在明确了成本会计人员的职责后，应赋予每个成本会计人员与完成其工作任务相适应的权限，这是保证各成员完成其工作任务的条件。成本会计人员有权要求企业有关单位和职工认真执行成本计划，严格遵守有关的法规和制度；有权参与制定企业生产经营计划和各项定额，参与与成本计划有关的生产经营管理的会议；有权督促、检查企业内部各单位对成本计划和有关法规、制度的执行情况。

作为一个合格的成本会计人员，应同时具备品质优良和业务能力强等各个方面的条件。就品质而言，要求成本会计人员具有踏实的作风、敬业的精神和严守秘密的品德，成本会计人员应该认真履行自己的职责，正确行使自己的职权。就业务能力而言，要求成本会计人员不仅要掌握一般的会计知识，而且要掌握一定的生产经营管理方面的知识及较先进的分析方法。成本会计人员应刻苦钻研业务，不断提高自身的理论水平和业务能力。

1.4.3 成本会计法规和制度的制定

成本会计法规和制度是组织和从事成本会计工作必须遵守的规范，是会计法规和制度的重要组成部分。制定健全而有效的成本会计法规和制度，是保证成本信息质量和维护正常的成本会计工作秩序的前提条件。

成本会计法规和制度应该按照统一领导、分级管理的原则制定。

全国性的成本会计法规和制度应由国务院和财政部统一制定。例如，《中华人民共和国会计法》是由全国人民代表大会常务委员会制定的会计法，是我国会计工作的基本法。有关会计，包括成本会计的一切法规、制度，都应按照它的要求制定。

企业的成本会计制度是企业进行成本会计工作具体的、直接的依据。企业的成本会计制度应由企业根据国家统一规定的要求，结合企业的实际情况制定。为了提高成本会计制度的可执行性和执行的效果，每个企业在制定企业的具体成本制度时，都必须先周密分析本企业的生产经营特点，充分考虑本企业成本管理的具体要求，使所制定的成本会计法规和制度既满足企业成本管理和生产经营管理的要求，又满足国家宏观经济管理的要求，还应适当简化手续，力求做到简明实用，便于贯彻执行，并节约成本会计工作的人力和费用。此外，由于成本会计工作只是整个会计工作的一部分，它与其他会计工作之间存在着千丝万缕的联系，因此，在制定企业成本会计制度时，还应考虑成本会计工作与其他会计工作之间的协调一致。

总之，成本会计法规和制度是开展成本会计工作的依据和行为规范，其是否科学、合理，将直接影响成本会计工作的成效。因此，成本会计法规和制度的制定过程，是一项极为重要的、复杂而细致的工作。成本会计法规和制度一经制定，就应该认真贯彻执行，并保持相对稳定。但是，必须注意的是，随着新情况、新问题不断出现，为了保证成本会计法规和制度的科学性和先进性，也应对成本会计法规和制度进行相应的修订和完善。

练习题

一、单项选择题

1. 下列支出不应计入产品成本的有（　　）。
   A. 产品生产耗用材料　　B. 车间生产设备的折旧费
   C. 自营工程的人员工资　　D. 生产单位管理人员的工资
2. 企业产品成本，是通过设置（　　）账户组织核算的。
   A. 基本生产成本　　B. 财务费用　　C. 生产费用　　D. 销售费用
3. 下列各项中，属于资本性支出的是（　　）。
   A. 购置固定资产　　B. 销售人员报销差旅费
   C. 银行短期借款利息　　D. 机修车间为生产服务而领用的材料
4. 下列各项中，应列入收益性支出的是（　　）。
   A. 预收货款　　B. 专设销售机构的各项费用
   C. 购买专利权　　D. 预付财产保险费
5. 下列各项中，属于直接生产费用的是（　　）。
   A. 机物料消耗　　B. 辅助生产工人工资
   C. 基本生产工人工资　　D. 厂房折旧费用
6. 下列各项中，属于间接生产费用的是（　　）。
   A. 原材料费用　　B. 主要材料费用
   C. 厂房折旧费用　　D. 基本生产工人工资
7. 应计入产品成本，但不能分清应由何种产品负担的费用，应（　　）。
   A. 直接计入当期损益　　B. 直接计入生产成本
   C. 不计入产品成本　　D. 按一定的标准分配计入产品成本
8. 下列各项属于费用要素的有（　　）。
   A. 直接材料　　B. 直接人工　　C. 工资　　D. 制造费用
9. 企业在成本分析的基础上，定期对成本计划及其有关指标实际完成情况进行考察和评价，该环节称为（　　）。
   A. 成本预测　　B. 成本决策　　C. 成本控制　　D. 成本考核
10. 在成本会计内容中，称为基础环节的是（　　）。
   A. 成本计划　　B. 成本核算　　C. 成本预测　　D. 成本分析

二、多项选择题

1. 下列项目中，属于产品成本项目的有（　　）。
   A. 直接材料　B. 直接人工　C. 制造费用　D. 管理费用
   E. 税金
2. 按照费用计入产品成本的方式，生产费用可以分为（　　）。
   A. 直接费用　B. 直接计入费用　C. 间接费用　D. 间接计入费用
   E. 期间费用
3. 成本核算的基础资料包括（　　）。
   A. 定额的制定　B. 产品产量记录　C. 工人出勤记录　D. 领料单
   E. 工时记录
4. 为了正确计算产品成本，必须划分（　　）的费用界限。
   A. 资本性支出和收益性支出　B. 产品成本与期间费用
   C. 各个会计期间　D. 各种产品之间
   E. 完工产品与期末在产品之间
5. 成本的主要作用有（　　）。
   A. 补偿生产耗费的尺度　B. 衡量企业工作质量指标
   C. 对外报告的内容　D. 制定价格的依据
   E. 成本预测、决策和分析的依据
6. 现代成本会计的主要内容包括（　　）。
   A. 成本预测　B. 成本决策
   C. 成本计划和成本控制　D. 成本核算
   E. 成本分析和考核

三、判断题

1. 直接生产费用都直接计入费用。（　　）
2. 制定和修订定额，只是为了进行成本控制，与成本计算无关。（　　）
3. 企业的成本项目是按生产费用的经济用途划分的。（　　）
4. 企业某一期间为生产产品发生的费用总额，不一定等于该会计期间产品成本的总额。（　　）
5. 产品成本项目是由国家统一规定的，任何企业不能变动。（　　）
6. 违约金、滞纳金不应计入产品成本而应由利润开支。（　　）
7. 随着企业自主权的扩大，成本开支范围可由企业自行确定。（　　）
8. 费用是指某一时期（月、季、年）内实际发生的生产费用，而产品成本反映的是某一时期某种产品所应负担的费用，是对象化的生产费用。（　　）

第 2 章　要素费用的核算

2.1　材料费用的核算

2.1.1　材料的分类

工业生产用的材料，按其在生产中的不同用途可以分为如下几大类。

1. 原料及主要材料

指经过加工后能够构成产品主要实体的各种原料和材料，例如制造机器用的金属材料、炼铁用的矿石和纺纱用的原棉等。

2. 辅助材料

指直接用于生产、有助于产品形成或便于产品形成，但不构成产品实体的各种材料，如润滑油、防锈剂、染料、油漆，以及工作地点清洁用的各种用具等。

3. 外购半成品

指从外部购入需要本企业进一步加工或装配，并经外单位加工过的原材料。如织布厂外购的棉纱，轧钢厂外购的钢锭，汽车制造厂外购的轮胎。外购半成品也可列为原料及主要材料一类，因为对购入的企业来说，外购半成品同其他原材料一样，都是用来继续加工构成产品主要实体的劳动对象。

4. 燃料

燃料包括固体燃料（如煤）、液体燃料（如汽油）和气体燃料（如液化气）。由于燃料是工业生产的重要能源，它在现代工业企业中占有重要的地位，而且在收发和保管上又和一般材料不同，因此，需要单独列为一类，进行专门的管理。

5. 修理用备件

指为修理本企业机器设备和运输工具所专用的各种备件，如轴承、齿轮等。把修理专用的备件单独列为一类，是因为它们在保证机器设备和运输工具的正常运转方面起着重要的作用。至于修理用的一般零件，则可归为辅助材料一类。

6. 包装物

指为包装本企业产品，并准备随同产品一同出售，或在销售过程中借给或租给购货单位使用的各种包装物品，如箱、桶、瓶、坛、袋等。把这些物品单独归为一类，是因为它们对完成产品的销售过程起着重要的作用；而且有些包装物又和一般的材料不同，它们在销售后，还可以从购买者手中收回重新再用。

7. 低值易耗品

指不作为固定资产核算和管理的各种劳动资料，包括工具、管理用具、玻璃器皿等。将具有固定资产性质的低值易耗品作为材料进行核算和管理体现了会计上的重要性原则。如果企业所需的修理用备件或包装物的数量不大，资金占用不多，也可以将其并入辅助材料一类。

企业通常设置“原材料”“燃料”“包装物”“低值易耗品”等账户对上述各种材料进行核算。其中“原材料”账户，通常核算原料及主要材料、辅助材料、修理用备件、外购半成品等材料的增加、减少和结存情况。

对于企业生产过程中发生的材料费用，应首先按其发生的地点和用途进行归集，然后再采用适当的方法进行分配。所以，原材料费用的核算包括原材料费用的归集和分配两个方面。

2.1.2　原材料费用的归集与分配

1. 原材料费用的归集

材料作为一种要素费用，无论是直接用于产品制造，还是用于组织和管理生产，归集材料费用都应该按取得或发出时的实际成本计价。按计划成本计价进行材料收发核算的企业，应按期结转成本差异，将计划成本调整为实际成本。

（1）收入材料的成本。工业企业材料的核算有两种计价方法，一种是实际成本计价，另一种是计划成本计价。由于两种计价方法不同，而使得它们在凭证和明细账设置上有所不同，会计的账务处理方法也不同。但两种计价方法的成本构成内容是相同的。

①实际成本。企业收入的材料大部分是从外部购入的，外购材料的实际成本包括买价和采购费用。

• 买价。指供货单位所开发票上的货物价款。

• 采购费用。包括运杂费、运输途中合理损耗、入库前的挑选整理费用等。运杂费是指从供货单位运达企业所发生的运输、装卸、保险等费用。运输途中合理损耗指运输途中定额内的损耗。超过定额的部分不应计入材料采购成本，对其应查明原因，分别不同责任处理，如果由于自然灾害造成的损失，则应由营业外支出开支。入库前的挑选整理费用包括挑选整理过程中发生的损耗，扣除下脚料、废料后的残值。除此之外，进口原材料成本还应包括进口关税，燃料油成本还应包括烧油特别税。

在外购材料的实际成本构成中，买价应直接计入各种外购材料的采购成本，采购费用如是与某种外购材料直接有关的费用也应直接计入该种材料的采购成本；如果是几种外购材料的共同费用，则应按照一定的标准在几种材料之间进行分配。其分配标准通常按材料的重量、体积、买价等分配。其计算公式为：

$$材料采购费用分配率=\frac{材料的共同采购成本}{\sum 各种材料费用分配标准(重量、体积、买价)}$$

某种材料应负担的采购费用= 该种材料的重量（体积或买价）×材料采购费用分配率

【例 2-1】某企业购入材料一批，计甲材料 500 kg，买价 100 元/kg，乙材料 1 000kg，买价 40 元/kg，共支付运费 4 500 元。甲材料运输途中的定额损耗为 0. 5%，实际损耗 2kg。乙材料经过入库前的挑选整理，实际入库 990kg。运费按材料重量比例分摊。甲、乙两种材料的进料成本计算如下：

$$材料采购费用分配率=\frac{4\ 500}{500+1\ 000}=3（元/kg）$$

甲材料应负担的运费= 500×3 = 1 500（元）

乙材料应负担的运费= 1 000×3 = 3 000（元）

甲材料实际采购总成本= 50 000+1 500 = 51 500（元）

甲材料单位采购成本= 51 500/498 = 103. 41（元）

乙材料实际采购总成本= 40 000+3 000 = 43 000（元）

乙材料单位采购成本= 43 000/990 = 43. 43（元）

企业使用的材料，除了外购取得之外，还可能是企业自制的或委托加工的。企业自制材料的实际成本由两部分组成。一是被加工材料原来的实际成本。二是自制过程中发生的工资等加工费用。委托加工材料的实际成本由三部分组成。一是被加工材料原来的实际成本。二是被加工的材料送往加工单位的往返运杂费、保险费等。三是支付的加工费用。自制材料和委托加工材料发生的费用，属于应由某种材料负担的直接费用，则应直接计入该种材料的实际成本；属于几种材料共同负担的费用，则应在几种材料间按一定标准进行分配，而后计入各个材料的实际成本。另外，还有投资者投入的材料，应按照评估确认或合同、协议约定的价值计价。

②计划成本。企业在采用计划成本计价进行材料日常核算时，收入材料的成本是计划成本。对实际成本与计划成本之间的差异，应设置“材料成本差异”科目单独核算。对几种材料共同发生的费用，应根据具体情况分别处理：如果几种材料同属一个成本差异计算类别，共同费用不必分摊，实际入库的材料的计划成本总额与实际成本总额之间的差异，就是材料成本差异，分别进行分配。如果几种材料分属几个成本差异计算类别，则共同费用仍需先分摊，分别计算出实际成本后，再计算材料成本差异。

【例 2-2】仍依例 2－1 资料，假设甲材料的单位计划成本为 105 元/kg，乙材料为 42 元/kg。如果甲乙两种材料同属一个成本差异计算类别，那么，材料成本差异的计算过程如下：

计划成本总额= 498×105+990×42 = 93 870（元）

实际成本总额= 500×100+1 000×40+4 500 = 94 500（元）

材料成本差异= 94 500－93 870 = 630（元）

若甲、乙两种材料分属两个成本差异计算类别，那么，材料成本差异的计算过程如下：

$$甲材料成本差异= 51\,500 - 498\times105 = -790（元）$$

$$乙材料成本差异= 43\,000 - 990\times42 = 1\,420（元）$$

（2）发出材料的成本。收入材料的计价方法不同，发出材料的计价方法也不相同。

①实际成本。由于材料的取得是分批进行的，每批材料的实际成本不一样，因而每次发出材料的单价也不一样。在实际工作中，发出材料按实际成本计价有全月一次加权平均法、移动加权平均法、先进先出法、个别计价法。几种发出材料的计价方法各有利弊，企业可以根据具体情况，对不同的材料选用不同的计价方法。但方法一经确定，必须坚持可比性原则，一般在一个会计年度内不允许随意更改。

②计划成本。企业采用计划成本核算时，发出材料的成本是计划成本，需要按期结转发出材料应负担的成本差异，将计划成本调整为实际成本。

为了将发出材料的计划成本调整为实际成本，应该先计算材料成本差异分配率，也称材料成本差异率，以调整发出材料的成本差异。其计算公式如下：

$$材料成本差异率= \frac{月初存料成本差异数额+本月进料成本差异数额}{月初存料计划成本+本月进料计划成本}$$

$$发出材料成本差异= 发出材料计划成本\times材料成本差异率$$

$$发出材料实际成本= 发出材料计划成本\pm发出材料成本差异$$

在材料成本差异率的计算公式中，月初结存材料成本差异和本月收入材料成本差异之和是一个代数和，即差异按其性质分为超支差和节约差，如果是超支差用正号表示，如果是节约差用负号表示。计算出的材料成本差异率也就是正号表示超支差，负号表示节约差。因此，发出材料的成本差异，计算结果可能是正数，也可能是负数。

【例 2-3】企业当月发出材料的计划成本为 132 000 元，月初结存材料成本差异为 21 426 元，本月收入材料成本差异为-820 元，月初结存材料计划成本为 426 812 元，本月收入材料计划成本为 63 803 元。则：

$$材料成本差异率= \frac{21\,426 - 820}{426\,812+63\,803} = 4.2\%$$

$$发出材料成本差异= 132\,000\times4.2\% = 5\,544（元）$$

$$发出材料实际成本= 132\,000+5\,544 = 137\,544（元）$$

做好材料费用归集的核算，除了要正确计算材料收入和发出的成本以外，还应加强材料领发数量的控制和盘点工作，生产剩余材料，应编制退料单，据以退库。对于车间已领未用、下月继续耗用的材料，可以采用“假退料”，保证材料费用的正确归集。

2. 原材料费用的分配

构成产品主要实体的原料及主要材料，也有几种产品共同耗用的，对此应采用既合理又简便的方法，分配计入各种产品成本。所谓分配方法合理是指这种方法选用的分配标准与费用的发生尽可能有密切的联系，也就是说多耗用的应多负担，少耗用的应少负担。使用的分配方法还要力求简便，即选择分配标准的资料比较容易取得，尽量使用单一分配标准，如产量、重量等，少使用复合分配标准，如重量×体积等进行分配。原材料费用的分配方法一般有定额消耗量比例分配法、定额成本（费用）比例分配法、实际消耗量分配法、产品产量比例分配法、产品重量比例分配法。

（1）定额消耗量比例分配法。原材料定额消耗量比例分配法是指以各受益产品的原材料定额消耗量为分配标准，以单位材料定额消耗量应负担的原材料费用为分配率，据以分配原材料费用的方法。其适用于原材料消耗比较单一、单位产品消耗量比较准确的产品。

其计算公式为：

$$\text{原材料费用分配率}=\frac{\text{各种产品共同耗用的材料费用}}{\text{各种受益产品材料定额消耗量之和}}$$

某种产品材料定额消耗量= 该种产品实际产量×单位产品消耗定额

某产品应分配的材料费用= 该产品的材料定额消耗量×原材料费用分配率

【例 2-4】某车间生产领用原材料 1 000 kg，单价 20 元，生产甲产品 400 件、乙产品 200 件。甲产品单位消耗定额为 2 kg，乙产品单位消耗定额为 1 kg，则原材料费用分配如下：

甲产品材料定额消耗量= 400×2= 800（kg）

乙产品材料定额消耗量= 200×1= 200（kg）

$$\text{原材料费用分配率}=\frac{1\,000\times 20}{800+200}=20\text{（元/kg）}$$

甲产品应分配的材料费用= 800×20= 16 000（元）

乙产品应分配的材料费用= 200×20= 4 000（元）

（2）定额成本（费用）比例分配法。材料定额成本（费用）比例分配法是按照产品材料定额成本（费用）分配材料费用的一种方法，其适用于产品生产过程中消耗原材料品种较多，不宜按品种确定原材料消耗量，但有比较合理的材料费用消耗定额的产品。其计算公式如下：

$$\text{原材料费用分配率}=\frac{\text{各种产品共同耗用的材料费用}}{\text{各种受益产品材料定额成本（费用）之和}}$$

某种产品材料定额成本（费用）= 该种产品实际产量×单位产品材料定额成本（费用）

某产品应分配的材料费用= 该产品的材料定额成本（费用）×原材料费用分配率

【例 2-5】某车间生产甲、乙两种产品，共同耗用 A、B 两种原材料。甲产品投产 100 件，原材料单件消耗定额为：A 材料 4 kg，B 材料 5 kg；乙产品投产 200 件，原材料单件消耗定额为：A 材料 5 kg，B 材料 7. 5 kg。甲、乙两种产品实际消耗总量为：A 材料 2 280 kg，B 材料 2 000 kg。原材料计划单价为：A 材料 2 元，B 材料 3 元。则原材料费用分配如下：

甲产品材料定额成本（费用）= 100×4×2+100×5×3 = 2 300（元）

乙产品材料定额成本（费用）= 200×5×2+200×7. 5×3 = 6 500（元）

$$原材料费用分配率=\frac{2\ 280\times 2+2\ 000\times 3}{2\ 300+6\ 500}=1.2$$

$$甲产品应分配的材料费用=2\ 300\times 1.2=2\ 760（元）$$

$$乙产品应分配的材料费用=6\ 500\times 1.2=7\ 800（元）$$

（3）实际消耗量分配法。原材料实际消耗量分配法是指以各种受益产品的原材料实际消耗量为分配标准，以实际发生的原材料费用占各受益产品原材料实际消耗量之和计算的比例为分配率，据以分配原材料费用的方法。其适用于能分清原材料消耗对象，并有健全的原材料消耗记录的产品。其计算公式为：

$$原材料费用分配率=\frac{各种产品共同耗用的材料费用}{各种受益产品材料实际消耗量之和}$$

$$某产品应分配的材料费用=该产品的材料实际消耗量\times 原材料费用分配率$$

【例 2-6】某车间生产领用 A 原材料 20 000 kg，单价 20 元，生产甲产品 1 000 件、乙产品 500 件。甲产品实际耗用原材料 500 000 kg，乙产品实际耗用原材料 300 000 kg，则原材料费用分配如下：

$$原材料费用分配率=\frac{20\ 000\times 20}{500\ 000+300\ 000}=0.5（元/kg）$$

$$甲产品应分配的材料费用=500\ 000\times 0.5=250\ 000（元）$$

$$乙产品应分配的材料费用=300\ 000\times 0.5=150\ 000（元）$$

（4）产品产量比例分配法。产品产量比例分配法是按产品的产量比例分配材料费用的一种方法，当产品的产量与其所耗用的材料有密切联系的情况下，可采用这种方法分配材料费用。按产品产量比例分配法分配材料费用时，要求各种产品产量的计量单位必须一致，否则无法加总。其计算公式如下：

$$原材料费用分配率=\frac{各种产品共同耗用的材料费用}{各种受益产品实际产量之和}$$

$$某产品应分配的材料费用=该产品实际产量\times 原材料费用分配率$$

【例 2-7】某企业生产甲、乙两种产品，共耗用 B 材料 8 064 kg，每千克 12 元，甲产品实际产量为 3 600 件，乙产品实际产量为 4 800 件。则原材料费用分配如下：

$$原材料费用分配率=\frac{8\ 064\times 12}{3\ 600+4\ 800}=11.52（元/件）$$

$$甲产品应分配的材料费用=3\ 600\times 11.52=41\ 472（元）$$

$$乙产品应分配的材料费用=4\ 800\times 11.52=55\ 296（元）$$

（5）产品重量比例分配法。产品重量比例分配法是按照各种产品的重量比例分配材料费用的一种方法，一般当产品所耗用材料的多少与产品重量有着直接联系时，可采用这种方法分配材料费用。按产品重量比例分配法分配材料费用时，同样要求各种产品重量的计量单位必须一致，以便产品重量可以加总。其计算公式如下：

$$原材料费用分配率=\frac{各种产品共同耗用的材料费用}{各种受益产品实际重量之和}$$

$$某产品应分配的材料费用=该产品的重量\times原材料费用分配率$$

【例 2-8】某企业生产甲、乙两种产品，共同耗用 A 材料 60 800 kg，每千克 9 元。甲产品的重量为24 000 kg，乙产品的重量为 52 000 kg。则原材料费用分配如下：

$$原材料费用分配率=\frac{60\ 800\times9}{24\ 000+52\ 000}=7.2\ （元/kg）$$

$$甲产品应分配的材料费用=24\ 000\times7.2=172\ 800\ （元）$$

$$乙产品应分配的材料费用=52\ 000\times7.2=374\ 400\ （元）$$

3. 原材料费用分配表的编制

在企业实际工作中，材料费用的分配是通过各种材料费用分配表进行的，这种分配表应按领料部门、材料的类别进行归类，根据各种材料的领退料凭证汇总编制。材料费用分配汇总表的格式如表 2－1 和表 2－2 所示。

表 2-1 材料费用分配汇总表

（按实际成本计价）

金额单位：元

<table>
<tr><th colspan="3" rowspan="2">借方科目
贷方科目</th><th colspan="3">基本生产成本</th><th rowspan="2">辅助生产成本</th><th rowspan="2">制造费用</th><th rowspan="2">管理费用</th><th rowspan="2">合计</th></tr>
<tr><th>甲产品</th><th>乙产品</th><th>小计</th></tr>
<tr><td rowspan="4">原材料</td><td colspan="2">直接计入费用</td><td>7 000</td><td>8 000</td><td>15 000</td><td>5 000</td><td>6 000</td><td>2 000</td><td>28 000</td></tr>
<tr><td rowspan="3">间接计入费用</td><td>定额消耗量</td><td>2 000</td><td>3 000</td><td>5 000</td><td></td><td></td><td></td><td></td></tr>
<tr><td>分配率</td><td></td><td></td><td>2</td><td></td><td></td><td></td><td></td></tr>
<tr><td>分配金额</td><td>4 000</td><td>6 000</td><td>10 000</td><td></td><td></td><td></td><td>10 000</td></tr>
<tr><td colspan="3">材料费用合计</td><td>11 000</td><td>14 000</td><td>25 000</td><td>5 000</td><td>6 000</td><td>2 000</td><td>38 000</td></tr>
</table>

表 2-2 材料费用分配汇总表（按计划成本计价）

金额单位：元

借方科目 / 贷方科目	基本生产成本						辅助生产成本			制造费用						管理费用			合计		
	甲产品			乙产品						基本生产车间			辅助生产车间								
	计划成本	成本差异	实际成本	计划成本	成本差异	实际成本	计划成本	成本差异	实际成本	计划成本	成本差异	实际成本	计划成本	成本差异	实际成本	计划成本	成本差异	实际成本	计划成本	成本差异	实际成本
原材料	6 931	69	7 000	7 920	80	8 000	4 950	50	5 000	5 940	60	6 000	3 960	40	4 000	1 980	20	2 000	31 681	319	32 000
减：废料	－600		－600																－600		－600
包装物	990	10	1 000							198	2	200							1 188	12	1 200
⋮																					
合计	7 321	79	7 400	7 920	80	8 000	4 950	50	5 000	6 138	62	6 200	3 960	40	4 000	1 980	20	2 000	32 269	331	32 600

根据表2-1可编制会计分录如下：

借：基本生产成本——甲产品 11 000
　　　　　　　　——乙产品 14 000
　　辅助生产成本 5 000
　　制造费用 6 000
　　管理费用 2 000
　　贷：原材料 38 000

根据表2-2，可编制会计分录如下：

① 借：基本生产成本——甲产品 6 931
　　　　　　　　——乙产品 7 920
　　辅助生产成本 4 950
　　制造费用——基本生产车间 5 940
　　　　　　——辅助生产车间 3 960
　　管理费用 1 980
　　贷：原材料 31 681

② 借：原材料——废料 600
　　贷：基本生产成本——甲产品 600

③ 借：基本生产成本——甲产品 990
　　制造费用——基本生产车间 198
　　贷：原材料——包装物 1 188

④ 借：基本生产成本——甲产品 69
　　　　　　　　——乙产品 80
　　辅助生产成本 50
　　制造费用——基本生产车间 60
　　　　　　——辅助生产车间 40
　　管理费用 20
　　贷：材料成本差异 319

⑤ 借：基本生产成本——甲产品 10
　　制造费用——基本生产车间 2
　　贷：材料成本差异 12

小贴士

传统的材料分配的理念是将产品耗用的材料按照一定的标准进行分配，该分配方法的应用前提是材料的消耗与产品的生产具有线性关系。如果材料的消耗与产品的生产具有复杂的关系，则需要采用其他方法进行分配，例如，可以采用回归分析法、高低点法。

2.1.3 其他材料费用的核算

1. 燃料费用分配的核算

燃料费用的分配与原材料费用的分配基本相同。企业对发生的燃料费用是否需要单独进行分配与核算，取决于企业燃料费用额的大小和企业对燃料费用进行管理的要求。通常情况下，燃料费用可以并入原材料费用统一核算，对发生的燃料费用连同原材料费用经分配后一并计入有关的成本费用项目即可。如果燃料费用发生额较大，企业需要对其加强管理，可以单设“燃料”账户对燃料进行核算。对发生的燃料费用也可以与动力费用一起，在基本生产成本明细账中单设“燃料及动力”成本项目予以反映。

所谓燃料费用的分配，是指对于车间、部门领用并消耗掉的燃料，根据燃料的去向和用途，计入成本、费用的过程。

直接用于产品生产的燃料费用，应计入“基本生产成本”总账和所属明细账借方的“燃料及动力”成本项目。如果燃料分产品领用，应根据领退料凭证直接计入各该产品成本的“燃料及动力”成本项目；如果不能分产品领用，应采用适当的分配方法，分配计入各有关产品成本的这一成本项目。分配标准一般有产品的重量、体积、所耗原材料的数量或费用，以及燃料的定额消耗量或定额费用等。

车间管理消耗的燃料费用、辅助生产消耗的燃料费用、行政管理部门进行生产经营管理消耗的燃料费用、进行产品销售消耗的燃料费用等，应分别计入“制造费用（基本生产）”“辅助生产成本”“管理费用”“销售费用”等账户的费用（或成本）项目。

【例 2-9】某公司燃料费用消耗较大，在成本项目中设置“燃料及动力”项目。该公司2010年5月用于生产甲、乙产品的燃料费用共为15 080元，燃料定额成本为：甲产品6 640元，乙产品4 960元，按燃料的定额成本比例分配燃料费用，其分配结果如下：

$$燃料费用分配率=\frac{15\ 080}{6\ 640+4\ 960}=1.3$$

甲产品应分配的燃料费用= 6 640×1.3 = 8 632（元）

乙产品应分配的燃料费用= 4 960×1.3 = 6 448（元）

根据该公司本月燃料的领退料凭证和上述计算结果，可以编制燃料费用分配表，如表2-3所示。

根据表2-3可编制会计分录如下。

借：基本生产成本——甲产品　　8 632

　　　　　　　　——乙产品　　6 448

　　辅助生产成本　　1 860

　　制造费用　　2 380

　　管理费用　　680

　　贷：原材料——燃料　　20 000

表 2-3 燃料费用分配表

2010 年 5 月　　　　金额单位：元

应方贷科目 \ 借方科目			基本生产成本			辅助生产成本	制造费用	管理费用	合 计
			甲产品	乙产品	小计				
原材料——燃料	直接计入费用					1 860	2 380	680	4 920
	间接计入费用	定额消耗量	6 640	4 960	11 600				
		分配率			1.3				
		分配金额	8 632	6 448	15 080				15 080
	燃料费用合计		8 632	6 448	15 080	1 860	2 380	680	20 000

2. 包装物的核算

根据包装物品领用的发生环节及价值确认方式的不同，包装物费用的分配与核算亦有所不同，在生产过程中领用的包装物品，作为产品成本的构成部分直接计入“基本生产成本”账户的“直接材料”成本项目。在产品销售时领用，随产品出售的包装物，区分是否单独计价，做不同处理。

3. 低值易耗品的核算

低值易耗品的价值转移方式与原材料不同，作为劳动资料，其价值是逐渐转移到产品成本或转化为期间费用的。低值易耗品价值的转移，会计上称之为摊销。低值易耗品的摊销方法通常有：一次摊销法、分次摊销法和五五摊销法。低值易耗品的摊销额在产品成本中所占比重较小，没有专设成本项目，低值易耗品摊销额分别记入“制造费用”或“管理费用”等账户。

（1）一次摊销法。采用这种方法，低值易耗品领用时，将其价值一次计入领用当月成本、费用等，即借记“制造费用”“管理费用”等账户，贷记“低值易耗品”账户。报废时，报废的残料价值冲减有关的成本、费用账户，作为当月摊销额的减少，即借记“原材料”等账户，贷记“制造费用”或“管理费用”等账户。

一次摊销法的核算简便。但由于低值易耗品的使用期一般不止一个月，因而采用这种方法会使各月成本、费用负担不太合理。它一般适用于单位价值较低、使用期限较短或者容易破损的低值易耗品。

（2）分次摊销法。分次摊销法是指低值易耗品的价值按照其使用期限分月摊入成本、费用的摊销方法。这种方法克服了一次摊销法的不足。采用这种方法，在低值易耗品领用时，按账面价值先将低值易耗品转为“低值易耗品——在用”账户，然后分期摊销记入“制造费用”或“管理费用”等账户。低值易耗品报废时，收回的残料价值作为当月低值易耗品摊销额的减少，冲减有关的成本、费用，即借记“原材料”账户，贷记“制造费用”或“管理费用”账户。

采用分次摊销法，各月成本、费用负担比较合理，但核算工作量较大。它一般适用于一些单位价值较高，使用期限较长又不易损坏的低值易耗品，如多次反复使用的专用工具等。

（3）五五摊销法。五五摊销法是指在领用低值易耗品时先将一半的价值计入当月的成本费用，报废时再将另一半价值扣除残值后计入报废当月的成本费用。当期发生的低值易耗品费用，按低值易耗品的用途确定成本费用的项目。为生产产品而直接耗用的，计入“基本生产成本”账户的“直接材料”成本项目；属于辅助生产车间耗用的，计入“辅助生产成本”账户的“直接材料”成本项目；属于车间管理部门耗用的，先记入“制造费用”账户，再分配计入有关产品的“直接材料”成本项目。如果低值易耗品按计划成本进行日常核算，月末也要调整所领低值易耗品的计划成本。

【例 2-10】某企业行政管理部门领用管理用具，其计划成本 8 400 元；报废以前领用的另一批管理用具计划成本 3 000 元，回收残料计价 150 元。本月低值易耗品成本差异率为节约差 3%。编制会计分录如下：

领用时：

借：低值易耗品——在用低值易耗品　　8 400
　　贷：低值易耗品——在库低值易耗品　　8 400

摊销价值的 50%时：

借：管理费用　　4 200
　　贷：低值易耗品——低值易耗品摊销　　4 200

报废时摊销低值易耗品的另一半价值，并回收残料价值：

借：原材料　　150
　　管理费用　　1 350
　　贷：低值易耗品——低值易耗品摊销　　1 500

注销报废管理用具：

借：低值易耗品——低值易耗品摊销　　3 000
　　贷：低值易耗品——在用低值易耗品　　3 000

月末，调整本月所领管理用具的成本节约差异：

借：管理费用　　[252]
　　贷：材料成本差异——低值易耗品成本差异　　[252]

采用五五摊销法能够对在用低值易耗品实行价值监督，各月成本、费用负担比较合理。但核算工作量比较大，因此该方法适用于各月领用和报废比较均衡、各月摊销额相差不多的低值易耗品。

2.2　外购动力费用的核算

工业企业耗用的动力包括水、电、气、汽、风，等等。这些动力有的是从外部购入的，有的是企业自己生产的。企业的辅助生产车间自行制造动力，其成本应在“辅助生产成本”科目核算，并且要按照受益部门受益的大小，将动力费用分配给受益部门。这些内容将在第

5章专门介绍。

2.2.1 外购动力费用的归集

支付外购动力费用，一般通过“应付账款”科目核算。实际工作中，每月下旬支付动力费时，按实际支付数借记“应付账款”科目，贷记“银行存款”科目，作为暂时动力费用处理。月末分配计算全月的应付动力费时，再作借记“基本生产成本”等科目，贷记“应付账款”科目，分配后如“应付账款”科目是借方余额，表示当月支付数大于应付数的多付动力费；如“应付账款”科目是贷方余额，则表示当月应付数大于支付数的应付未付的动力费。

这样做每月只需分配、登记一次外购动力费用，简化了支付日到月末之间的扣除已付和应付未付的核算工作。

2.2.2 外购动力费用的分配

外购动力如果是直接用于产品生产的动力，应直接计入产品成本中的“燃料和动力”或“直接材料”成本项目；如果是用于辅助生产的动力，则先归集到辅助生产部门，再通过辅助生产费用核算进行分配；如果是用于生产的组织和管理，如取暖、照明等，则应先归集到制造费用（计入“水电费”项目）中，再通过制造费用的核算进行分配。

外购动力在有仪表计数的情况下，应根据仪表上所耗用动力数及动力费用单价计算，这是较准确的计算。在没有仪表装置的情况下，可以按生产工时、机器功率时数等作为标准计算动力费用。

一般情况下，对于各车间、部门耗用的动力费用，都可以按仪表数据加以计量。因此，各车间、部门应分配动力费用计算公式如下：

$$车间、部门动力费用分配率=\frac{动力费用总额}{各车间、部门耗用数量之和}$$

$$某车间、部门应负担动力费用=该车间、部门耗用数量\times车间、部门动力费用分配率$$

对于生产车间用于产品生产的动力费用，由于不能按产品分装计量仪器，无法取得各种产品的耗用数量，一般采用工时比例（实际工时或定额工时）进行分配，其计算公式如下：

$$动力费用分配率=\frac{动力费用总额}{各种产品生产工时之和}$$

$$某种产品应负担动力费用=该种产品生产工时\times动力费用分配率$$

【例 2-11】某企业本月应支付电费 360 000 元，各车间、部门的电表用电度数为 900 000 kW・h，其中：生产甲、乙两种产品用电 750 000 kW・h，生产车间一般用电 50 000 kW・h，辅助生产车间一般用电 80 000 kW・h，行政管理部门用电 20 000 kW・h。本月生产甲产品的生产工时为 50 000 h，生产乙产品的生产工时为 30 000 h。其分配结果如下：

$$车间、部门电费分配率=\frac{360\ 000}{900\ 000}=0.4\ [元/(kW\cdot h)]$$

甲、乙产品应负担的电费= 750 000×0. 4 = 300 000（元）

生产车间应负担的电费= 50 000×0. 4 = 20 000（元）

辅助生产车间应负担的电费= 80 000×0. 4 = 32 000（元）

行政管理部门应负担的电费= 20 000×0. 4 = 8 000（元）

甲、乙产品负担的电费 300 000 元还需要按照生产工时标准在两种产品之间进行再分配，其分配结果如下：

$$产品电费分配率=\frac{300\ 000}{50\ 000+30\ 000}=3.75\ (元/h)$$

甲产品应负担的电费= 50 000×3. 75 = 187 500（元）

乙产品应负担的电费= 30 000×3. 75 = 112 500（元）

外购动力费用的分配，是通过编制“外购动力费用分配表”来进行的。根据上述资料编制如表 2－4 所示。

表 2-4　外购动力费用分配表

金额单位：元

应借科目 / 应贷科目			基本生产成本			制造费用		管理费用	合　计
			甲产品	乙产品	小计	基本生产车间	辅助生产车间		
应付账款	直接计入费用	用电度数			750 000	50 000	80 000	20 000	900 000
		分配率							0. 4
		分配金额			300 000	20 000	32 000	8 000	60 000
	间接计入费用	生产工时	50 000	30 000	80 000				
		分配率			3. 75				
		分配金额	187 500	112 500	300 000				300 000
	合计		187 500	112 500	300 000	20 000	32 000	8 000	360 000

根据表 2－4 可编制会计分录如下。

借：基本生产成本——甲产品　　187 500

　　　　　　　　——乙产品　　112 500

　　制造费用——基本生产车间　　20 000

　　　　　　——辅助生产车间　　32 000

　　管理费用　　8 000

　　贷：应付账款——应付电费　　360 000

2.3 人工费用的核算

2.3.1 职工薪酬概述

人工成本是企业在生产产品或提供劳务活动中所发生的各种直接和间接人工费用的总和，主要由劳动报酬、社会保险、福利、教育、劳动保护、住房和其他人工费用等组成。长期以来，我国没有建立起比较广义的人工成本概念，使得我国企业人工成本偏低，没有全面反映企业实际承担的人工耗费水平，容易使企业在国际贸易中处于不利地位。

1. 职工薪酬的概念

《企业会计准则第9号——职工薪酬》(2014)(以下简称职工薪酬准则)从广义的角度，根据构成完整人工成本的各类薪酬，从人工成本的理念出发，将职工薪酬界定为“企业为获得职工提供的服务或终止劳动合同关系而给予的各种形式的报酬”。也就是说，从性质上凡是企业为获得职工提供的服务给予或付出的各种形式的对价，都构成职工薪酬。企业提供给职工配偶、子女、受赡养人、已故职工遗属及其他受益人等的福利，也属于职工薪酬。

明确界定企业职工的范围是企业确定职工薪酬的基础，职工薪酬准则对企业职工范围做出规定，职工薪酬准则所称的“职工”包括以下几类人员。

(1) 与企业订立劳动合同的所有人员，含全职、兼职和临时职工。

(2) 未与企业订立劳动合同，但由企业正式任命的人员，如董事会成员、监事会成员等。

(3) 在企业的计划和控制下，虽未与企业订立劳动合同或未由其正式任命，但为其提供与职工类似服务的人员。

2. 职工薪酬的内容

职工薪酬准则规定的职工薪酬主要包括短期薪酬、离职后福利、辞退福利和其他长期职工福利。

(1) 短期薪酬。

①职工工资、奖金、津贴和补贴。是指按照构成工资总额的计时工资、计件工资、支付给职工的超额劳动报酬和增收节支的劳动报酬、为补偿职工特殊或额外的劳动消耗和因其他特殊原因支付给职工的津贴，以及为保证职工工资水平不受物价影响支付给职工的物价补贴等。企业的短期奖金计划属于短期薪酬，长期奖金计划属于其他长期职工福利。

②职工福利费，主要包括职工因公负伤赴外地就医费用、防暑降温费、职工生活困难补助、未实行医疗统筹企业职工医疗费用，以及按规定发生的其他职工福利支出，如抚恤金、职工异地安家费等。

③医疗保险费、工伤保险费和生育保险费等社会保险费。是指企业按照国家规定的基准

和比例计算，向社会保险经办机构缴纳的医疗保险费、工伤保险费和生育保险费。

④住房公积金。是指企业按照国家规定的基准和比例计算，向住房公积金管理机构缴存的住房公积金。

⑤工会经费和职工教育经费。是指企业为了改善职工文化生活、为职工学习先进技术和提高文化水平和业务素质，用于开展工会活动和职工教育及职业技能培训等相关支出。

⑥短期带薪缺勤。是指企业支付工资或提供补偿的职工缺勤，包括年假、病假、短期伤残、婚假、产假、丧假、探亲假等。

⑦短期利润分享计划。是指因职工提供服务而与职工达成的基于利润或其他经营成果提供薪酬的协议。长期利润分享计划属于其他长期职工福利。

⑧非货币性福利。是指企业将自己的产品或外购商品发放给职工作为福利，企业提供给职工无偿使用自己拥有的资产或租赁资产，比如提供给企业高级管理人员使用的住房，免费为职工提供诸如医疗保健的服务，或向职工提供企业支付了一定补贴的商品或服务，以低于成本的价格向职工出售住房等。

⑨其他短期薪酬。是指除上述薪酬以外的其他为获得职工提供服务而给予的短期薪酬。

小贴士

> 《企业会计准则第 9 号——职工薪酬》规定：职工薪酬不仅包括企业支付给职工的货币薪酬，还包括支付的非货币薪酬以及辞退福利等。企业在处理职工薪酬时应遵循相应的会计准则。
>
> 取消按照 14% 计提职工福利费的规定，福利费的支出按照实际支出额加以计量。

（2）离职后福利。是指企业为获得职工提供的服务在职工退休或与企业解除劳动关系后，提供的各种形式的报酬和福利。

（3）辞退福利。是指企业在职工劳动合同尚未到期之前解除与职工的劳动关系，或者为鼓励职工自愿接受裁减而给予职工的经济补偿。

（4）其他长期职工福利。是指除短期薪酬、离职后福利、辞退福利以外所有的职工薪酬。包括长期带薪缺勤、长期残疾福利、长期利润分享计划等。

3. 职工薪酬的确认

职工薪酬准则规定，企业应当在职工为其提供服务的会计期间，将应付的职工薪酬确认为负债，并根据职工提供服务的受益对象，分别按下列情况处理。

（1）应由生产产品、提供劳务负担的职工薪酬，计入产品成本或劳务成本。但非正常消耗的直接生产人员和直接提供劳务人员的职工薪酬，应当在发生时确认为当期损益。

（2）应由在建工程、无形资产负担的职工薪酬，计入固定资产或无形资产成本。

（3）除了直接生产人员、直接提供劳务人员、建造固定资产人员、开发无形资产人员以外的职工，包括公司总部管理人员、董事会成员、监事会成员等人员相关的职工薪酬，因难以确定直接对应的受益对象，均应当在发生时确认为当期损益。

对于货币性薪酬，企业应当根据职工提供服务情况和工资标准计算应计入职工薪酬的工资金额，按照受益对象计入相关的成本或当期费用，借记“基本生产成本”“辅助生产成本”“在建工程”“研发支出”“制造费用”“管理费用”“销售费用”等科目，贷记“应付职工薪酬”科目；发放时，借记“应付职工薪酬”科目，贷记“银行存款”等科目。

对于职工福利费，企业应当根据历史经验数据和当期福利计划，预计当期应计入职工薪酬的福利费金额，每一资产负债表日，企业应当对实际发生的福利费金额和预计金额进行调整。

4. 工资总额的组成

工资费用是应付职工薪酬的重要组成部分，应当按照国家劳动部门制定的工资总额核算。工资总额的计算，应以直接支付给职工的全部劳动报酬为依据。具体内容包括六项：计时工资、计件工资、奖金、津贴和补贴、加班加点工资和特殊情况下支付的工资。

(1) 计时工资。计时工资是指按计时工资标准和工作时间支付给职工的劳动报酬。工资标准是指每一职工在单位时间内（月、日、小时）应得的工资额，它与职工从事工作的技术难度、熟练程度和劳动强度相关，企业为不同职务、不同工种和不同等级的职工分别规定不同的工资标准。计时工资包括：①对已做工作按计时工资标准支付的工资；②实行结构工资制的单位支付给职工的基础工作和职务（岗位）工资；③新参加工作职工的见习工资（包括学徒的生活费）等。

(2) 计件工资。计件工资是指按职工所完成的工作量和计件单价计算支付的劳动报酬。计件单价是指完成单位工作量应得的工资。

(3) 奖金。奖金是指支付给职工的超额劳动报酬和由于增收节支而给予职工的奖励。奖金包括：①生产奖；②节约奖；③劳动竞赛奖；④机关、事业单位的奖励工资；⑤其他经常性奖金。奖金应该按照国家和本单位的有关规定计算、支付。

(4) 津贴和补贴。津贴和补贴是指为补偿职工特殊的劳动消耗和因其他特殊原因支付给职工的津贴，以及为了保证职工工资水平不受物价影响支付给职工的物价补贴。津贴和补贴包括：①补偿职工特殊或额外劳动消耗的津贴；②保健性津贴；③技术性津贴；④年功性津贴；⑤其他津贴；⑥各种物价补贴。津贴和补贴也应按照国家和本单位的有关规定计算、支付。

(5) 加班加点工资。加班加点工资是指企业对职工在法定工作时间以外加班加点而支付的劳动报酬。

(6) 特殊情况下支付的工资。特殊情况下支付的工资是指按国家规定在某些非工作时间内支付给职工的工资。包括：①根据国家法律规定和政策规定，由于疾病、工伤、产假、计划生育假、婚丧假、探亲假、定期休假、脱产学习等期间按计时工资标准或按这一标准的一定比例支付的工资；②附加工资和保留工资。

在进行人工费用核算时，应该划清工资总额组成与非工资总额组成的界限。例如，职工市内交通补助、困难补助、劳动保护费等，都不属于工资总额的组成内容。

企业的工资总额并非全部计入产品制造成本，因此，必须分清工资总额的组成内容与计入产品制造成本的人工费用。只有与企业生产活动有关人员的工资以及为生产活动服务人员的工资，才可以计入产品制造成本；除此以外的其他人工支出，应根据有关规定按其用途分别列支有关费用。

人工费用按其计入产品成本的程序和方式，可分为直接人工费用和间接人工费用两种。直接人工费用是指直接从事产品生产而发生的人工费用，可直接计入产品成本，并以“直接人工”成本项目单独列示，形成产品成本的一个重要组成部分，即直接人工成本。间接人工费用是指为组织和管理生产活动而发生的人工费用。间接人工费用应先按其发生地点归集于制造费用，通过分配再计入产品成本，并以“制造费用”成本项目列示，形成产品成本中的间接人工成本。

5. 人工费用核算的基础工作

直接人工费用核算的基础工作主要是指建立和健全各项原始记录，包括考勤记录、产量和工时记录及其他凭证。

(1) 考勤记录。考勤记录是反映企业职工出勤和缺勤情况的原始记录，它是企业计算职工工资的主要原始资料，也是分析、考核职工出勤、缺勤等工作时间利用情况的原始记录。

(2) 产量和工时记录。产量和工时记录是登记职工个人或生产班组在出勤时间内完成产品的数量、质量和单位产品耗用工时数量的原始记录。它是计算计件工资和按工时在各产品间分配直接人工费用的重要依据，也是考核工时定额、明确生产工人的责任、考核劳动生产率水平的依据。产量和工时记录在不同行业、不同劳动组织的车间或班组，可以根据其工艺特点和管理要求采用不同的格式。常用的产量和工时记录有工作通知单、工作程序卡片、工序进程单、工作班产量报告、产量通知单、产量明细表等。

(3) 其他凭证。为了正确地计算、归集和分配企业的人工费用，除了上述考勤记录、产量工时记录以外，还需要设置其他凭证，包括废品通知单及工资性补贴、奖金、津贴、代扣款通知单等。

此外，企业内部规章制度、各种津贴和补贴标准、工人的工作动态和工资动态等，都是企业计算工资费用的必不可少的原始依据。

2.3.2 人工费用的归集

正确地进行应付工资的计算，是人工费用归集的基础。企业可以根据具体情况采用不同的工资制度，其中最基本的工资制度是计时工资制度和计件工资制度。

1. 应付计时工资的计算

计时工资是根据考勤记录登记的每一职工的出勤情况和规定的工资标准计算的。由于这种工资计算的时间不同，计时工资又分为月薪制和日薪制。在实际工作中，月薪制通常是实行计件工资制企业较为普遍的选择。

月薪制的特点是不论各月份日历天数是多少，每月的标准工资相同，应付工资是月标准工资扣除缺勤工资。计算公式如下：

应付工资= 月标准工资-缺勤工资

缺勤工资= 缺勤日数×日工资率

日薪制的特点是每月的工资收入随当月日数的多少而变化，日历日数多，则月工资高，反之则低。若有缺勤，应按当月日历日数减去缺勤日数，即按当月实际出勤日数乘以日工资率计算出勤工资，计算公式如下：

应付工资= 月实际出勤日数×日工资率

由此可见，计时工资的计算无论采用月薪制还是日薪制，都需要计算日工资率。日工资率的计算在实际工作中通常有三种方法。

（1）按全年平均日历天数30天计算：

$$日工资率=\frac{月标准工资}{30}$$

采用这种方法计算工资，由于日标准工资内含双休、节假日工资，因而出勤期间的双休、节假日，也按出勤日计算工资，病事假等缺勤期间的双休、节假日，也按缺勤日扣工资。

（2）按全年平均法定工作日20.83天计算：

$$日工资率=\frac{月标准工资}{20.83}$$

上述公式中，20.83天为每月平均工作日数，即（365－104－11）/12，采用这种方法计算工资，双休、节假日不按出勤日计算工资，缺勤期间的双休、节假日也不扣工资。

（3）按月实际制度日数计算：

$$日工资率=\frac{月标准工资}{月实际制度日数}$$

月实际制度日数= 该月实际日历日数-（该月双休日+节假日）

采用这种方法计算工资，双休、节假日不按出勤日计算工资，缺勤期间的双休、节假日也不扣工资。

【例2-12】假定某工人月标准工资为3 600元，10月份出勤17天，事假4天（含双休日2天），病假1天，法定休假8天，节假日3天。该工人病假工资按90%计算。以下分别按月薪制和日薪制计算该工人的应付工资。

（1）30天计算的日工资率：

$$日工资率=\frac{3\ 600}{30}=120（元/日）$$

（2）按20.83天计算的日工资率：

$$日工资率=\frac{3\ 600}{20.83}=172.83（元/日）$$

（3）按实际制度日数计算的日工资率：

10月份31天，双休8天，节日3天，则该月的制度日数为20天。

$$日工资率=\frac{3\ 600}{20}=180（元/日）$$

月薪制计算该工人工资：

① 缺勤工资= 120×4+120×1×（1－90%）= 492（元）

应付工资= 3 600－492 = 3 108（元）

② 缺勤工资= 172.83×（4－2）+172.83×1×（1－90%）= 362.94（元）

应付工资= 3 600－362.94 = 3 237.06（元）

③ 缺勤工资= 180×（4－2）+180×1×（1－90%）= 378（元）

应付工资= 3 600－378 = 3 222（元）

日薪制计算该工人工资：

① 应付工资= 120×（17+6+3）+120×1×90% = 3 228（元）

② 应付工资= 172.83×17+172.83×1×90% = 3 093.66（元）

③ 应付工资= 180×17+180×1×90% = 3 222（元）

2. 应付计件工资的计算

（1）个人计件工资的计算。个人计件工资是按产量记录中登记的每个工人完成的工作量和计件单价支付的劳动报酬。其计算公式为：

$$应付计件工资=\sum\left[（合格品数量+料废数量）×计件单价\right]$$

料废数量是指因材料质量不合格造成的废品数量。

计件单价就是完成单位工作应得的工资额，即加工单位产品所需要耗用的工时定额和工人小时工资率计算求得的。

【例2-13】某工人在月份内完成甲产品260件，其工时定额为30分钟，其中有4件因原材料不合格而造成废品；完成乙产品240件，其工时定额为20分钟，其中有12件由于工人本身过失而造成废品，该工人小时工资标准为6元。该工人当月份应得工资：

甲产品计件单价 = 6×30/60 = 3（元）

乙产品计件单价 = 6×20/60 = 2（元）

该工人当月份计件工资 = 260×3+（240－12）×2 = 1 236（元）

（2）集体计件工资的计算。集体计件工资是首先按生产小组集体完成的产量与计件单价计算出小组应得的集体计件工资，然后在小组内再按各成员的工资等级和实际工作时间分配计算每个成员的工资。

【例2-14】某生产小组共4人，月份内完成一项生产任务100件，计件单价92.52元，全组共得集体计件工资总额为9 252元，组内按每人日标准工资和实际完成工作时间分配计算个人计件工资。集体计件工资分配表如表2－5所示。

表 2-5　集体计件工资分配表

金额单位：元

姓名	级别	日工资率	实际工时	计时工资	计件工资分配率	应得计件工资
张小红	6	60	150	9 000	9 252/30 840	2 700
李小明	5	56	130	7 280		2 184
王小丽	4	52	160	8 320		2 496
刘小梅	4	52	120	6 240		1 872
合 计				30 840	0.3	9 252

3. 工资费用的结算

企业为了办理职工的工资结算，应编制工资结算凭证。工资结算凭证通常采用工资结算表（或称工资单）或工资结算卡（或称工资卡）等形式。工资单是按车间、班组和部门编制的，每月一份，工资卡是按每一职工设置的，每年一张。单或卡均要填制应付工资、代扣款项、实发工资。它们作为企业与职工办理工资结算的原始凭证。企业财务部门要根据工资单或工资卡编制工资结算汇总表如表 2－6 所示。该表按车间、部门和各类人员分别汇总计算全企业应付工资总额、各种代扣款项总额和实发工资总额。它不仅作为企业与职工进行工资结算的资料，又作为工资费用计入产品成本或有关项目的依据。

表 2-6　工资结算汇总表

金额单位：元

部门		应付标准工资	奖金	津贴	加班工资	应付工资	代扣款项			实发工资
							房租	药费	小计	
一车间	生产工人	80 000	10 000	3 000	2 000	95 000	3 000	1 000	4 000	91 000
	管理人员	20 000	2 000	1 000	—	23 000	600	400	1 000	22 000
二车间	生产工人	40 000	8 000	2 000	1 600	51 600	2 000	600	2 600	49 000
	管理人员	10 000	1 000	700	—	11 700	500	200	700	11 000
机修车间	生产工人	8 000	2 000	800	400	11 200	6 000	2 000	8 000	3 200
	管理人员	2 000	800	500	—	3 300	900	300	1 200	2 100
行政管理部门		30 000	6 000	1 000	—	37 000	1 000	500	1 500	35 500
合计		190 000	29 800	9 000	4 000	232 800	14 000	5 000	19 000	213 800

根据表 2－6 的数据，可编制工资结算的会计分录如下。

发放工资：

借：应付职工薪酬——应付工资　　213 800

　　贷：银行存款　　213 800

代扣款转账：

借：应付职工薪酬——应付工资　　19 000

　　贷：其他应付款——代扣房租　　14 000

　　　　　　　　——代扣药费　　5 000

支付代扣款项：

借：其他应付款——代扣房租 14 000

——代扣药费 5 000

贷：银行存款 19 000

4. 其他人工费用的归集

(1) 职工福利费。企业应当根据历史经验数据和自身实际情况计算确定职工福利费金额，或直接据实列支。按照新《企业所得税法》第四十条规定，企业发生的职工福利费支出，不超过工资薪金总额14%的部分，准予扣除。

(2)“五险一金”、工会经费和职工教育经费。企业的“五险一金”、工会经费和职工教育经费是人工费用的重要组成部分。“五险一金”按照国家规定基准和比例计算；工会经费按每月全部职工工资总额的2%向工会拨交经费；职工教育经费一般企业按照职工工资总额的1.5%足额提取教育培训经费，从业人员技术素质要求高、培训任务重、经济效益较好的企业可按2.5%提取，列入成本开支。

(3) 带薪缺勤。企业在职工缺勤时确认职工享有的带薪权利，视同职工出勤确认的相关资产或当期费用。

(4) 非货币性福利。企业以自己生产的产品作为福利提供给职工，按该产品的公允价值和相关税费确定计入成本或费用的金额，并确认应付职工薪酬、主营业务收入，其销售成本的结转、相关税费等视同正常销售处理；企业以外购商品作为非货币性福利提供给职工的，按照该商品的公允价值和相关税费计入成本费用，并确认应付职工薪酬；企业无偿向职工提供住房或租赁固定资产供职工使用的，根据受益对象，将房屋等资产应计提的折旧或应支付的租金，计入相关资产成本或当期费用，并确认应付职工薪酬。

(5) 辞退福利。如果企业已经制订正式的解除劳动关系计划（辞退计划，也称正式计划），或提出自愿裁减建议，并即将实施，并且企业不能单方面撤回解除劳动关系计划或裁减建议的，企业就应当确认因解除与职工的劳动关系给予补偿而产生的预计负债，同时将其计入当期费用。

企业对于职工没有选择权的辞退计划，应当根据计划规定的拟辞退职工数量、每一职位的辞退补偿等计提辞退福利负债；对于自愿接受裁减的建议，根据预计的职工数量和每一职位的辞退补偿等计提辞退福利负债。

2.3.3 人工费用的分配

1. 人工费用的分配方法

成本核算中的人工费用分配是按人工耗费的受益对象进行确认并反映到各受益对象对应的总分类账户中。用于产品生产的人工费用，计入“基本生产成本”总账和相应的受益产品明细账的“直接人工”成本项目中；为辅助产品或劳务而消耗的人工费用，计入“辅助生产成本”总账和相应的受益产品明细账的“直接人工”成本项目中；为各生产车间而消耗的人工费用，记入各车间的“制造费用”账户；公司管理部门消耗的人工费用，记入“管理费用”账户；专设销售机构的人工费用，记入“销售费用”账户；自制材料消耗的人工费用，记入“自制材料”账户；在建工程应承担的人工费用，记入“在建工程”账户。

对于直接用于产品生产而发生的人工费用，因其受益对象不能够直接确认为独立受益产品，需要利用一定的方法在各受益产品之间进行分配。

（1）计时工资形式下人工费用的分配。计时工资通常意味着职工在一定期间完成多项工作所得到的汇总劳动报酬，其本身无法反映工资费用的具体用途，尽管可以根据产量工时记录和各生产工人工资率直接算出各产品应负担的计时工资，但这样做会对日常的统计工作要求较高，另外，由于计时工资一般是按出勤时间计算的，而直接计算各产品应负担的计时工资应采用的则是实际工作时间，按出勤时间与按实际工作时间计算的工资是不相等的。常见的做法是将一定期间的计时工资按照选定的分配标准在各受益产品间进行分配，由于计时工资是与生产工人在产品上的工作时间紧密相关的，因此，分配标准通常采用各产品生产所耗用的生产工时比例。

从分配标准的资料可取得的角度看，产品生产的实际工时与定额工时都是可供选择的，原则上首选实际工时，因为在正常情况下通常假定实际工时是生产所必需的，也就是与产品应承担的工资耗费相对应的。当然如果现实背离了这一假定或实际工时资料不可取时，就应以定额工时来替代。其计算公式如下：

$$\text{生产人员工资分配率}=\frac{\text{生产人员工资总额}}{\text{各种产品实际生产工时（定额工时）之和}}$$

某种产品应计工资费用= 该种产品实际生产工时（定额工时）×生产人员工资分配率

（2）计件工资形式下分配（间接）计入工资费用的分配。计件工资是依据完工产品数量及计件单价计算的工资费用，其本身已经反映了工资费用的用途，可以直接确认给单独的受益产品而不需要分配。但由于计件工资的存在还会引发其他形式的职工薪酬的发生，比如计件工人的津贴、补贴和非工作时间工资，它们并不像计件工资那样是与具体的单独受益产品相对应的，而是全部计件工资所对应的多种受益产品，因此仍然需要分配，一般选择按各产品计件工资费用比例进行分配。

2. 人工费用分配表的编制

人工费用的分配是通过编制“人工费用分配表”进行的。人工费用分配表是分别生产车间按月编制的。企业的每一车间或部门应编制“人工费用分配明细表”，财务部门应根据各单位该分配明细表汇总编制“人工费用分配汇总表”。其格式如表 2-7 所示。

表 2-7　人工费用分配汇总表

金额单位：元

<table>
<tr><th colspan="4" rowspan="2">应借科目
应贷科目</th><th colspan="3">基本生产成本</th><th rowspan="2">辅助生产成本</th><th rowspan="2">制造费用</th><th rowspan="2">管理费用</th><th rowspan="2">销售费用</th><th rowspan="2">合计</th></tr>
<tr><th>甲产品</th><th>乙产品</th><th>小计</th></tr>
<tr><td rowspan="7">应付职工薪酬</td><td rowspan="5">应付工资</td><td colspan="2">直接计入费用</td><td></td><td></td><td></td><td>3 200</td><td>2 500</td><td>2 100</td><td>700</td><td>8 500</td></tr>
<tr><td rowspan="3">间接计入费用</td><td>分配标准</td><td>18 000</td><td>16 000</td><td>34 000</td><td></td><td></td><td></td><td></td><td></td></tr>
<tr><td>分配率</td><td></td><td></td><td>0. 5</td><td></td><td></td><td></td><td></td><td></td></tr>
<tr><td>分配额</td><td>9 000</td><td>8 000</td><td>17 000</td><td></td><td></td><td></td><td></td><td>17 000</td></tr>
<tr><td colspan="2">应付工资小计</td><td>9 000</td><td>8 000</td><td>17 000</td><td>3 200</td><td>2 500</td><td>2 100</td><td>700</td><td>25 500</td></tr>
<tr><td colspan="3">应付福利费</td><td>1 260</td><td>1 120</td><td>2 380</td><td>448</td><td>350</td><td>294</td><td>98</td><td>3 570</td></tr>
<tr><td colspan="3">应付职工薪酬合计</td><td>10 260</td><td>9 120</td><td>19 380</td><td>3 648</td><td>2 850</td><td>2 394</td><td>798</td><td>29 070</td></tr>
</table>

根据表 2－7 可以编制会计分录如下。

借：基本生产成本——甲产品　10 260
　　　　　　　　——乙产品　9 120
　　辅助生产成本　3 648
　　制造费用　2 850
　　管理费用　2 394
　　销售费用　798
　　贷：应付职工薪酬——应付工资　25 500
　　　　　　　　　——应付福利费　3 570

2. 4　折旧及其他费用的核算

2. 4. 1　折旧费用的核算

折旧，是指在固定资产的使用寿命内，按照确定的方法对应计折旧额进行的系统分摊。应计折旧额，是指应当计提折旧的固定资产的原价扣除其预计净残值后的金额。折旧分期计入成本、费用，称为折旧费用。

在计算固定资产折旧时，应适当考虑固定资产企业的固定资产多种多样，什么样的固定资产要计提折旧，什么样的固定资产不要计提折旧？而固定资产的增加或减少一般是在经营过程中发生，何时开始或停止计提折旧，也成为计提折旧的主要问题。

1. 计提折旧的时间和范围

《企业会计准则第 4 号——固定资产》规定，企业应对所有固定资产计提折旧，除非是已经提足折旧仍然继续使用的固定资产和单独计价入账的土地。

（1）固定资产应该按月计提折旧，并根据用途计入相关资产的成本或当期损益。

（2）为了简化核算，当月增加的固定资产，当月不提折旧，从下月起计提折旧；当月减少的固定资产，当月仍计提折旧，从下月起不计提折旧。

（3）固定资产提足折旧后，不论能否继续使用，均不再计提折旧。提前报废的固定资产也不补提折旧。

（4）不可以计提折旧的固定资产包括：以经营租赁方式租入的固定资产、破产（关停）企业的固定资产、在建工程项目在交付使用前的固定资产等。

小贴士

折旧本质上是固定资产的损耗，固定资产的损耗包括有形损耗和无形损耗两种：有形损耗是指固定资产由于使用和自然力的影响而引起的使用价值和价值的损失；无形损耗则是指由于科学技术进步等而引起的固定资产价值的损失。固定资产的有形损耗是显而易见的，如机械磨损和自然条件的侵蚀等，但是，随着科学技术的日新月异，固定资产的无形损耗有时比有形损耗更为重要，对计算折旧的影响更大。因此，即使固定资产没有使用，损耗仍然会实实在在地发生，对其计提折旧也就很有必要。

2. 固定资产折旧的计提方法

固定资产折旧的计提方法很多，由于使用的计提方法不同会使会计期间负担的折旧费用不相等，而导致各会计期间产品成本的高低不等，从而影响企业的利润。固定资产的折旧方法主要有以下几种。

（1）平均年限法（直线法）。平均年限法是将固定资产的折旧均衡地分摊到各期的一种方法，其计算公式如下：

$$\text{年折旧率}=\frac{1-\text{预计净残值率}}{\text{预计使用年限}}\times 100\%$$

$$\text{月折旧率}=\text{年折旧率}/12$$

$$\text{月折旧额}=\text{固定资产原值}\times\text{月折旧率}$$

采用这种方法计算的每期折旧额是相等的，简便易行。但这种方法只考虑了固定资产的寿命周期，却忽略了其使用情况，显然不太合理。因此，该方法适用于各期提供的服务效能大致相同、耗费的使用成本较为均衡的固定资产。

（2）工作量法。工作量法是根据实际工作量计提折旧额的一种方法，工作量通常以行驶里程或工作时数表示，其计算公式如下。

$$\text{单位工作量折旧额}=\frac{\text{固定资产原值}\times(1-\text{预计净残值率})}{\text{预计总工作量}}$$

$$\text{应提月折旧额}=\text{该月实际工作量}\times\text{单位工作量折旧额}$$

工作量法是根据固定资产使用程度的增减而确定的，优点是把固定资产的服务效能与固定资产的使用程度联系起来；缺点是预计总工作量难以估计。这种方法适用于各期完成工作量不均衡的固定资产。

（3）双倍余额递减法。双倍余额递减法是在不考虑固定资产残值的情况下，根据每期期初固定资产账面余额和双倍的直线法折旧率计算固定资产折旧的一种方法，其计算公式为：

$$年折旧率=\frac{2}{预计使用年限}$$

年折旧额= 年初固定资产账面净值×年折旧率

月折旧额= 年折旧额/12

双倍余额递减法不受残值为零的限制，也不受残值与原价比值的影响。按双倍余额递减法，不可能将折旧摊尽，因此，在最后几年，要改用平均年限法，每年平均计提折旧。当折旧年限为偶数时，最后采用平均年限法的年数为$\left(\frac{n}{2}+2\right)$；如为奇数时，则按$\left(\frac{n}{2}+1\frac{1}{2}\right)$计算。如折旧年限为 8 年，即为$\left(\frac{8}{2}+2\right)$，第 6 年改为平均年限法；如折旧年限为 5 年，即为$\left(\frac{5}{2}+1\frac{1}{2}\right)$，第 4 年改为平均年限法。

【例 2-15】某企业某项固定资产的原值为 10 000 元，预计净残值为 1 000 元，预计使用年限为 5 年，则采用双倍余额递减法计提的各年折旧额如表 2－8 所示。

表 2-8　采用双倍余额递减法计提的各年折旧额计算表

金额单位：元

年　限	期初固定资产账面净值	折旧率	折旧额	累计折旧额	期末固定资产账面净值
1	10 000	2/5	4 000	4 000	6 000
2	6 000	2/5	2 400	6 400	3 600
3	3 600	2/5	1 440	7 840	2 160
4	2 160		580	8 420	1 580
5	1 580		580	9 000	1 000

注：折旧额 580 =（2 160－1 000）/2。

（4）年数总和法。年数总和法是将固定资产的原值减去预计净残值后的净额乘以一个逐年递减的分数计算每年折旧额的一种方法，其计算公式为：

$$年折旧率=\frac{预计尚可使用年数}{预计使用寿命年数总和}\times100\%$$

月折旧率= 年折旧率/12

月折旧额=（固定资产原值-预计净残值）×月折旧率

【例 2-16】沿用例 2－15 的资料，采用年数总和法计提的各年折旧额如表 2－9 所示。

表 2-9 采用年数总和法计提和各年折旧额计算表

金额单位：元

年限	尚可使用寿命	原值 - 净残值	折旧率	折旧额	累计折旧额	期末固定资产账面价值
1	5	9 000	5/15	3 000	3 000	7 000
2	4	9 000	4/15	2 400	5 400	4 600
3	3	9 000	3/15	1 800	7 200	2 800
4	2	9 000	2/15	1 200	8 400	1 600
5	1	9 000	1/15	600	9 000	1 000

双倍余额递减法和年数总和法属于加速折旧法，其特点是在固定资产使用的早期多提折旧，后期少提折旧，其递减的速度逐年加快，从而相对加快折旧的速度，目的是使固定资产成本在估计使用寿命内加快得到补偿，有利于企业的技术进步。

3. 折旧费用的归集

企业应按车间、部门归集折旧费。由于各车间、部门使用的固定资产的用途不同，即使都用于生产，所生产的产品也不一样，所以，固定资产折旧费必须先按车间、部门归集，以便分别计入各车间、部门有关产品成本及费用。车间、部门折旧费用的归集，通常采用固定资产折旧计算表的形式进行，根据折旧计算表提供的折旧数，作为折旧费用分配的依据。固定资产折旧计算表的格式，如表 2-10 所示。

表 2-10 固定资产折旧计算表

金额单位：元

固定资产使用部门	上月折旧额	上月增加固定资产应计折旧额	上月减少固定资产应计折旧额	本月应提折旧额
基本生产车间				
生产甲产品用	120 000	8 000	5 000	123 000
管理用	10 500	—	—	10 500
小 计	130 500	8 000	5 000	133 500
辅助生产车间				
机修车间	30 000	4 000	—	34 000
供电车间	26 000	—	2 000	24 000
小 计	56 000	4 000	2 000	58 000
企业管理部门	10 000	—	—	10 000
合 计	196 500	12 000	7 000	201 500

4. 折旧费用的分配

折旧费的分配是指企业固定资产折旧计入产品成本及费用的过程。对计入产品成本的固定资产折旧费，如果在产品成本中所占比重不大，一般不再单独设成本项目，而作为间接费用处理。处理方法可先按使用地点计入有关综合费用，如企业生产车间一般将固定资产的折旧费记入“制造费用”科目。但对企业某些专用设备如果能辨明服务对象的，其折旧费可直接计入所生产的产品成本，即记入“基本生产成本”科目；对辅助生产部门的折旧费一般也是先记入该车间的“制造费用”科目，然后转入“辅助生产成本”科目；对于企业行政管理部门的固定资产的折旧费则记入“管理费用”科目。固定资产折旧费的分配是通过固定资产折旧费用分配表进行的。固定资产折旧费用分配表的格式，如表 2 - 11 所示。

表 2-11 固定资产折旧费用分配表

金额单位：元

借方科目 / 贷方科目	基本生产成本（甲产品）	制造费用			管理费用	合计
		基本生产车间	辅助生产车间			
			机修车间	供电车间		
累计折旧	123 000	10 500	34 000	24 000	10 000	201 500

根据表 2 - 11 可以编制会计分录如下：

借：基本生产成本——甲产品　　123 000
　　制造费用——基本生产车间　　10 500
　　　　——辅助生产车间——机修车间　　34 000
　　　　　　　　　　——供电车间　　24 000
　　管理费用　　10 000
　　贷：累计折旧　　201 500

2.4.2 其他费用的核算

1. 无形资产的归集与分配

无形资产是指企业拥有或者控制的没有实物形态的可辨认非货币资产，包括专利权、非专利技术、商标权、著作权、土地使用权等。各种无形资产的取得有不同的渠道，应按照取得时的实际成本计价。

投资者作为资本金或者合作条件投入的，其成本应按照投资合同或协议约定的价值确定。

从外部购入的，其成本包括购买价款、相关税费以及直接归属于使该项资产达到预定用途所发生的其他支出。

企业自行开发并且依法申请取得的，按照开发过程中实际支出计价。

接受捐赠的无形资产，应按发票账单所列金额或者同类无形资产的市场价计价。

企业应当于取得无形资产时分析判断其使用寿命。无形资产的使用寿命为有限的，应当估计该使用寿命的年限或者构成使用寿命的产量等类似计量单位数量；无法预见无形资产为企业带来经济利益期限的，应当视为使用寿命不确定的无形资产。

使用寿命有限的无形资产，应当在使用寿命内系统合理的方法对应摊销金额进行摊销。企业摊销无形资产，应当自无形资产可供使用时起，至不再作为无形资产确认时止。企业选择的无形资产摊销方法，应当反映与该项无形资产有关的经济利益的预期实现方式。无法可靠确定预期实现方式的，应当采用直线法摊销。无形资产的摊销金额一般应当计入当期损益。

对于使用寿命不确定的无形资产，在持有期间内不需要摊销，但应当在每个会计期间进行减值测试。

企业购入或者开发无形资产应按实际支出数记账。借记“无形资产”，贷记“银行存款”等科目；在接受其他单位投资转入无形资产时，借记“无形资产”，贷记“实收资本”；企业按期摊销无形资产价值时，借记“管理费用”，贷记“累计摊销”。企业向外转让已入账的无形资产时，按实际收到的金额，借记“银行存款”，按已计提的累计摊销，借记“累计摊销”，按账面余值，贷记“无形资产”，按其差额，贷记“营业外收入”或借记“营业外支出”。

2. 固定资产修理费用的归集与分配

固定资产的修理工作，按其修理范围的大小、费用支出的多少、修理间隔期间的长短等标志，可分为大修理和经常修理（也称中小修理或日常修理）两种。

大修理是指对企业的机器设备进行全部拆卸和更换部分主要部件、配件，对房屋建筑物进行翻修和改善地面等工程。大修理的特点是：在固定资产使用年限内修理的次数少，两次修理的间隔时间长，每次修理的费用多。经过修理，固定资产的使用效能比修理前有所恢复。

经常修理是指对固定资产个别部位进行调整或拆换，如对机器设备进行局部检修或者更换其个别或少数零件，对房屋建筑物进行粉刷或局部修缮等。经常修理的特点是：在固定资产的使用期限内修理次数多，修理的间隔时间短，每次修理的范围小，每次修理的费用少。一般来说，修理的结果只能消除固定资产在运转或使用上的某些缺陷，以保持正常的使用状态。

一般情况下，对固定资产修理费用在发生的当期按照固定资产的用途和部门的不同计入当期损益中，不再进行资本化处理。企业生产车间和行政管理部门发生的固定资产修理费用计入管理费用；企业专设销售机构固定资产修理费用计入销售费用。但是如果企业对固定资产定期检查发生的大修理费用，有确凿的证据表明其符合固定资产确认的条件，可以计入固定资产的成本，即可以将支出资本化。

3. 利息费用的归集与分配

要素费用中的利息费用，是企业财务费用的一个费用项目，这项支出并不构成产品成本。利息费用包括短期借款的利息和长期借款的利息非资本化的部分。

短期借款的利息费用，一般是按季度并于季末结算利息；长期借款的利息费用，一般是按年度并于年末结算利息，并按照借款费用会计准则的要求确定利息费用资本化的部分和费用化的部分。

对要素费用中的利息费用，本节只介绍短期借款利息费用的核算。按照权责发生制的会计核算原则，对利息费用可采用按月份预提的办法核算。每月预提利息费用时，借记“财务费用”账户，贷记“应付利息”账户；实际支付利息时，借记“应付利息”账户，贷记“银行存款”账户。季末实际利息支出与预提利息的差额，调整计入季末月份的财务费用。当实际费用大于预提费用时，用蓝字补加其差额，当实际费用小于预提费用时，用红字冲减其差额。企业也可以采用另外一种办法处理，即季末月份以实际费用减去前两个月预提费用后的差额，分别借记“财务费用”“应付利息”账户（前两个月已记录的计提数），贷记“银行存款”账户。

如果利息费用金额不大，为了简化核算工作，也可以不采用预提的办法，于季末实际支付时，全额计入当月的财务费用，借记“财务费用”账户，贷记“银行存款”账户。

4. 税金支出的归集与分配

要素费用中的税金支出，是指应计入当期损益的各项税金。这些税金不构成产品成本。税金支出具体包括消费税、资源税、土地增值税、房产税、车船税、土地使用税和印花税等。

在这些税金中，有的税金需要预先计算应交金额，然后再缴纳；有的税金不需要预先计算应交金额，在发生时用货币资金直接交纳。需要预先计算应交金额的税金，如房产税、车船使用税和土地使用税，应该通过“应交税费”账户核算。预先计算应交税金时，借记“税金及附加”账户，贷记“应交税费”账户；实际交纳税金时，借记“应交税费”账户，贷记“银行存款”账户。不需要预先计算应交金额的税金，如印花税，则不通过“应交税费”账户核算。实际缴纳时，借记“税金及附加”账户，贷记“银行存款”账户。

5. 其他费用的归集与分配

其他费用是指企业各种要素费用中，除了前面所述各项要素费用以外的费用，包括邮电费、办公费、报纸杂志订阅费、差旅费、印刷费、租赁费、保险费、排污费等。这些费用均属于没有专设成本项目的费用。应于费用发生时，按照发生的单位（车间、部门）和用途，分别借记“制造费用”“管理费用”等账户，贷记“银行存款”等账户。

练习题

一、单项选择题

1. 用于生产产品且构成产品实体的原材料费用，应记入（　　）科目。

A. 基本生产成本　　B. 制造费用
C. 管理费用　　D. 销售费用

2. 几种产品共同耗用的原材料费用，属于间接计入费用，应采用的分配方法是（　　）。

A. 计划成本分配法　　B. 材料定额费用比例分配法
C. 工时比例分配法　　D. 代数分配法

3. “材料成本差异”科目的借方余额反映结存材料成本的（　　）。

A. 节约差异　　B. 计划成本
C. 超支差异　　D. 实际成本

4. 下列费用中，（　　）不应计入材料的采购成本。

A. 运输费　　B. 保险费

C. 增值税　　D. 运输途中的定额损耗

5. 计件工资是根据每一位工人的产品产量乘以规定的计件单价计算的，这里所说的产量不应包括（　　）的产量。

A. 等级产品　　B. 合格品

C. 工废产品　　D. 料废产品

6. 计算计件工资时，应以（　　）记录为依据。

A. 统计　　B. 产量和质量

C. 时间　　D. 考勤

7. 在企业生产产品成本中，“直接人工”项目不包括（　　）。

A. 直接参加生产的工人的工资　　B. 生产工人的福利费

C. 直接参加生产的工人的计件工资　　D. 企业行政管理人员工资

8. 某企业采用平均年限法计提折旧。某类固定资产的月折旧率为 1%，该类固定资产的月初原值为 3 000 万元，当月增加固定资产的原值为 300 万元，当月减少固定资产的原值为 100 万元，则当月该类固定资产应计提的折旧费为（　　）万元。

A. 29　　B. 30　　C. 32　　D. 33

9. 基本生产车间计提的固定资产折旧费，应借记（　　）账户。

A. 基本生产成本　　B. 管理费用

C. 制造费用　　D. 销售费用

10. 生产费用要素中的税金，发生或支付时应借记（　　）账户。

A. 辅助生产成本　　B. 制造费用

C. 管理费用　　D. 税金及附加

二、多项选择题

1. 材料费用的分配标准有（　　）。

A. 材料定额消耗量　　B. 材料定额费用

C. 产品重量　　D. 产品产量

E. 产品工时定额

2.“材料成本差异”科目期末（　　）。

A. 可能有贷方余额　　B. 可能有借方余额

C. 一定有贷方余额　　D. 一定有借方余额

E. 可能没有余额

3. 下列可以列在“原材料”总账科目中核算的有（　　）。

A. 自制半成品　　B. 原料及主要材料

C. 包装材料　　D. 外购半成品

E. 修理用备件

4. 在按实际成本进行材料日常核算的企业中，计算发出材料单位成本的方法有（　　）。

A. 个别计价法　　B. 历史成本法

C. 后进先出法　　D. 先进先出法

E. 加权平均法

5. 在材料采用计划成本计价的情况下，影响材料成本差异分配率的因素有（　　）。

A. 期初结存材料成本差异数　　B. 本期收入材料成本差异数

C. 期初结存材料实际成本　　D. 本期收入材料计划成本

E. 本期收入材料实际成本

6. 按 30 天计算日标准工资的企业，在计算应付工资时，（　　）。

A. 节假日期间事假照扣工资　　B. 节假日期间病假照扣工资

C. 节假日期间病假不扣工资　　D. 节假日期间事假不扣工资

E. 节假日不上班照给工资

7. 进行直接人工费用核算的原始记录有（　　）。

A. 考勤卡　　B. 考勤簿

C. 产量记录　　D. 工资结算单

E. 人工费用分配表

8. 月薪制计时工资取决于（　　）。

A. 产品数量　　B. 定额工时日

C. 缺勤日数　　D. 月标准工资

E. 工资率

9. 下列各项中，属于当月应计提折旧的固定资产有（　　）。

A. 闲置的厂房　　B. 以经营租赁方式租入的设备

C. 超龄使用的设备　　D. 月份内报废的设备

E. 未使用和不需用的设备

10. 工业企业各种要素费用中的其他费用包括（　　）。

A. 邮电费　　B. 印刷费

C. 保险费　　D. 差旅费

E. 筹集资金的费用

三、判断题

1. 对生产所剩余料，应编制退料单，据以退回仓库；对于车间已领用下月需要继续耗用的材料，为了加强管理，应实际退回仓库。（　　）

2. 用于产品生产、照明、取暖的动力费用，应计入各种产品成本明细账的“燃料和动力”成本项目。（　　）

3. 用于几种产品生产共同耗用的、构成产品实体的原材料费用，可以直接计入各种产品成本。（　　）

4. 五五摊销法适用于各月领用和报废比较均衡、各月摊销额相差不多的低值易耗品。（　　）

5. 计入“直接人工”成本项目的工资费用都是直接计入费用。（　　）

6. 工资总额包括计时工资、计件工资、加班加点工资、奖金、退休金和各种工资性质的津贴。（　　）

7. 实行计件工资制的企业，由于材料缺陷产生的废品，不付计件工资。（　　）

8. 生产人员、车间管理人员和技术人员的职工薪酬，是产品成本的重要组成部分，应该直接计入各种产品成本。（　　）

9. 企业的计时工资采用月薪制，不论各月日历日数多少，每月的标准工资相同。 （　　）

10. 机器设备折旧费是产品成本的组成部分，由于不单设成本项目，是按照其使用部门汇集，然后再分配计入产品成本及期间费用的。 （　　）

11. 要素费用中借款的利息费用不应计入产品成本，应全部作为期间费用，借记“财务费用”账户。 （　　）

12. 固定资产经常修理费支付的费用少，比较均衡，可以直接计入当月费用。 （　　）

四、计算分析题

1. 某企业 8 月份的发料情况如下：

（1）3 日，甲产品生产领用 50 t A 原材料，每吨计划单价为 800 元。

（2）5 日，乙产品生产领用 80 t B 原材料，每吨计划单价为 700 元。

（3）8 日，甲、乙两种产品生产共同领用 120 t C 原材料，每吨计划单价为 750 元。

（4）10 日，甲产品生产领用 D 燃料 700 kg，每千克的计划成本为 40 元。

（5）12 日，乙产品生产耗用 D 燃料 500 kg，每千克的计划成本为 40 元。

（6）15 日，企业管理部门耗用 D 燃料 5 kg，每千克的计划成本为 40 元。

（7）17 日，甲、乙两种产品共同耗用辅助材料，计划成本为 2 000 元。

（8）24 日，机修车间领用修理用备件 3 只，每只的计划成本为 150 元。

（9）28 日，基本生产车间管理领用外购零部件，计划成本为 4 500 元。

（10）30 日，甲产品生产领用 A 原材料有 4 t 尚未投入生产，要求办理退料手续。

假定 A 原材料的成本差异率为 2%，B 原材料的成本差异率为-1%，C 原材料的成本差异率为 3%，D 燃料的成本差异率为 4%，外购零部件的成本差异率为-2%，辅助材料的成本差异率为 5%，修理用备件的成本差异率为-1%。

甲、乙产品共同耗用的 C 材料按定额消耗量比例法分配，甲产品的总产量为 6 000 件，乙产品的总产量为 4 000 件。甲产品的定额消耗量为 12 kg，乙产品的定额消耗量为 19.5 kg。甲、乙产品共同耗用的辅助材料按产品的数量分配。

要求：根据上述资料，编制材料费用分配表。

2. 某公司 10 月共耗电 84 000 kW·h，每度电价 1.2 元，电费尚欠。根据电表记录，企业生产车间耗电 70 000 kW·h，其中照明用电 10 000 kW·h；企业管理部门用电 14 000 kW·h。生产车间只生产甲、乙两种产品，甲产品的生产工时为 30 000 h，乙产品的生产工时为 18 000 h。

要求：根据上述资料，编制电费分配表。

3. 某企业一名生产工人的月标准工资为 2 400 元，该工人 8 月份出勤 20 天，事假 4 天（含双休日 2 天），病假 1 天，8 月份双休日休息 8 天。该工人病假工资按 60% 比例发放。

要求：分别按月薪制和日薪制计算当月该工人的工资。

4. 某企业 8 月份共提折旧费用 89 600 元，其中基本生产车间用机器设备应提折旧费用 60 000元，机修车间固定资产应提折旧费用 12 000 元，供水车间固定资产应提折旧费用 6 000 元，管理用固定资产应提折旧费用 11 600 元。

要求：根据上述资料编制折旧费用分配表。

第3章 辅助生产费用的核算

3.1 辅助生产费用的归集

3.1.1 辅助生产及其类型

辅助生产是指为保证企业产品生产正常进行而向基本生产提供服务或产品的生产，如为基本生产提供修理、运输、供水、供电、供气等服务，或是为基本生产提供刀具、刃具、模具、夹具的生产。从事这些生产的车间称为辅助生产车间，辅助生产车间为辅助生产而发生的各种耗费称为辅助生产费用，包括直接材料、直接人工、制造费用，这些费用构成辅助生产产品或劳务的成本。

辅助生产是因基本生产的存在而存在的，辅助生产主要是为基本生产服务，但并不排除为企业内部其他职能部门服务的情况。另外，辅助生产也可能存在对外销售和提供劳务的情况。因此，辅助生产费用——辅助生产产品或劳务的成本，将转给各受益部门负担。所以，企业进行产品成本核算时，应首先核算辅助生产产品或劳务的成本，并分配到各受益部门，才能计算出基本生产的产品成本。

对于不同类型的辅助生产车间，辅助生产费用在归集程序和分配方法上以及辅助生产成本计算的方法上都不尽相同，因此，区分不同类型的辅助生产车间是正确组织辅助生产费用核算的前提。辅助生产车间按其提供劳务、作业和生产产品的种类多少，可分为以下两种类型。

(1) 只提供一种劳务或只进行同一性质作业的辅助生产车间，如供电车间、供水车间、机修车间和运输车队等。这类辅助生产车间称为单品种辅助生产车间。

(2) 生产多种产品的辅助生产车间，如机械制造厂设立的工夹模具车间，生产基本生产所需用的各种工具、刃具、模具和夹具等。这类辅助生产车间称为多品种辅助生产车间。

本章着重介绍单品种辅助生产车间生产的、供基本生产车间或其他部门耗用的各种劳务、作业成本的归集和分配。

3.1.2 辅助生产费用归集的核算

辅助生产费用归集的程序与基本生产费用归集的程序相类似，应通过“辅助生产成本”

科目进行。“辅助生产成本”属费用类账户，用于核算辅助生产车间为基本生产服务而发生的各项费用的归集和分配情况。该账户的借方反映服务部门所发生的一切生产耗费，既包括各服务部门发生的直接费用，也包括服务部门为组织和管理生产活动而发生的各种间接费用，以及在服务部门相互提供劳务、作业的情况下，各受益的服务部门按受益量比例而转入应承担的费用。该账户的贷方反映服务费用的分配，登记各服务部门向受益部门提供服务成本的转出数，以及完工入库的工具、模具等产品生产成本的转出数，期末如有借方余额，则为服务部门的在产品成本。该科目一般按车间及产品和劳务设立明细账，账内按照成本项目分设专栏或专行进行核算。辅助生产成本明细账的格式如表 3－1 所示。

表 3-1 辅助生产成本明细账

金额单位：元

年		摘　　要	直接材料	直接人工	制造费用	合　　计
月	日					
		根据材料费用分配表	24 000			24 000
		根据人工费用分配表		20 000		20 000
		根据制造费用分配表			16 000	16 000
		合　　计	24 000	20 000	16 000	60 000

辅助生产车间发生的制造费用，一般应通过“制造费用”总账科目和所属辅助生产制造费用明细账的借方归集，然后从其贷方直接转入或分配转入“辅助生产成本”科目。如果辅助生产车间规模小，发生的制造费用较少，在不对外提供产品或劳务的情况下，为了简化核算，其制造费用也可直接记入“辅助生产成本”科目，而不通过“制造费用”科目核算。

辅助生产费用归集的总分类核算会计分录一般如下。

借：辅助生产成本——供电车间　　×××
　　　　　　　　——供水车间　　×××
　　制造费用——供电车间　　×××
　　　　　　——供水车间　　×××
　　贷：原材料　　×××
　　　　应付职工薪酬等　　×××

月末结转制造费用：

借：辅助生产成本——供电车间　　×××
　　　　　　　　——供水车间　　×××
　　贷：制造费用——供电车间　　×××
　　　　　　　　——供水车间　　×××

3.2 辅助生产费用的分配

由于辅助生产车间是为基本生产车间、行政管理等部门提供产品或劳务，所以辅助生产车间发生的费用，应由企业基本生产车间或行政管理等部门负担。辅助生产车间发生的各种费用计入成本、费用的方法，因提供产品或劳务的情形不同而不同，一般有以下两种处理方法。

(1) 如果辅助生产车间是从事工具、夹具、模具等产品的制造，在产品完工入库后，应将其成本从"辅助生产成本"科目转入"原材料"或"低值易耗品"等科目。各车间、部门领用时，再按照存货的核算方法，根据具体用途和数量，一次或分次转入有关的成本、费用科目。

(2) 如果辅助生产车间提供的是水、电、气、机修等劳务，辅助生产车间发生的各项耗费在归集后，应本着"谁受益谁负担"的原则，根据各受益单位的耗用量，在各受益单位之间进行分配。在这种情况下，虽然辅助生产车间是为基本生产和行政管理部门服务的，但在辅助生产车间之间也存在相互提供产品和劳务的情形，如运输部门向修理车间提供运力，修理车间向运输部门提供修理劳务等。这样，在分配辅助生产费用时．一般还应在辅助车间之间进行费用的交互分配，这就是辅助生产费用分配的特点。

为了充分考虑辅助生产费用的分配特点，在成本会计中，产生了辅助生产费用分配的专门方法，对各车间的辅助生产费用进行分配。这些分配方法有：直接分配法、顺序分配法、交互分配法、计划成本分配法和代数分配法等。

3.2.1 直接分配法

直接分配法，是指各辅助生产车间发生的费用直接分配给辅助生产以外的各受益单位，而辅助生产车间之间相互提供的产品和劳务不相互分配费用的一种方法。其计算公式如下：

$$\text{某辅助生产车间费用分配率}=\frac{\text{该辅助生产车间的直接费用}}{\text{向辅助生产车间以外的受益单位提供的劳务数量}}$$

$$\text{各受益单位应负担的辅助生产费用}=\text{受益单位接受的劳务数量}\times\text{辅助生产车间费用分配率}$$

【例 3-1】 某企业有三个辅助生产车间，分别是供电车间、供水车间和机修车间，8 月份，供水车间发生直接费用为 68 250 元，供电车间发生直接费用为 21 900 元，机修车间发生直接费用为 13 500 元。本月各辅助生产车间提供的劳务情况和受益对象如表 3-2 所示。

表 3-2　辅助生产车间的劳务情况和受益对象

项　　目		供水车间	供电车间	机修车间	基本生产		行政管理	合　　计
					生产用	一般用		
劳务供应量	供水/t	—	750	4 250	65 000	10 000	25 000	105 000
	供电/（kW·h）	4 500	—	100	6 500	2 000	1 500	14 600
	机修/h	300	200	—	—	2 450	50	3 000

根据上列资料，采用直接分配法计算各辅助生产车间的费用分配率如下：

$$\text{供水车间费用分配率}=\frac{68\ 250}{100\ 000}=0.682\ 5\ (\text{元/t})$$

$$\text{供电车间费用分配率}=\frac{21\ 900}{10\ 000}=2.19\ [\text{元/（kW·h）}]$$

$$\text{机修车间费用分配率}=\frac{13\ 500}{2\ 500}=5.4\ (\text{元/h})$$

根据分配率计算各受益部门应负担的辅助生产费用，编制辅助生产成本分配表，如表 3－3 所示。

表 3-3　辅助生产成本分配表（直接分配法）

借方科目 / 贷方科目			基本生产成本	制造费用（基本生产）	管理费用	合　　计
辅助生产成本	供水车间	供应量/t	65 000	10 000	25 000	100 000
		分配率				0. 6825
		分配额	44 362. 50	6 825	17 062. 50	68 250
	供电车间	供应量/（kW·h）	6 500	2 000	1 500	10 000
		分配率				2. 19
		分配额	14 235	4 380	3 285	21 900
	机修车间	供应量/h	—	2 450	50	2 500
		分配率				5. 4
		分配额	—	13 230	270	13 500
合　　计			58 597. 50	24 435	20 617. 50	103 650

根据表 3－3，编制会计分录如下。

借：基本生产成本　　58 597. 50

　　制造费用——基本生产　　24 435

管理费用　　　　20 617.50

贷：辅助生产成本——供水车间　　　　68 250

——供电车间　　　　21 900

——机修车间　　　　13 500

直接分配法分配过程如图 3－1 所示。

采用直接分配法分配辅助生产费用，辅助生产车间发生的费用仅对外分配一次，计算手续较为简便。但由于各辅助生产车间之间相互提供的产品或劳务不分配费用，影响了辅助生产成本计算的完整性。所以这种方法一般只适用于在辅助生产车间相互提供产品或劳务不多的企业。

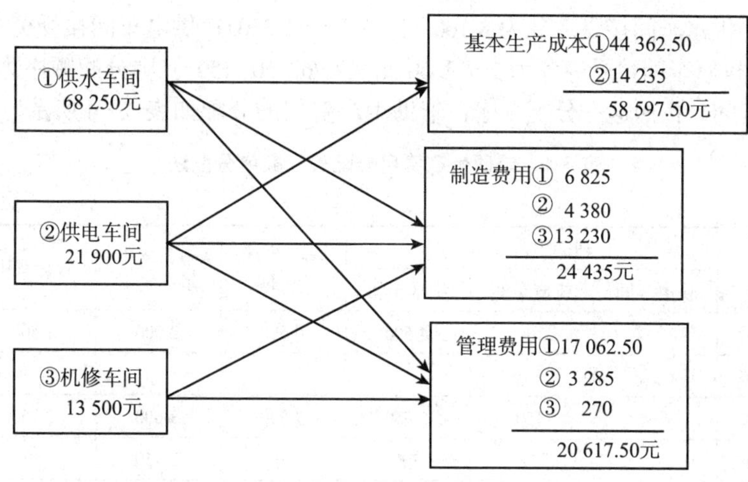

图 3-1　直接分配法计算示意图

3.2.2　顺序分配法

顺序分配法也叫阶梯分配法，它是将各辅助部门按受益金额的大小顺序依次排列。顺序分配法的特点及基本思路就是按顺序依次分配，排列在前的分配给排列在后的，而排列在后的不再分配给排列在前的，排列在后的分配额等于其直接费用加上排列在前的分配转入的费用之和。其计算公式如下：

$$某辅助生产费用分配率=\frac{该辅助生产车间的直接费用+分配转入费用}{\begin{pmatrix}该辅助生产车间\\提供的劳务量\end{pmatrix}-\begin{pmatrix}已进行分配的辅助\\生产车间接受的劳务量\end{pmatrix}}$$

各受益部门应负担的辅助生产费用= 该受益部门接受的劳务数量×某辅助生产费用分配率

【例 3-2】仍依例 3－1 资料，采用顺序分配法分配辅助生产费用。

根据资料，首先确定三个辅助生产车间费用的分配顺序。

供水车间费用分配率= $\frac{68\ 250}{105\ 000}$= 0.65（元/t）

供电车间费用分配率= $\frac{21\ 900}{14\ 600}$= 1.5［元/（kW·h）］

机修车间费用分配率= $\frac{13\ 500}{3\ 000}$= 4. 5（元/h）

各辅助生产车间的服务关系如下：

供水车间 { 供电车间：750×0. 65= 487. 50（元）
机修车间：4 250×0. 65= 2 762. 50（元）

供电车间 { 供水车间：4 500×1. 5= 6 750（元）
机修车间：100×1. 5= 150（元）

机修车间 { 供水车间：300×4. 5= 1 350（元）
供电车间：200×4. 5= 900（元）

由此可知，供水车间接受劳务为 8 100 元（6 750+1 350）；供电车间接受劳务为1 387. 50元（487. 50+900）；机修车间接受劳务为 2 912. 50 元（2 762. 50+150）。则分配顺序为供电车间—机修车间—供水车间。按照这一分配顺序，辅助生产费用的分配如表 3－4 所示。

表 3-4 辅助生产费用分配表（顺序分配法）

金额单位：元

借方科目 贷方科目			辅助生产成本			基本生产成本	制造费用基本生产	管理费用	合　计
			供电车间	机修车间	供水车间				
辅助生产成本	供电车间	供应量	—	100	4 500	6 500	2 000	1 500	14 600
		分配率							1. 5
		分配额	—	150	6 750	9 750	3 000	2 250	21 900
	机修车间	供应量			300	—	2 450	50	2 800
		分配率							4. 875
		分配额			1 462. 50	—	11 943. 75	243. 75	13 650①
	供水车间	供应量				65 000	10 000	25 000	100 000
		分配率							0. 764625
		分配额				49 700. 63	7 646. 25	19 115. 62	76 462. 50②
合　计						59 450. 63	22 590	21 609. 37	103 650

注：①机修车间待分配的费用= 13 500+150 =13 650（元）

②供水车间待分配的费用= 68 250+6 750+1 462. 50 =76 462. 50（元）

根据表 3－4，编制会计分录如下。

借：辅助生产成本——机修车间　　150
　　　　　　　　——供水车间　　6 750
　　基本生产成本　　9 750
　　制造费用——基本生产　　3 000
　　管理费用　　2 250
　　贷：辅助生产成本——供电车间　　21 900

借：辅助生产成本——供水车间　　1 462. 50
　　制造费用——基本生产　　11 943. 75
　　管理费用　　243. 75

贷：辅助生产成本——机修车间 13 650

借：基本生产成本 49 700. 63

制造费用——基本生产 7 646. 25

管理费用 19 115. 62

贷：辅助生产成本——供水车间 76 462. 50

顺序分配法分配过程如图 3－2 所示。

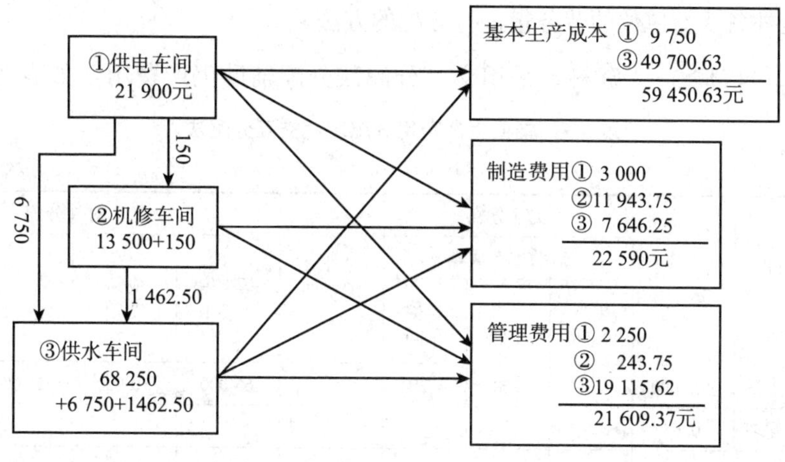

图 3-2 顺序分配法计算示意图

小贴士

辅助生产费用分配顺序的确定是采用顺序分配法的关键，可以按照各辅助生产车间的贡献程度来决定分配次序，这里的贡献程度是辅助生产车间之间比较的结果。任一辅助生产车间都面临着转入与转出问题，转入意味着该辅助生产车间受益，而转出则是施益，如果不考虑其他因素，转出辅助生产费用额与转入辅助生产费用额之比越大，则表明该辅助生产车间对其他辅助生产车间的贡献较大，每一辅助生产车间都可以计算出这一比例值并按这一比例值从高到低排序。

顺序分配法显然关注了辅助生产车间之间的劳务的交互提供，是对直接分配法存在不足的一种改进，并且分配方法简便。但由于该种方法要先对辅助生产车间进行排序，排列在前的向排列其后的所有受益单位进行直接分配，而排列其后的不能向其分配费用，即使该辅助生产车间是受益单位，这种单向交互也没能全面反映出辅助生产车间之间的交互关系，交互分配不充分，从而影响了辅助生产费用分配的准确性。另外，各辅助生产车间之间的排序也是比较困难的，有一定的主观性，导致该方法的使用受到一定的限制。因此，这种方法适用于各辅助生产车间之间相互受益程度具有明显顺序的企业采用。弥补单向交互不足的辅助生产费用分配方法便是交互分配法。

3.2.3 交互分配法

交互分配法，是指根据辅助生产车间相互提供的劳务量和交互分配前的费用分配率在辅助生产车间之间进行一次交互分配；然后将归集的辅助生产车间交互分配后的实际费用（即交互分配前的费用加上交互分配转入的费用，减去交互分配转出的费用），再按其提供给辅助生产车间之外各受益单位的劳务量进行分配的方法。

【例 3-3】 仍依例 3－1 资料，采用交互分配法分配辅助生产费用，如表 3－5 所示。

表 3-5 辅助生产费用分配表（交互分配法）

金额单位：元

贷方科目＼借方科目			直接费用	交互分配			对外分配费用	对外分配			
				辅助生产成本				基本生产成本	制造费用	管理费用	合计
				供水车间	供电车间	机修车间					
辅助生产成本	供水车间	供应量	105 000	—	750	4 250		65 000	10 000	25 000	100 000
		分配率	0.65								0.731
		分配额	68 250	—	487.50	2 762.50	73 100	47 515	7 310	18 275	73 100
	供电车间	供应量	14 600	4 500	—	100		6 500	2 000	1 500	10 000
		分配率	1.5								1.638 75
		分配额	21 900	6 750	—	150	16 387.50	10 651.88	3 277.50	2 458.12	16 387.50
	机修车间	供应量	3 000	300	200	—		—	2 450	50	2 500
		分配率	4.5								5.665
		分配额	13 500	1 350	900	—	14 162.50	—	13 879.25	283.25	14 162.50
	合计		103 650				103 650	58 166.88	24 466.75	21 016.37	103 650

注：1. 供水车间对外分配费用= 68 250－2 762.5－487.5+6 750+1 350 = 73 100（元）

2. 供电车间对外分配费用= 21 900－6 750－150+487.5+900 = 16 387.5（元）

3. 机修车间对外分配费用= 13 500－1 350－900+2 762.5+150 = 14 162.5（元）

根据表 3－5，编制会计分录如下。

（1）交互分配。

借：辅助生产成本——供电车间　　487.5
　　　　　　　　——机修车间　　2 762.5
　贷：辅助生产成本——供水车间　　3 250

借：辅助生产成本——供水车间　　6 750
　　　　　　　　——机修车间　　150
　贷：辅助生产成本——供电车间　　6 900

借：辅助生产成本——供水车间　　1 350
　　　　　　　　——供电车间　　900
　贷：辅助生产成本——机修车间　　2 250

（2）对外分配。

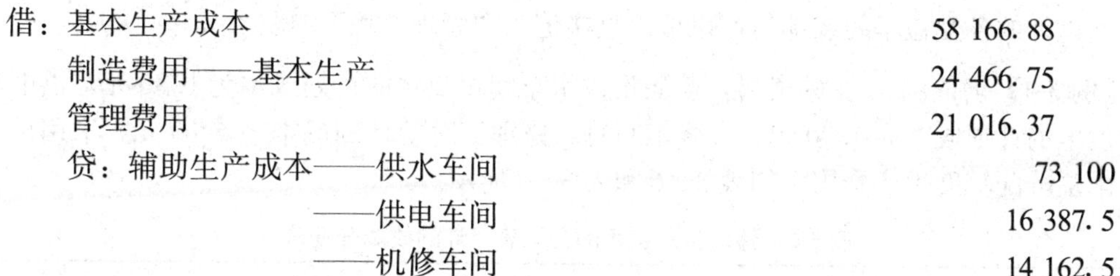

借：基本生产成本　　58 166. 88

　　制造费用——基本生产　　24 466. 75

　　管理费用　　21 016. 37

　　贷：辅助生产成本——供水车间　　73 100

　　　　　　　　　　——供电车间　　16 387. 5

　　　　　　　　　　——机修车间　　14 162. 5

交互分配法分配过程如图 3-3 所示。

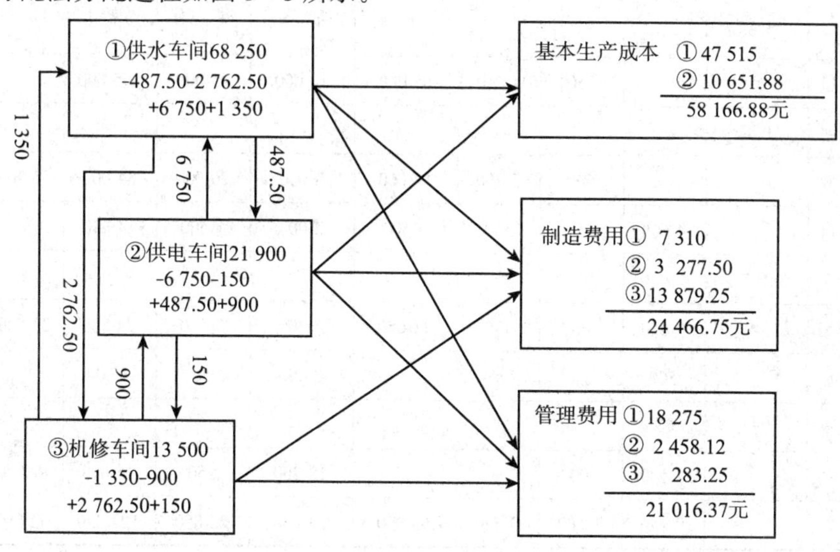

图 3-3　一次交互分配法计算示意图

在上述辅助生产费用的分配中，第一步骤的交互分配所要分配的费用是该辅助生产车间直接发生的费用，不包括耗用其他辅助生产车间的费用，所要分配的劳务数量是该辅助生产车间提供的劳务总量，包括其他辅助生产车间耗用的数量；第二步骤的对外分配所要分配的费用是交互分配后的费用。所要分配的劳务数量，不包括各辅助生产车间相互耗用的数量。

采用交互分配法进行分配，由于在各辅助生产车间之间分配费用，分配结果较为准确，反映了各部门之间相互服务的关系，同时也能促使各辅助生产车间降低相互之间的消耗。但是，由于计算两个分配率，因此计算工作量也随之增加。另外，各辅助车间的劳务结算只能等其他辅助车间费用转入后才能计算实际费用，因而影响成本分配的及时性。为了克服交互分配法的缺点，在计划管理基础比较好的企业，对辅助生产费用的分配可以采用计划成本分配法。

3.2.4　计划成本分配法

计划成本分配法是将辅助生产车间提供的劳务，按计划单位成本和各车间、部门耗用的数量，计算各车间、部门应分配的辅助生产费用的方法。对于按计划成本计算的分配额和各辅助生产车间实际成本之间的差额，即该辅助生产车间的节约或超支额，可以追加分配给辅助车间以外的各受益车间或部门，也可以直接记入“管理费用”科目。

【例 3-4】仍依例 3－1 的资料，若假设供水车间每吨水的计划成本为 0. 80 元，供电车间每一度电的计划成本为 1. 70 元，机修车间每一修理工时的计划成本为 5. 00 元，采用计划成本分配法分配辅助生产费用，如表 3－6 和表 3－7 所示。

表 3-6 辅助生产费用的分配表（计划成本分配法）

贷方科目＼借方科目		计划成本	辅助生产成本			基本生产成本	制造费用	管理费用	计划成本转出	实际成本	成本差异
			供水车间	供电车间	机修车间						
辅助生产成本 供水车间	供应量		—	750	4 250	65 000	10 000	25 000	105 000		
	分配率	0. 8									
	分配额		—	600	3 400	52 000	8 000	20 000	84 000	77 400①	－6 600
辅助生产成本 供电车间	供应量		4 500	—	100	6 500	2 000	1 500	14 600		
	分配率	1. 7									
	分配额		7 650	—	170	11 050	3 400	2 550	24 820	23 500②	－1 320
辅助生产成本 机修车间	供应量		300	200	—	—	2 450	50	3 000		
	分配率	5									
	分配额		1 500	1000	—	—	12 250	250	15 000	17 070③	2 070
合计			9 150	1 600	3 570	63 050	23 650	22 800	123 820	117 970	－5 850

注：①供水车间实际成本= 68 250+9 150（7 650+1 500）= 77 400（元）。

②供电车间实际成本= 21 900+1 600（600+1 000）= 23 500（元）。

③机修车间实际成本= 13 500+3 570（3 400+170）= 17 070（元）。

表 3-7 成本差异分配表

贷方科目＼借方科目		基本生产成本	制造费用（基本生产）	管理费用	合计
辅助生产成本 供水车间	供应量	65 000	10 000	25 000	100 000
	分配率				－0. 066
	分配额	－4 290	－660	－1 650	－6 600
辅助生产成本 供电车间	供应量	6 500	2 000	1 500	10 000
	分配率				－0. 132
	分配额	－858	－264	－198	－1 320
辅助生产成本 机修车间	供应量	—	2 450	50	2 500
	分配率				0. 828
	分配额	—	2 028. 6	41. 4	2 070
合计		－5 148	1 104. 6	－1 806. 6	－5 850

根据分配表编制会计分录如下。

（1）按计划单位成本分配转出。

借：辅助生产成本——供电车间 600
——机修车间 3 400
基本生产成本 52 000
制造费用——基本生产 8 000
管理费用 20 000
贷：辅助生产成本——供水车间 84 000

借：辅助生产成本——供水车间 7 650
——机修车间 170
基本生产成本 11 050
制造费用——基本生产 3 400
管理费用 2 550
贷：辅助生产成本——供电车间 24 820

借：辅助生产成本——供水车间 1 500
——供电车间 1 000
制造费用——基本生产 12 250
管理费用 250
贷：辅助生产成本——机修车间 15 000

（2）分配成本差异。

借：基本生产成本 4 290
制造费用——基本生产 660
管理费用 1 650
贷：辅助生产成本——供水车间 6 600

借：基本生产成本 858
制造费用——基本生产 264
管理费用 198
贷：辅助生产成本——供电车间 1 320

借：制造费用——基本生产 2 028.6
管理费用 41.4
贷：辅助生产成本——机修车间 2 070

如果成本差异金额不大，为简化辅助生产费用的分配工作，可将成本差异直接分配记入“管理费用”科目。则分配成本差异的会计分录如下。

借：管理费用 5 850
贷：辅助生产成本——供水车间 6 600

——供电车间 1 320

——机修车间 2 070

计划成本分配法分配过程如图 3－4 所示。

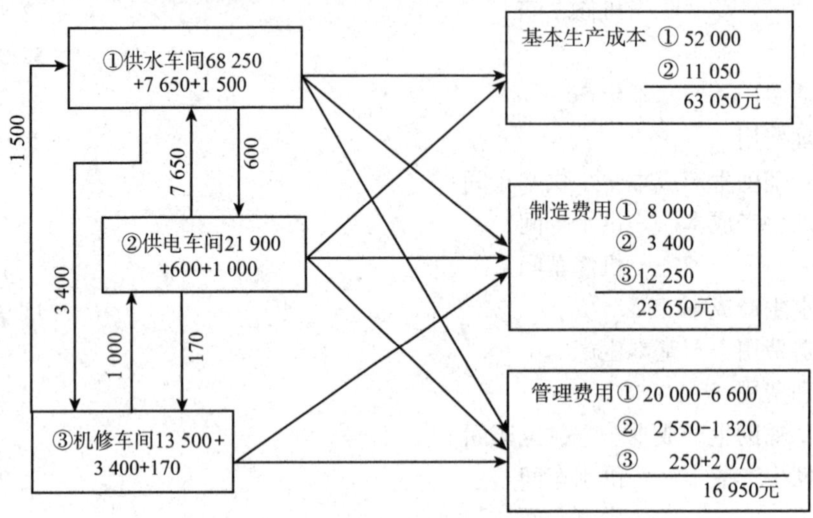

图 3-4 计划成本分配法计算示意图

采用计划成本分配法分配辅助生产费用，计算手续简化，各种辅助生产费用不是在辅助生产车间实际费用计算后再分配，从而加快了会计核算的速度，还可及时了解各辅助生产费用的超支和节约的原因，有利于明确辅助生产车间和各受益单位的经济责任。但假若辅助生产车间的计划单位成本制定得不准确，则会影响辅助生产费用分配结果的准确性，对当期的损益有较大的影响。因此，该方法只适于在辅助生产计划单位成本制定得比较准确的情况下采用。

3.2.5 代数分配法

代数分配法是运用代数中多元一次方程式的原理进行辅助生产费用分配的一种方法。这种方法是通过设立未知数表示各辅助生产车间劳务单位成本，并根据辅助生产车间相互服务的关系，以及各辅助生产车间之间已归集的费用和提供劳务总量建立方程组，以解出各辅助生产车间劳务单位成本，进而将辅助生产费用在各受益单位之间进行分配。

【例 3-5】仍依例 3－1 的资料，假设供水车间水的实际单位成本为 X，供电车间电力实际单位成本为 Y，机修车间修理作业实际单位成本为 Z，根据它们之间的关系，可确定方程组如下：

$$105\,000X = 68\,250 + 4\,500Y + 300Z$$

$$14\,600Y = 21\,900 + 750X + 200Z$$

$$3\,000Z = 13\,500 + 4\,250X + 100Y$$

通过解上列方程组，求得：

X=0. 735 176；　　Y=1. 614 414；　　Z=5. 595 312

根据上述计算结果，各受益单位应分配的劳务费用如表 3－8 所示。

表 3-8 辅助生产费用分配表（代数分配法）

金额单位：元

贷方科目 \ 借方科目			供水车间	供电车间	机修车间	基本生产成本	制造费用（基本生产）	管理费用	合计
辅助生产成本	供水车间	供应量	—	750	4 250	65 000	10 000	25 000	105 000
		分配率							0. 735 176
		分配额	—	551	3 125	47 786	7 352	18 379	77 193
	供电车间	供应量	4 500	—	100	6 500	2 000	1 500	14 600
		分配率							1. 614 414
		分配额	7 265	—	161	10 494	3 228	2 422	23 570
	机修车间	供应量	300	200	—	—	2 450	50	3 000
		分配率							5. 595 312
		分配额	1 679	1 119	—	—	13 709	280	16 787
合计			8 944	1 670	3 286	58 280	24 289	21 081	117 550

根据表 3－8，编制会计分录如下。

借：辅助生产成本——供电车间 551
　　　　　　　——机修车间 3 125
　　基本生产成本 47 786
　　制造费用——基本生产车间 7 352
　　管理费用 18 379
　　贷：辅助生产成本——供水车间 77 193

借：辅助生产成本——供水车间 7 265
　　　　　　　——机修车间 161
　　基本生产成本 10 494
　　制造费用——基本生产车间 3 228
　　管理费用 2 422
　　贷：辅助生产成本——供电车间 23 570

借：辅助生产成本——供水车间 1 679
　　　　　　　——供电车间 1 119
　　制造费用——基本生产车间 13 709
　　管理费用 280
　　贷：辅助生产成本——机修车间 16 787

代数分配法分配过程如图 3－5 所示。

采用代数分配法分配辅助生产费用，其最大的优点是分配结果准确。这是其他分配方法所不能达到的。但是，当企业的辅助生产车间较多时，需设立的未知数就多，建立的方程组中的方程就多，计算起来比较麻烦。所以，代数分配法一般适于辅助生产车间较少或会计工作实现了电算化的企业采用。

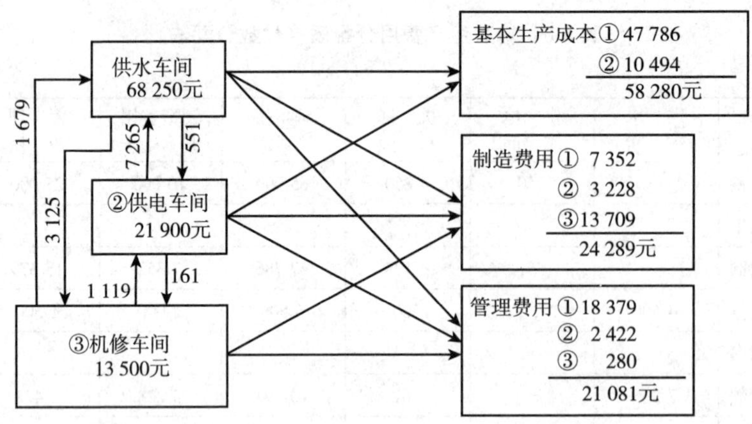

图 3-5 代数分配法计算示意图

上述五种方法对外分配费用比较如表 3-9 所示。

表 3-9 对外分配费用比较表

方 法	基本生产成本	制造费用	管理费用	合 计
直接分配法	58 597.50	24 435	20 617.50	103 650
顺序分配法	59 450.63	22 590	21 609.37	103 650
一次交互分配法	58 166.88	24 466.75	21 016.37	103 650
计划成本分配法	63 050	23 650	16 950	103 650
代数分配法	58 280	24 289	21 081	103 650

由表 3-9 可知，各辅助生产车间对外分配总成本必然等于各辅助生产车间的直接费用之和。

练习题

一、单项选择题

1. 辅助生产成本直接分配法的特点是将归集的辅助生产车间的成本（　　）。
   A. 直接记入“辅助生产成本”账户
   B. 直接分配给所有受益的车间、部门
   C. 直接分配给其他辅助生产车间
   D. 直接分配给辅助生产车间以外各受益单位
2. 辅助生产成本交互分配法的交互分配是在（　　）之间的分配。
   A. 辅助生产车间与基本生产车间

B. 企业内部各基本生产车间
C. 企业内部各辅助生产车间
D. 辅助生产车间与除辅助生产车间以外各受益车间、部门

3. 以下属于多品种辅助生产车间的是（　　）。
A. 工具、夹具、模具车间　　B. 供电车间
C. 供水车间　　D. 机修车间

4. 各辅助生产车间相互提供劳务很少的情况下，适宜采用的辅助生产费用分配方法是（　　）。
A. 直接分配法　　B. 交互分配法
C. 计划成本分配法　　D. 代数分配法

5. 在辅助生产费用的各种分配方法中，分配结果最正确的是（　　）。
A. 交互分配法　　B. 直接分配法
C. 计划成本分配法　　D. 代数分配法

6. 采用辅助生产费用分配的交互分配法，对外分配的费用总额是（　　）。
A. 交互分配前的费用
B. 交互分配前的费用加上交互分配转入的费用
C. 交互分配前的费用减去交互分配转出的费用
D. 交互分配前的费用再加上交互分配转入的费用、减去交互分配转出的费用

7. 采用计划成本分配法分配辅助生产费用时，辅助生产车间实际发生的费用应该是（　　）。
A. 该车间待分配费用减去分配转出的费用
B. 该车间待分配费用加上分配转入的费用
C. 该车间待分配费用加上分配转出的费用减去分配转入的费用
D. 该车间待分配费用加上分配转入的费用减去分配转出的费用

二、多项选择题

1. 采用顺序分配法分配辅助生产成本时，应当按照各辅助生产车间的（　　）。
A. 施惠与受益比例确定分配顺序
B. 受益金额多少排列顺序
C. 施惠金额多少排列顺序
D. 受益少的排列在前，受益多的排列在后
E. 受益多的排列在前，受益少的排列在后

2. 辅助生产成本分配方法主要有（　　）。
A. 约当产量比例分配法　　B. 交互分配法
C. 代数分配法　　D. 计划成本分配法
E. 顺序分配法

3. 下列属于辅助生产车间的制造费用可以直接记入“辅助生产成本”账户的条件有（　　）。
A. 制造费用很少　　B. 生产车间规模很小
C. 辅助生产车间数量很少　　D. 辅助生产车间不对外提供商品

E. 电算化管理

4. 通过辅助生产费用的归集和分配，应计入本月产品成本的生产费用，都已分别归集在（　　）总账账户和所属明细账的借方。

A. “基本生产成本”　　B. “辅助生产成本”

C. “管理费用”　　D. “制造费用”

E. “销售费用”

5. 辅助生产费用分配的交互分配法，具有的特点有（　　）。

A. 核算工作量较大　　B. 核算工作较简便

C. 需计算两个费用分配率　　D. 核算结果较正确

E. 核算结果不很正确

三、判断题

1. 采用交互分配法计算出的某辅助生产车间交互分配率，就是该车间提供劳务的实际单位成本。（　　）

2. 辅助生产车间为基本生产车间生产的工具、模具等产品成本，应在产品完工入库时，从“辅助生产成本”账户的贷方转入“低值易耗品”账户的借方。（　　）

3. 采用顺序分配法分配辅助生产车间费用时，为了使分配结果更具有准确性，排列在前面的辅助生产车间、部门要负担排列在后面的辅助生产车间、部门的费用。（　　）

4. 采用交互分配法分配辅助生产费用，实际上是进行了两次费用分配。（　　）

5. 辅助生产费用的分配，应遵循谁受益谁负担的原则，方法力求简便、合理、易行。（　　）

四、计算分析题

某企业设有供水、运输、机修三个辅助生产车间。7月份辅助生产车间提供的劳务、作业和发生的费用情况如表3－10所示。

表3-10　辅助生产车间提供的劳务作业和发生的费用情况

受益部门	供水/t	运输车间/km	机修车间/h
供水车间	—	150	600
运输车间	100	—	400
机修车间	50	50	—
基本生产（甲产品）	7 500	—	—
基本生产（一般用）	200	100	1 500
行政管理部门	120	200	800
专设销售机构	30	2 500	700
合　计	8 000	3 000	4 000
各车间直接费用	3 400 元/t	8 400 元/km	30 000 元/h
计划单位成本	0. 80 元/t	3. 50 元/km	9 元/h

要求：根据上述资料，采用直接分配法、顺序分配法、交互分配法、计划成本分配法和代数分配法分配辅助生产费用，编制辅助生产费用分配表。

第 4 章　制造费用的核算

4.1　制造费用的归集

4.1.1　制造费用归集的内容

制造费用是指工业企业为生产产品或提供劳务而发生的、应该计入产品成本但没有专设成本项目的各项生产费用。它包括以下三部分内容。

（1）间接生产费用。这是制造费用的主要组成部分，如机物料消耗、辅助工人工资、车间或分厂的房屋及建筑物的折旧费、修理费、租赁费和保险费等。

（2）没有专设成本项目的直接生产费用。如机器设备的折旧费、修理费、租赁费和保险费、生产工具的摊销费、设计制图费等。

（3）车间或分厂用于组织和管理生产的费用。如车间管理人员的工资、车间管理用的照明费、水费、取暖费、差旅费和办公费等。如果企业的组织机构分为车间、分厂和总厂等若干层次，由于分厂也作为生产单位，其组织和管理生产的费用也并入制造费用核算。

4.1.2　制造费用归集的程序

制造费用的归集和分配，是通过“制造费用”科目进行的。该科目应按车间、部门设立明细账，账内按制造费用的项目设立专栏或专行。各项制造费用发生时，应借记该科目；分配转出时，应贷记该科目。月末，根据“制造费用”总账科目和所属明细账归集的制造费用，分析和考核制造费用计划的执行情况。

制造费用明细账格式如表 4－1 所示。

表 4-1　制造费用明细账

车间名称：生产一车间　　　　　　　　20××年 3 月

年		摘　　要	材料费	工　资	福利费	折旧费	办公费	修理费	劳保费	保险费	合　计
月	日										
3	31	材料费用分配表									
		人工费用分配表									

续表

年		摘　　要	材料费	工　资	福利费	折旧费	办公费	修理费	劳保费	保险费	合　计
月	日										
		折旧费用分配表									
		辅助生产费用分配表									
		其他费用分配表									
		本月合计									
		本月转出									

企业发生的各项制造费用，应按其用途和发生地点进行归集，根据各种费用分配表及有关费用凭证，借记“制造费用”账户及所属的有关明细账，贷记“原材料”“应付职工薪酬”“银行存款”“累计折旧”等账户。通过制造费用账户的借方汇总了一定时期车间或分厂为组织和管理生产而发生的各项间接费用。月末，分配转入“基本生产成本”账户，计入产品的制造成本。

制造费用归集的一般账务处理为：

借：制造费用　　×××

　　贷：原材料　　×××

　　　　应付职工薪酬　　×××

　　　　累计折旧　　×××

　　　　银行存款等　　×××

4.2 制造费用的分配

4.2.1 制造费用分配的程序

对辅助生产的制造费用通过“制造费用”科目核算的企业，应先分配辅助生产制造费用，将其计入“辅助生产成本”，然后分配辅助生产成本，将其中应由基本生产车间负担的费用计入基本生产车间的制造费用，最后再分配基本生产车间的制造费用。

由于各车间的制造费用水平不同，制造费用的分配应该按照车间分别进行，而不应将各车间的制造费用汇总起来，在整个企业范围内统一分配。

在生产单一产品的车间或分厂，归集的制造费用可直接计入该种产品的制造成本；在生产多种产品的车间或分厂，因制造费用有多个受益对象，应采用一定的方法，按各成本计算对象受益的比例进行分配。

小贴士

> 制造费用分配的原因主要有：
> (1) 确定成本对象的完全成本；
> (2) 促使经营管理者更加经济、有效地管理成本对象；
> (3) 比较业务活动的各个不同的选择方案，进行计划、控制和决策。
> 因此，企业可以采用不同的方法为信息使用者提供及时、准确的成本信息。

一般情况下，选择制造费用分配标准应遵循以下原则。

(1) 相关性原则。即分配标准与被分配的制造费用的发生应具有密切的依存关系。

(2) 易操作原则。分配标准的资料必须易于取得，容易操作，并可以进行客观计量。

(3) 相对稳定原则。分配标准一经选定，不宜经常改变，以利于各期进行分析对比。

4.2.2 制造费用分配的方法

按照不同的分配标准，制造费用按其发生的地点和规定的明细项目归集后，应由各生产单位当期所生产的全部产品或提供的劳务来负担。因此，制造费用必须采用适当的标准和方法分配计入该生产单位所生产的各种产品的成本。合理分配制造费用的关键在于正确选择分配标准，由于制造费用内容复杂，费用项目性质迥异，为制造费用分配标准的选择带来了一定的难度。

分配制造费用的方法主要的有：实际分配率法、年度计划分配率法和累计分配率法等。

1. 实际分配率法

制造费用分配的实际分配率法是在会计期间终了，根据制造费用的实际发生额，按照一定的分配标准，分配计入产品成本的方法。其基本计算公式如下：

$$\text{制造费用实际分配率}=\frac{\text{本期实际制造费用总额}}{\text{分配标准总额}}$$

$$\text{某产品应负担的制造费用}=\text{该产品的分配标准}\times\text{制造费用实际分配率}$$

公式中的分配标准通常有生产工时、生产工人工资、机器工时比例等。

(1) 生产工时比例分配法。这种方法是按照各种产品所用生产工人实际工时的比例分配制造费用的方法。其计算公式如下：

$$\text{制造费用分配率}=\frac{\text{制造费用总额}}{\text{各产品生产工时之和}}$$

$$\text{某产品应分配的制造费用}=\text{该产品生产工时}\times\text{制造费用分配率}$$

【例 4-1】 某基本生产车间生产甲、乙两种产品，本期共发生制造费用 60 000 元，甲产品生产工人生产工时为 6 000 h，乙产品生产工人生产工时为 4 000 h。甲、乙产品各应负担的制造费用计算如下：

$$\text{制造费用分配率}=\frac{60\ 000}{6\ 000+4\ 000}=6\text{（元/h）}$$

甲产品应负担的制造费用= 6 000×6 = 36 000（元）

乙产品应负担的制造费用= 4 000×6 = 24 000（元）

按照生产工时比例分配制造费用，同分配工资费用一样，能将劳动生产率与产品负担的费用水平联系起来，使分配结果更加合理。同时，这种方法所需的生产工时资料比较容易取得，所以在实际工作中应用较广。但是，如果企业各种产品的工艺机械化程度差异较大，可导致分配结果与实际发生情况不符。因此，它一般适用于机械化程度较低或各产品机械化程度大致相同的企业。由于生产工时是分配间接计入费用常用的分配标准之一，所以必须做好生产工时的记录。

（2）生产工人工资比例分配法。这种方法是按照计入各种产品成本的生产工人实际工资比例分配制造费用的方法。其计算公式如下：

$$制造费用分配率=\frac{制造费用总额}{各产品生产工人工资之和}$$

某产品应分配的制造费用= 该产品生产工人工资×制造费用分配率

由于工资费用分配表中有现成的生产工人工资的资料，因而采用这一分配方法，核算工作很简便。但是采用这一方法时，各种产品生产的机械化程度应相差不多，否则机械化程度高的产品，由于工资费用少，分配负担的制造费用也少，从而影响费用分配的合理性。

如果生产工人工资是按照生产工时比例分配计入各种产品成本的，那么，按照生产工人工资比例分配制造费用，实际上也就是按照生产工时比例分配制造费用。

（3）机器工时比例分配法。这种方法是按照各种产品生产所用机器设备运转时间的比例，分配制造费用的方法。其计算公式如下：

$$制造费用分配率=\frac{制造费用总额}{各产品生产机器工时之和}$$

某产品应分配的制造费用= 该产品生产机器工时×制造费用分配率

在机械化程度较高的车间归集的制造费用中，与机器设备使用有关的费用所占比重比较大，而这一部分费用与机器设备运转的时间有密切的联系。采用这一方法时，如果车间机器设备的类型不一，各种机器的功率相差较大，为提高分配结果的合理性，可将机器设备分为若干类别，按类归集和分配制造费用，但核算工作量也随之增加。采用这种方法，必须具备各种产品所用机器工时的原始记录。

2. 年度计划分配率法

这是按照企业正常经营条件下的年度制造费用预算数和预计定额标准数（预计产量的生产工时、生产工人工资、机器工时）确定的全年度适用的计划分配率分配费用的方法。其计算的公式如下：

$$年度计划分配率=\frac{年度制造费用预算数}{年度预计定额标准数}$$

某月某产品应负担的制造费用= 该月该种产品实际产量的定额标准×年度计划分配率

采用这种分配方法，不管各月实际发生的制造费用是多少，每月各种产品中的制造费用都按年度计划分配，制造费用明细账及与之相联系的“制造费用”总账科目，可能有月末余额，若为借方余额，则表示超过计划的预计的预付费用；若为贷方余额，则表示按照计划应付而未付的费用。

“制造费用”科目如果有年末余额，就是全年制造费用的实际发生额与计划分配额之间的差额，一般应在年末按已分配的比例进行一次调整，分配计入 12 月份的产品成本，借记“基本生产成本”科目，贷记“制造费用”科目。

如果实际发生额大于计划分配额，用蓝字补加；否则用红字冲减。但在年度内如果发现全年的制造费用实际数和产量实际数与计划可能发生较大的差额时，应及时调整计划分配率。

小贴士

美国会计准则委员会认为，如果制造费用的受益期超过一个中期，就应该在受益期的各个中期之间进行分配。美国会计界对计划分配率法产生的差异处理方法倾向于一体观，我国侧重于采用独立观，即企业在中期报告中采用与年度报告中一致的会计政策。

【例 4-2】 某企业一车间全年制造费用计划为 84 000 元，全年各种产品的计划产量为：甲产品 1 200 件，乙产品 1 000 件；单件产品的工时定额为：甲产品 10 h，乙产品 8 h，即

$$\text{甲产品年度计划产量的定额工时} = 1\,200 \times 10 = 12\,000\ (\text{h})$$

$$\text{乙产品年度计划产量的定额工时} = 1\,000 \times 8 = 8\,000\ (\text{h})$$

$$\text{制造费用年度计划分配率} = \frac{84\,000}{12\,000 + 8\,000} = 4.2\ (\text{元/h})$$

假定该车间 5 月份的实际产量为：甲产品 125 件，乙产品 100 件；该月实际制造费用为 8 500元。则：

$$\text{该月甲产品制造费用} = 125 \times 10 \times 4.2 = 5\,250\ (\text{元})$$

$$\text{该月乙产品制造费用} = 100 \times 8 \times 4.2 = 3\,360\ (\text{元})$$

$$\text{该车间该月应分配转出的制造费用} = 5\,250 + 3\,360 = 8\,610\ (\text{元})$$

该车间 5 月份的实际制造费用 8 500 元，小于按该月实际产量和年度计划分配率分配转出的制造费用 8 610 元。差额为-110 元，即多分配金额，平时不予调整。

假定本年度实际制造费用 80 000 元，年终已分配制造费用 80 400 元，其中甲产品负担 60 300元，乙产品负担 20 100 元，那么本年度多分配 400 元（80 400－80 000），该部分按已分配比例予以调整。

$$\text{甲产品制造费用调整数} = -400 \times \frac{60\,300}{80\,400} = -300\ (\text{元})$$

$$\text{乙产品制造费用调整数} = -400 \times \frac{20\,100}{80\,400} = -100\ (\text{元})$$

根据上述计算作出调整分录：

借：基本生产成本——甲产品 [300]

　　　　　　　　——乙产品 [100]

　贷：制造费用 [400]

采用年度计划分配率法分配制造费用时，不必每月计算制造费用分配率，简化和加快了制造费用的分配工作，并能及时反映各月制造费用预算数与实际数的差异，特别是在季节性生产或季节性费用比重较大的企业或车间，利用年度计划分配率法可以避免各月制造费用分配率相差悬殊的弊端。所以，按年度计划分配率进行分配是比较理想的。但是，采用这种分配方法分配制造费用时，要求企业的计划、定额管理工作的水平较高，否则会影响制造费用分配的准确性。

3. 累积分配率法

上述制造费用分配方法都是将当月发生的制造费用对受益产品进行分配的方法，属于当月分配法。如果企业产品生产周期较长（1 个月以上），产品生产批次较多，每月完工产品的批次只占全部产品批次的一部分，那么采用当月分配法就会增加分配计算和登记成本明细账的工作量。为了简化制造费用分配计算和登账工作，可采用累计分配率法分配制造费用。

累计分配率法是指将当月完工批次的产品应负担的全部制造费用，在其完工时一次进行分配，而对未完工批次的在产品应负担的制造费用保留在“制造费用”账户中，暂不分配，待其完工后，连同继续耗费的制造费用一起分配的一种方法。其计算公式如下：

$$\text{制造费用累积分配率}=\frac{\text{制造费用期初累计余额}+\text{本月发生的制造费用}}{\text{各种产品累计分配标准之和}}$$

完工产品应分配的制造费用= 完工产品累计分配标准×制造费用累积分配率

【例 4-3】某企业本月份共生产 A、B、C、D 四批产品，A 批产品上月投产，上月生产工时为 100 h，本月发生生产工时 900 h。另外三批产品均为本月投产，生产工时分别为1 800 h、1 000 h和 2 600 h。月初制造费用余额为 2 144 元，本月发生 5 536 元。A 批产品本月完工，其余三批产品均未完工。采用累计分配率法分配制造费用，其计算结果如下：

$$\text{制造费用累计分配率}=\frac{2\ 144+5\ 536}{100+900+1\ 800+1\ 000+2\ 600}=1.2\ (\text{元/h})$$

$$\text{A 批产品应分配的制造费用}=(100+900)\times 1.2=1\ 200\ (\text{元})$$

采用累计分配率法可大大减轻会计核算的工作量。但是，在产品未完工之前，各产品成本明细账中的在产品只归集了直接材料和直接人工成本，不能全面反映在产品成本。另外，由于累计分配率是一种加权平均的分配率，如果各月制造费用水平相差悬殊，则分配的制造费用将与实际情况不符，影响成本计算的正确性。

综上所述，生产单位分配制造费用究竟采用何种方法，选择哪种分配标准，必须根据企业的生产特点以及企业成本管理要求来确定。

4.2.3 制造费用分配表的编制

制造费用分配计入产品成本（或劳务成本），可通过编制“制造费用分配明细表”来进行。制造费用分配明细表按生产单位分别编制，列示应借总分类科目及明细分类科目，据以登记生产单位制造费用明细分类账分配转出数和有关的产品成本明细账的分配转入数。此外，根据各生产单位的制造费用分配明细表，汇总编制制造费用分配汇总表，并据以登记总分类账。制造费用分配汇总表的格式及内容如表 4－2 所示。

表 4-2　制造费用分配汇总表

金额单位：元

借方科目 / 贷方科目		基本生产成本		合　计
		A 产品	B 产品	
制造费用	分配标准/h	22 000	11 000	33 000
	分配率			2
	分配金额	44 000	22 000	66 000

根据表 4－2 制造费用分配汇总表登记总分类账。账务处理如下：

借：基本生产成本——A 产品　　44 000

　　　　　　　——B 产品　　22 000

　贷：制造费用——基本生产车间　　66 000

练习题

一、单项选择题

1. 制造费用绝大部分是由企业的（　　）发生的。

   A. 行政管理部门　　B. 车间或分厂　　C. 销售部门　　D. 财务部门

2. 按年度计划分配率分配制造费用的方法适用于（　　）。

   A. 制造费用数额较大的企业　　B. 制造费用数额较小的企业

   C. 基本生产车间规模较小的企业　　D. 季节性生产企业

3. 按年度计划分配率法分配制造费用时，年末如果实际发生额小于计划分配额，其差额应在 12 月份（　　）。

   A. 用红字借记“制造费用”账户，贷记“基本生产成本”账户

   B. 用蓝字借记“制造费用”账户，贷记“基本生产成本”账户

   C. 用蓝字借记“基本生产成本”账户，贷记“制造费用”账户

   D. 用红字借记“基本生产成本”账户，贷记“制造费用”账户

4. 能够将劳动生产率和产品负担的费用水平联系起来，使分配结果比较合理的制造费用分配方法是（　　）。

   A. 生产工时比例分配法　　B. 生产工人工资比例分配法

   C. 按年度计划分配率分配法　　D. 机器工时比例分配法

5. 机器工时比例分配法适用于（　　）。

   A. 季节性生产的车间　　B. 制造费用较多的车间

   C. 机械化程度较高的车间　　D. 机械化程度大致相同的各种产品

二、多项选择题

1. “制造费用”账户月末（　　）。

   A. 可能有余额　　B. 可能没有余额

C. 余额一定在借方
D. 余额可能在贷方
E. 余额可能在借方

2. 下列方法中，属于制造费用分配方法的有（　　）。
A. 计划成本分配法
B. 直接工资比例分配法
C. 生产工人工时比例分配法
D. 机器工时比例分配法
E. 年度计划分配率法

3. 下列各项费用中，（　　）应计入制造费用。
A. 生产车间管理人员工资及福利费
B. 生产车间固定资产折旧费
C. 生产车间的办公费
D. 销售人员的工资及福利费
E. 设计制图费

4. 制造费用的分配不应该（　　）。
A. 按车间分别进行分配
B. 在企业范围内统一分配
C. 按班组分别进行分配
D. 在各责任中心内统一分配
E. 在所有车间范围内统一分配

三、判断题

1. 机器工时比例法适用于季节性生产企业分配制造费用。（　　）
2. 制造费用不包括用于组织和管理生产的费用。（　　）
3. 生产工人工资比例分配法适用于产品生产的机械化程度大致相同的情况下。（　　）
4. 累计分配率法适用于机械化程度较高的生产车间。（　　）
5. 在按年度计划分配率法分配制造费用的车间中，年末“制造费用”账户一般无余额。（　　）
6. 生产工人工资按照生产工时比例分配时，按照生产工人工资比例分配制造费用，实际上就是按照生产工时比例分配制造费用。（　　）

四、计算分析题

1. 某企业的生产车间全年计划制造费用额为 360 000 元，各种产品全年定额工时为 400 000 h。12 月份甲产品实际产量的定额工时为 26 000 h，乙产品实际产量的定额工时为 11 000 h。年末核算时，该车间全年共发生制造费用 378 000 元。1—11 月份按年度计划分配率分配的制造费用甲产品为 244 800 元，乙产品为 107 100 元。

要求：根据上述资料，采用年度计划分配率法分配制造费用。

2. 某企业本月份共生产甲、乙、丙、丁四批产品，甲产品上月投产，生产工时为 800 h，本月发生生产工时 3 000 h。另外三批产品均为本月投产，工时分别为 4 800 h、3 600 h 和 3 250 h。月初制造费用余额为 2 720 元，本月发生 11 305 元。甲产品本月完工，其余三批产品均未完工。

要求：根据上述资料，采用累计分配率法分配制造费用。

第 5 章　生产损失的核算

5.1　生产损失概述

生产损失是指在生产过程中发生的不能形成正常产出的各种耗费。在不同企业，生产损失的类型不尽相同，但通常情况下，可将其划分为以下几个类别。

1. 生产损耗

指投入原材料的收缩、蒸发、跑、冒、滴漏、自然损耗等，生产过程中的损耗越多，投入量就越高，在生产数量一定的情况下，必然增加产品的制造成本。

2. 生产废料

指生产过程中产生的边角余料等。在投入量一定的条件下，废料越少，产出越多，必然降低产品的生产成本。

3. 废品损失

指在生产过程中，由于主观或客观原因造成的产品质量不符合规定技术标准而发生的额外耗费。在生产过程中，当投入量一定时，产生的废品越多，合格品数量则越少。废品损失多必然增加合格品的成本。

4. 停工损失

指由于机器故障及季节性、修理期间的停工而发生的耗费。停工期间的费用通常应由开工期间生产的产品负担，因此，停工时间越长，停工次数越多，必然增加产品的制造成本。

在现有社会正常生产条件下，几乎所有的制造业都无法避免这样或那样的原因造成的损失，而生产中的一切损失（非正常损失除外），归根到底都要由合格品负担。

如果企业生产损失经常发生，在产品成本中所占的比重较大，对产品成本的影响也较大，则生产损失就需要单独进行核算，即单独归集生产损失，计算发生的生产损失数额，必要时还可设置“废品损失”“停工损失”成本项目，在产品成本组成中单独列示。

小贴士

几乎所有投入的材料、人工、制造费用在生产过程中都会发生损失。一种产品损失是生产过程内部的因素所致。例如，星巴克在烘烤咖啡豆时，水蒸气的挥发导致重量下降 20%，这就是产品损耗。另一种产品损失是由于生产过程中的失误（人为因素或设备因素）导致产品不符合质量标准或不符合特定要求，从而形成损失产量。本章主要介绍第二种损失，即废品损失和停工损失的处理方法。

5.2 废品损失的核算

5.2.1 废品损失概述

1. 废品的概念

会计上所称的废品是指由于生产原因造成的质量不符合规定的技术标准，不能按原定用途使用，或者需要加工后才能按原定用途使用的在产品、半成品和产成品。由于废品是因生产工作中的缺点所造成的，因此，与废品发现的时间、地点无关。只要属于生产原因造成的，均应视为废品。

废品分为可修复废品和不可修复废品。可修复废品是指经过修理可以使用，而且所花费的修复费用在经济上合算的废品；不可修复废品，是指不能修复，或者所花费的修复费用在经济上不合算的废品。

2. 废品损失

废品损失包括在生产过程中发现的和入库后发现的不可修复废品的生产成本，以及可修复废品的修复费用，扣除回收的废品残料价值和应由过失单位或个人赔款以后的损失。需要指出：经过质量检验部门鉴定不需要返修、可以降价出售的不合格品，不应作为废品损失处理；产成品入库后，由于保管不善等原因而损坏变质的损失，也不作为废品损失处理；实行包退、包修、包换的企业，在产品出售后发现的废品所发生的一切损失，不包括在废品损失内。

5.2.2 废品损失的计算

1. 可修复废品损失的计算

可修复废品损失是指废品在修复过程中所发生的各项修复费用。可修复废品损失在废品修复时计算，即如果当月发生的废品，下月修复，那么损失就表示在下月的成本计算单上。可修复废品损失的计算程序和合格品发生的费用一样，是通过各种费用分配表或直接根据有关凭证计算而得。其计算公式如下：

可修复废品损失= 修复废品材料费用+修复废品人工费用+修复废品制造费用-赔偿收入

【例 5-1】某企业 5 月生产甲产品 1 000 件，经验收 950 件为合格品，验收入库；50 件为不合格品，经技术部门鉴定均可修复且修复费用较少，为可修复废品。废品返修过程中，投入的原材料为2 500元，生产工人工资120元，分摊制造费用600元。该企业可修复废品损失计算如下：

50件可修复废品得损失= 2 500+120+600= 3 220（元）

2. 不可修复废品损失的计算

不可修复废品是与合格品同时产生于加工过程中，其成本与合格品成本混在一起，都归集在产品生产成本明细账中，因此，不可修复废品损失的计算比较复杂。进行不可修复废品损失的计算，应先计算截至报废时已经发生的废品生产成本，然后扣除残值和应收赔款，算出废品损失。

其计算公式如下：

不可修复废品损失= 不可修复废品的生产成本 − 废品残值 − 应收赔款

不可修复废品的生产成本，可按废品所耗实际费用计算，也可按废品所耗定额费用计算。

（1）按废品所耗实际费用计算废品损失。在采用按废品所耗实际费用计算的方法时，由于废品报废以前发生的各项费用是与合格产品一起计算的，因而要将废品报废以前与合格品计算在一起的各项费用，采用适当的分配方法，在合格品与废品之间进行分配，计算出废品的实际成本。原材料项目分配时，要考虑材料的投料方式。当原材料是在生产开始一次性投入时，原材料费用可直接按合格品和废品的数量比例分配；如果原材料是在生产过程中陆续投入的，则需要采用一定的方法，将废品数量折合成合格品的数量进行分配。其余各成本项目一般按合格品和废品的工时比例分配。

【例5-2】某企业一车间生产甲产品100件，生产过程中发现其中1件为不可修复废品。产品成本明细账所记合格品和废品共同发生的生产费用为：原材料费用125 000元，工资及福利费4 875元，制造费用24 375元，合计154 250元。原材料是在生产开始时一次投入的，因而原材料费用应按合格品99件和废品数量1件的比例分配。生产工时为：合格品1 505 h，废品120 h，合计1 625 h。废品回收的残料计价200元。则不可修复废品损失的计算如表5－1所示。

表5-1 不可修复废品损失计算表（按实际成本计算）

金额单位：元

项 目	数 量	直接材料	生产工时	直接人工	制造费用	合 计
生产费用	100	125 000	1 625	4 875	24 375	154 250
分配率		1 250		3	15	
废品成本	1	1 250	120	360	1 800	3 410
减：残料		200				200
废品损失		1 050		360	1 800	3 210

如果废品是在完工以后发现的，这时单位废品负担的各项生产费用应与单位合格品完全

相同，可按合格品产量和废品的数量比例分配各项生产费用，计算废品的实际成本。

（2）按废品所耗定额费用计算废品损失。当企业定额制定得比较健全、合理的情况下，计算不可修复废品的成本时，废品的生产成本可按废品的数量和各项费用定额计算。其计算公式为：

不可修复的废品损失= 不可修复废品的单位定额成本（各成本项目之和）×不可修复废品数量 - 废品残值 - 应收赔款

【例 5-3】假定某企业一车间在生产乙产品的过程中，生产不可修复废品 80 件，按其所耗定额费用计算废品的生产成本。其原材料消耗定额为 120 元，已完成的定额工时共计 200 h，每小时的费用定额为：工资及福利费 2.5 元，制造费用 11.5 元。回收废品残料计价 310 元。则不可修复废品损失的计算如表 5-2 所示。

表 5-2　不可修复废品损失计算表（按定额成本计算）

金额单位：元

项　目	数　量	直接材料	定额工时	直接人工	制造费用	合　计
费用定额		120		2.5	11.5	
废品定额成本	80	9 600	200	500	2 300	12 400
减：残料		310				310
废品损失		9 290		500	2 300	12 090

按废品的定额费用计算废品的定额成本，由于费用定额事先规定，不仅计算工作比较简便，而且还可以使计入产品成本的废品损失数额不受废品实际费用水平高低的影响。也就是说，废品损失大小只受废品数量差异（量差）的影响，不受废品成本差异（价差）的影响，从而有利于废品损失和产品成本的分析与考核。但是，采用这一方法计算废品生产成本，必须具备准确的消耗定额和费用定额资料。

5.2.3　废品损失的核算方法

1. 账户设置

为了单独核算废品损失，在会计账户中应增设“废品损失”账户；在成本项目中应增设“废品损失”项目。

“废品损失”账户是为了归集和分配废品损失而设立的。该账户应按车间设立明细账，账内按产品品种分设专户，并按成本项目分设专栏或专行，进行明细核算。不可修复废品的生产成本和可修复废品的修复费用，都应在“废品损失”账户的借方进行归集。其中不可修复废品的生产成本，应根据不可修复废品计算表，借记“废品损失”账户，贷记“基本生产成本”账户；可修复废品的修复费用，应根据各种费用分配表，借记“废品损失”账户，贷记“原材料”“应付职工薪酬”“制造费用”等账户。废品残料的回收价值和应收的赔款，应从“废品损失”账户的贷方转出，即借记“原材料”和“其他应收款”等账户，贷记“废品损失”账户。“废品损失”账户上述借方发生额大于贷方发生额的差额，就是废品损失，分配转由本月同种产品的成本负担，即借记“基本生产成本”账户，贷记“废品损失”账户。通过上述归集和分配，“废品损失”账户月末没有余额。

2. 可修复废品损失的核算

可修复废品损失，主要是修复费用。入库前发现可修复废品时，可根据各种费用分配汇总表将返修废品耗用的原材料、人工等费用从各要素费用账户转入“废品损失”账户的借方。

【例 5-4】 某企业 5 月生产乙产品共发生生产费用 80 000 元（无月初月末结存费用），可修复废品率为 6%。废品修复费用为 1 600 元，其中，耗用材料 800 元，人工费 600 元，制造费用 200 元。应收过失人赔款 300 元。根据上述资料，进行可修复废品损失的账务处理如下。

入库前发现可修复废品损失的账务处理如下。

（1）修复废品：

借：废品损失——乙产品　　1 600

　　贷：原材料　　800

　　　　应付职工薪酬　　600

　　　　制造费用　　200

（2）应收赔偿款，冲减废品损失：

借：其他应收款——应收赔款　　300

　　贷：废品损失——乙产品　　300

（3）废品损失计入成本：

借：基本生产成本——乙产品——废品损失　　1 300

　　贷：废品损失　　1 300

（4）修复入库：

借：库存商品——乙产品　　6 100

　　贷：基本生产成本——乙产品　　6 100*

* 注：6 100 = 1 300+80 000×6%

入库后发现可修复废品损失的账务处理如下。

（1）结转废品成本：

借：基本生产成本——乙产品　　4 800

　　贷：库存商品——乙产品　　4 800

其他会计分录同入库前。

3. 不可修复废品损失的核算

不可修复废品损失，主要是废品成本，这些成本发生时已记入“基本生产成本”账户的借方，因此，当入库前发现废品时，应将其成本按成本项目分别从“基本生产成本”账户转入“废品损失”账户的借方。

【例 5-5】 某企业 5 月生产甲产品共发生生产费用 68 000 元（无月初月末结存费用），其中直接材料40 000元，直接人工 10 000 元，制造费用 18 000 元。不可修复废品率为 6%。废品残料收入 800 元，应收过失人赔款 200 元。根据上述资料，进行不可修复废品损失的计算如表 5－3 所示。

表 5-3 不可修复废品损失计算表

金额单位：元

摘 要	直接材料	直接人工	制造费用	废品损失	合 计
本月生产成本	40 000	10 000	18 000		68 000
废品成本（6%）	2 400	600	1 080		4 080
废品残值及赔偿					-1 000
废品损失	2 400	600	1 080	-1 000	3 080
产品成本	37 600	9 400	16 920	3 080	67 000

根据表 5-3 资料，编制会计分录如下。

（1）将废品生产成本从其所记的“基本生产成本”账户和所属明细账的贷方转出。

借：废品损失——甲产品 4 080

贷：基本生产成本——甲产品——直接材料 2 400

——直接人工 600

——制造费用 1 080

（2）回收废品残料价值。

借：原材料 800

贷：废品损失——甲产品 800

（3）登记应收赔款。

借：其他应收款 200

贷：废品损失——甲产品 200

（4）将废品净损失 3 080 元（4 080-800-200），分配计入同种合格品的成本，计入甲产品成本明细账“废品损失”成本项目。

借：基本生产成本——甲产品——废品损失 3 080

贷：废品损失——甲产品 3 080

（5）产品入库。

借：库存商品——甲产品 3 080

贷：基本生产成本——甲产品——废品损失 3 080

入库后发现不可修复废品损失的账务处理如下。

（1）结转废品成本。

借：基本生产成本——甲产品——直接材料 2 400

——直接人工 600

——制造费用 1 080

贷：库存商品——甲产品 4 080

其他会计分录同入库前。

对产品实行三包（包修、包换、包退）的企业，如果销售后发现的废品属于三包范围，从理论上讲，发生的修理费、退修或调换产品的运杂费、退回废品实际成本减去残值后的差额，也应作“废品损失”处理。在实际工作中，为简化核算手续，有关三包范围内的废品损失，发生时可直接记入“管理费用”账户。

小贴士

西方国家由于把废品分为正常废品和非正常废品，因而对两种废品损失分别采用不同的方法进行归集和分配。正常的废品损失是生产过程中产生的，所以一般做成本处理。具体方法有两种。第一种方法为正品承担法，即对于正常废品损失不设置专门账户进行核算，而是直接由完工正品负担，增加完工正品的单位成本。第二种方法是在“在产品存货”科目下设“产品成本损失”明细科目，用于归集正常的废品损失，期末，按一定分配标准结转到“产成品存货”和“销售存货”中去。而非正常废品损失是一种额外的无效成本，因此，一般作为期间费用处理。

5.3 停工损失的核算

5.3.1 停工损失内容

停工损失指企业基本生产车间由于计划减产，或因停电、待料、机器设备故障而停工，在停工期间所发生的一切费用。它包括支付的职工薪酬，耗用的燃料和动力，应负担的制造费用。

对因季节性停工而发生的停工期内的一切费用，则采用适当方法计入开工期内生产成本，不列为停工损失；另外，企业停工多种多样，时间有长有短，范围有大有小，为了简化核算手续，只有在超过一定时间（一般为1日以上）和范围时，才计算停工损失。具体时间和范围界限一般应根据企业具体情况而定。可以取得赔偿的停工损失，应该索赔；由于自然灾害等引起的非正常停工损失，应计入营业外支出。

企业的停工可分为计划内停工和计划外停工两种。计划内停工指按计划规定发生的停工；计划外停工是指因各种事故造成的停工。

5.3.2 停工损失核算的方法

为了单独核算停工损失，在会计账户中应增设“停工损失”账户，在成本项目中应增设“停工损失”项目。

“停工损失”账户是为了归集和分配停工损失而设立的。该账户应按车间设立明细账，账内按成本项目分设专栏或专行，进行明细核算。停工期间发生、应该计入停工损失的各种费用，都应在该账户的借方归集，借记“停工损失”账户，贷记“燃料”“应付职工薪酬”和“制造费用”等账户。

归集在“停工损失”账户借方的停工损失，由于产生的原因不同，其结转分配的方法也不同，主要包括下列情形：

（1）对于应向过失人或保险公司索赔的损失，记入“其他应收款”账户；

（2）属于自然灾害等原因引起的非正常停工损失，记入“营业外支出”账户；

（3）对于计划内停工损失，一般应由开工期所产产品的制造成本来负担，应记入“基本生产成本”或“制造费用”账户；

（4）对于由于原材料供应不足、机器设备发生故障等原因引起的计划外停工损失，在规定的期限内（全厂连续停产 10 天以内、生产车间连续停产 1 个月以内），应计入当月生产的产品制造成本；超过上述期限的转作“营业外支出”。

计入产品成本的停工损失，如果停工的车间只生产一种产品，应直接计入该种产品成本明细账的“停工损失”项目；如果停工的车间生产多种产品，则应采用适当的分配方法（如采用类似于分配制造费用的方法），分配计入该车间各种产品成本明细账的“停工损失”项目。当车间发生全月停工的特殊情况时，可将停工损失保留在“停工损失”账户，留待下月生产的产品负担。通过上述归集和分配，“停工损失”账户一般应无月末余额。

停工损失的具体账务处理如下。

1. 计划内停工损失的账务处理

（1）发生计划内停工损失时。

借：停工损失

　　贷：燃料

　　　　应付职工薪酬

　　　　制造费用等

（2）结转计划内停工损失。

借：基本生产成本——××产品

　　贷：停工损失

2. 计划外停工损失的账务处理

（1）发生计划外停工损失时。

借：停工损失

　　贷：燃料

　　　　应付职工薪酬

　　　　制造费用等

（2）由过失人赔偿时。

借：其他应收款（或“库存现金”等）

　　贷：停工损失

（3）结转计划外停工损失。

借：基本生产成本——××产品

　　贷：停工损失

或：　　借：营业外支出（非正常停工损失）

　　贷：停工损失

在不单独核算停工损失的企业中，不设立“停工损失”账户和项目。停工期间发生的属于停工损失的各种费用，直接记入“制造费用”和“营业外支出”等账户。这样核算很简便，但对于停工损失的分析和控制会产生不利的影响。

以上所述废品损失和停工损失，都是指基本生产的废品损失和停工损失。辅助生产由于规模一般不大，为了简化核算工作，都不单独核算废品损失和停工损失。

练习题

一、单项选择题

1. 废品净损失分配转出时，应借记（　　）科目。

　A. “基本生产成本”　B. “废品损失”　C. “管理费用”　D. “制造费用”

2. 由于自然灾害造成的非正常停工损失，应记入（　　）科目。

　A. “营业外收入”　B. “营业外支出”　C. “管理费用”　D. “制造费用”

3. 计算出来的废品损失应（　　）。

　A. 直接记入当月的“制造费用”科目中
　B. 分配计入当月各种合格品的成本中
　C. 分配计入当月同种合格品的成本中
　D. 直接记入当月的“管理费用”科目中

4. 产品的三包损失，应记入（　　）科目。

　A. “管理费用”　B. “制造费用”　C. “销售费用”　D. “废品损失”

5. 经过质量检验部门鉴定不需返修、可以降价出售的不合格产品的降价损失，应（　　）。

　A. 作为销售费用处理　B. 作为管理费用处理
　C. 作为废品损失处理　D. 在计算销售损益时体现

二、多项选择题

1. 计算不可修复废品的净损失应包括下列因素（　　）。

　A. 不可修复废品的生产成本　B. 废品的残值
　C. 废品的应收赔款　D. 废品的价值大小
　E. 合格品的成本

2. “废品损失”科目的借方登记（　　）。

　A. 可修复废品成本　B. 不可修复废品成本
　C. 可修复废品的修复费用　D. 不可修复废品的应收赔款

E. 不可修复废品的残值

3. 废品按其产生的责任划分，可分为（　　）。

A. 工废　　B. 料废　　C. 可修复废品　　D. 不可修复废品

E. 废品损失

4.“废品损失”科目借方的对应科目可能有（　　）。

A.“基本生产成本”　　B.“其他应收款”　　C.“制造费用”　　D.“原材料”

E.“应付职工薪酬”

5.“停工损失”科目借方的对应科目可能是（　　）。

A.“原材料”　　B.“应付职工薪酬”　　C.“制造费用”　　D.“管理费用”

E.“基本生产成本”

三、判断题

1. 可修复废品是指经过修理后可以使用的废品。（　　）

2. 废品损失还包括不需要返修、可以降价出售的不合格品的降价损失。（　　）

3. 季节性和固定资产修理期间的停工损失，应记入“管理费用”科目中。（　　）

4. 为简化核算，有关三包范围内的废品损失在发生时可直接记入“管理费用”科目。（　　）

5. 计算可修复废品的损失，可不必计算其生产成本。（　　）

四、计算分析题

1. 某工业企业各种费用分配表中列示甲产品可修复废品的修复费用为：原材料 2 130 元，应付生产工人工资 850 元，生产工人福利费 119 元，制造费用 1 360 元。

不可修复废品成本按定额成本计价。不可修复废品的定额成本资料为：不可修复废品 5 件，每件原材料费用定额 100 元；每件定额工时为 30 h，每小时工资福利费 3 元，制造费用 4 元。

不可修复废品的残料价值按计划成本计价 160 元，作为辅助材料入库；应由过失人赔款 120 元。废品净损失由当月同种产品成本负担。

要求：(1) 计算甲产品不可修复废品的生产成本；

(2) 计算甲产品不可修复废品和可修复废品的净损失；

(3) 编制有关的会计分录。

2. 某生产车间生产 A 产品 200 件，其中 10 件不可修复废品是在生产过程中发现的，200 件 A 产品的总成本为 85 200 元，其中直接材料成本为 60 000 元，直接人工成本为11 200元，制造费用为 14 000 元。原材料是在生产开始时一次投入的。合格品的生产工时为 2 700 h，废品的生产工时为 100 h。废品残料入库作价 250 元。

要求：(1) 计算不可修复废品成本及净损失；

(2) 根据上述资料，编制有关会计分录。

3. 某企业 8 月份甲零件投入生产 4 000 件，发生直接材料成本 40 000 元，材料是在生产开始时一次投入，共耗 3 984 h。该月份的小时工资率为每工时 2. 40 元，小时制造费用率为 3. 20 元。8 月发生下列有关废品的情况。

(1) 在生产过程中，完工程度达 50% 时检验，发现不可修复废品 32 件，其中：料废 20

件，工废 12 件，残值每件 10 元。

（2）在生产完毕后检验时，发现不可修复废品 28 件，其中：工废 8 件，料废 20 件，残值每件 10 元。

（3）在生产过程中曾有下列返修品：工废 32 件，料废 40 件，共耗返修工时 36 工时，追加材料 120 元。

（4）由责任人赔偿 150 元损失费用。

要求：根据以上资料，计算废品损失并编制必要的会计分录（废品损失由当月完工产成品负担）。

第 6 章 生产费用在完工产品与在产品之间的分配

6.1 生产费用的归集

通过上述各章要素费用和综合费用的归集、分配，应计入本月各种产品的费用都已记入了“基本生产成本”账户的借方，并已在各产品之间划分清楚，按成本项目分别登记在各自的产品成本计算单（生产成本明细账）中。本节着重对前述几章内容从生产费用汇总的角度进行系统归纳，使其整体化，并在此基础上讨论生产费用在完工产品和在产品之间的分配问题。

6.1.1 基本生产成本归集的原则

产品制造过程中发生的各种耗费可以分为直接费用和间接费用。直接费用可以直接计入产品生产成本，并在产品成本明细账中以单独的成本项目列示，如直接材料、直接人工；间接费用则需要先按照费用发生的地点和用途进行归集，月末再选择一定的分配方法进行分配后计入产品成本，在产品成本明细账中以综合成本项目列示，如制造费用、废品损失。在进行产品基本生产成本汇总时，应依据以下原则进行。

（1）凡是可直接计入产品制造成本的生产费用，应尽可能直接记入“基本生产成本”账户及其所属明细账中，凡是不能直接计入产品制造成本的生产费用，先按费用发生的地点和用途进行归集，月末再选择一定的分配方法按其受益对象进行分配后计入产品成本，以保证成本计算的准确性。

（2）基本生产成本的归集程序必须与企业的生产特点和管理要求相一致。因为不同的生产特点，其基本生产成本的归集程度是不同的，成本核算的内容必须能为企业生产经营决策提供有用的信息，因而成本管理要求决定了成本核算的方法和程序。

（3）基本生产成本的归集应便于产品成本的计算，不能过于烦琐，也不能过于简单，否则会影响成本计算的及时性和准确性。

6.1.2 完工产品与在产品成本的计算模式

通常在会计期末要将那些完成了全部生产工艺并通过质量检验达到规定标准的可供销售

的产成品由生产环节转入库存环节，从会计核算角度看，就是要将库存商品以账面价值方式体现在账簿中。然而，构成新增库存商品账面价值的制造成本却与当期未完工的在产品费用合并，体现在产品成本计算单上的本期生产费用总额中，因此，需要采用一定的方法将本期全部生产费用在期末完工产品与在产品间进行分配，以确定库存商品存货的账面价值，它决定了产成品存货的账面价值及存货发出成本，因而对企业资产负债表及利润表都有着直接影响。同时这也是企业内部控制的要求。

通过基本生产成本的归集，各个成本计算对象的成本计算单都按其设置的产品成本项目归集了本期全部生产费用，在计算完工产品制造成本之时（通常为月末），如果某一个成本计算对象没有在产品，则意味着全部为完工产品，因此本月归集的全部生产费用都由完工产品来承担，构成了完工产品的制造成本；如果这一成本计算对象没有完工产品，则意味着本月归集的全部生产费用都是月末在产品成本。而一般情况却是在成本计算期末既有完工产品又有在产品，因此就需要将本期全部生产费用在完工产品与在产品两类受益对象间进行划分，属于完工产品的生产费用称为完工产品制造成本，转出生产环节后形成库存商品的账面价值；属于在产品的生产费用称为在产品成本，结转至下一成本核算期而形成该产品成本核算对象的月初在产品成本。月初在产品成本、本月生产费用、完工产品成本和月末在产品成本之间的关系可用下列公式表示：

月初在产品成本+本月生产费用= 完工产品成本+月末在产品成本

由上式可知，本月生产费用合计在完工产品和月末在产品之间分配必须取得在产品数量的核算资料。企业应根据月末在产品数量及成本的大小、定额资料是否正确、各成本项目所占比重的大小等因素，采用适当的方法，计算完工产品和月末在产品的成本。

6.1.3　在产品数量的确定

1. 完工产品与在产品的含义

将一定会计期间的生产费用总额在本期完工产品与期末在产品间分配的基础，是两类受益对象的清晰的概念界定与数量上的划分。

（1）完工产品。完工产品是指已经完成一定生产工艺要求的产品。完工产品有广义与狭义之分，广义完工产品是指全企业范围内完成了相应的生产工艺要求而具有流转性的加工对象，包括三种形态，即各步骤自制半成品、最终的库存商品、自制完工入库的工具和材料等。狭义完工产品则仅指完成全部生产工艺且可供对外销售的产成品，即最终的库存商品。

（2）在产品。作为与完工产品相对应的概念，在产品也包括了广义在产品与狭义在产品。狭义在产品是指尚且停留在生产环节需要进一步加工才能转出的在制品，以及正在生产环节返修的废品和虽然已经完成本环节生产但尚未入库的产品；广义在产品不仅包括狭义在产品，而且还包括各生产环节尚未完成全部生产工艺的自制半成品。对外销售中的自制半成品属于商品产品，不属于在产品之列，不可修复废品也不在在产品之内。狭义在产品是只就某一生产步骤来说的，广义在产品是相对于整个生产过程而言的。本节所指在产品为狭义在产品。

2. 在产品数量的核算

在产品数量的确定是产品成本核算的一项基础工作，包括在产品数量的日常核算和期末清查盘点。企业一方面要做好在产品收、发、结存等日常核算工作，另一方面还要做好在产品的清查盘点工作。做好这两项工作，既可以通过账簿记录随时掌握在产品的动态，也可以查清在产品的实存数量，以加强生产资金的核算和管理。

（1）在产品的日常核算。在产品的日常核算工作一般是通过设置在产品统计台账核算在产品收、发、结存的数量，为生产管理部门以及产品成本的核算提供在产品数量变化的动态资料。在产品统计台账应根据生产的特点和管理要求设置，通常以车间或工序、产品、在产品品种设置，由车间或班组核算员根据有关领料单、在产品收发凭证等原始凭证登记统计台账，最后进行审核汇总。在产品统计台账格式如表 6－1 所示。

表 6-1 在产品统计台账

产品名称：甲产品　　零件名称：0110　　车间：一车间

日 期	摘 要	收 入		发 出			结 存	
		凭证号	数 量	凭证号	合格品	废 品	完 工	未完工
1 日	结 存							
5 日	入 库							
8 日	领 用							
31 日	合 计							

（2）在产品的清查核算。为了核实在产品的数量，做到在产品账实相符，企业的在产品应和其他存货一样进行定期和不定期的清查。如果车间没有建立在产品统计台账，则应每月末都清查一次在产品，以便取得在产品的实际盘存信息。如果车间设有在产品统计台账，可以对在产品进行不定期轮流清查。

6.2 生产费用在完工产品与在产品之间分配的方法

生产费用在完工产品和在产品之间的分配，主要有两种类型：一种类型属于倒轧成本法，另一种类型属于分配的方法。

倒轧成本法，是指在计算完工产品成本时，用生产费用合计减去月末在产品成本后的差额作为完工产品成本。

计算完工产品成本时，根据“基本生产成本”账户的月初余额，即月初在产品成本，加上“基本生产成本”账户的借方发生额，即本月生产费用，计算生产费用合计，然后减去“基本生产成本”账户的月末余额，也就是月末在产品成本，计算完工产品成本，即是“基本生产成本”账户的贷方发生额。由于这类方法与账户月末余额计算顺序不一致，是根据月末余额倒算发生额，故而称之为倒轧成本法。计算公式如下：

完工产品成本= 月初在产品成本+本月生产费用-月末在产品成本

分配的方法，是指在计算完工产品成本时，用月初在产品成本加上本月生产费用，计算生产费用合计，然后采用适当的分配标准，将生产费用合计在完工产品与月末在产品之间进行分配，分别确定完工产品成本和月末在产品成本。计算公式如下：

$$分配率=\frac{月初在产品成本+本月生产费用}{完工产品分配标准+月末在产品分配标准}$$

完工产品成本= 完工产品分配标准×分配率

月末在产品成本= 月末在产品分配标准×分配率

6.2.1　倒轧成本法

1. 不计算月末在产品成本法

不计算月末在产品成本法，是指虽然月末有结存在产品，但月末在产品数量很少，价值很低，并且各月份在产品数量比较稳定，从而可对月末在产品成本忽略不计的一种分配方法。这种方法将本月各产品发生的生产耗费全部由完工产品负担。例如，自来水生产企业、采掘企业就可采用该方法。这种方法的计算公式如下：

本月生产费用= 完工产品成本

小贴士

该方法一般适用于生产周期较短、生产步骤简单的产品。

【例 6-1】某企业 8 月生产甲产品，每月末在产品的数量较少，不计算在产品成本。本月发生生产费用 60 000 元，其中，原材料 40 000 元，工资及福利费用 11 400 元，制造费用 8 600元。本月完工产品 2 000 件，月末在产品 2 件。甲产品的完工成本计算如下：

甲产品完工产品的总成本= 40 000+11 400+8 600= 60 000（元）

甲产品完工产品的单位成本= 60 000/2 000= 30（元）

根据费用分配结果编制甲产品成本计算单如表 6－2 所示。

表 6-2　产品成本计算单

产品名称：甲产品　　××××年 8 月　　金额单位：元

摘　　要		直接材料	直接人工	制造费用	合　　计
本月生产费用		40 000	11 400	8 600	60 000
完工产品	总成本	40 000	11 400	8 600	60 000
	单位成本	20	5. 70	4. 30	30

2. 在产品按年初固定成本计价法

在产品按年初固定成本计价法，是对各月在产品按年初在产品成本计价的一种方法。这种方法适用于各月月末在产品结存数量较少，或者虽然在产品结存数量较多，但各月月末在产品数量稳定、起伏不大的产品。采用这种方法，对于每年年末在产品，则需要根据实际盘存资料，采用其他方法计算在产品成本，以免在产品以固定不变的成本计价延续时间太长，使在产品成本与实际出入过大而影响产品成本计算的正确性和导致企业存货资产反映失实。例如，炼铁企业和化工企业的产品，由于高炉和化学反应装置的容积固定，在产品数量较稳定，可采用该方法。这种方法的计算公式如下：

本月生产费用= 完工产品成本

小贴士

使用该方法时需要注意企业生产的产品数量相对稳定的判断，即主要看该产品对市场的反应度，即与市场的关联度。应用这种方法时，产品应该具有相对的垄断性。

【例 6-2】某企业 8 月生产乙产品，每月末在产品的数量较大，但各月末在产品数量变化不大，在产品按年初固定成本计价。年初在产品固定成本为：原材料 8 000 元，工资及福利费用 3 420 元，制造费用 4 580 元；本月发生生产费用为：原材料 56 000 元，工资及福利费用 23 940 元，制造费用 32 060 元。本月完工产品 560 件，月末在产品 60 件。乙产品的完工成本计算如下：

乙产品完工产品的总成本= 56 000+23 940+32 060= 112 000（元）

乙产品完工产品的单位成本= 112 000/560= 200（元）

根据费用分配结果编制乙产品成本计算单如表 6－3 所示。

表 6-3　产品成本计算单

产品名称：乙产品　　××××年 8 月　　金额单位：元

摘　要		直接材料	直接人工	制造费用	合　计
月初在产品成本		8 000	3 420	4 580	16 000
本月生产费用		56 000	23 940	32 060	112 000
生产费用合计		64 000	27 360	36 640	128 000
完工产品	总成本	56 000	23 940	32 060	112 000
	单位成本	100	42. 75	57. 25	200
月末在产品成本		8 000	3 420	4 580	16 000

3. *在产品按原材料费用计价法*

在产品按原材料费用计价，就是月末在产品只计算所耗的原材料费用，不计算工资及福利费等加工费用，产品的加工费用全部由完工产品负担。这种方法适用于各月在产品数量较多，各月在产品数量变化较大，且原材料费用在产品成本中所占比重较大的产品。例如纺织、造纸、酿酒等生产工业的产品，原材料费用比重较大，都可以采用这种方法。这时，该产品的全部生产费用（包括月初在产品的原材料费用），减去按所耗原材料费用计算的在产品成本，就是该完工产品的成本。这种方法的计算公式如下：

完工产品成本= 月初在产品材料成本 + 本月生产费用 - 月末在产品材料成本

小贴士

该方法主要适用于附加值较低的产品生产，一般用于产品的初加工行业，对高科技产品的成本计算不适用。

【例 6-3】假定某企业 8 月生产丙产品的月末在产品只计算原材料费用。该产品月初在产品原材料费用为 4 200 元，本月发生原材料费用 31 800 元，工资及福利费 2 580 元，制造费用 1 720 元。完工产品 860 件，月末在产品 40 件。该产品的原材料费用在生产开始时一次性投入，原材料费用按完工产品和月末在产品的数量比例分配。分配计算如下：

原材料费用分配率= $\frac{4\ 200+31\ 800}{860+40}$ = 40（元/件）

月末在产品原材料成本= 40×40= 1 600（元）

完工产品原材料成本= 860×40= 34 400（元）

完工产品成本= 34 400 +2 580 +1 720= 38 700（元）

或= 4 200 +（31 800 +2 580 +1 720）- 1 600= 38 700（元）

完工产品单位成本= 38 700/860= 45（元）

根据费用分配结果编制丙产品成本计算单如表 6 - 4 所示。

表 6-4　产品成本计算单

产品名称：丙产品　　××××年 8 月　　金额单位：元

摘　　要		直接材料	直接人工	制造费用	合　　计
月初在产品成本		4 200			4 200
本月生产费用		31 800	2 580	1 720	36 100
生产费用合计		36 000	2 580	1 720	40 300
完工产品	总成本	34 400	2 580	1 720	38 700
	单位成本	40	3	2	45
月末在产品成本		1 600			1 600

4. 在产品按定额成本计价法

这种分配方法是按照预先制定的定额成本计算月末在产品成本，即月末在产品成本按其数量和单位定额成本计算。产品的月初在产品费用加本月生产费用，减月末在产品的定额成本，其余额作为完工产品成本。其计算公式如下：

完工产品成本= 月初在产品（定额）成本+本月生产费用-
月末在产品（定额）成本

月末在产品（定额）成本= 月末在产品数量×在产品单位定额成本

在产品按定额成本计价，简化了生产费用在完工产品和月末在产品之间的分配工作，但月末在产品定额成本与实际成本之间的差异，全部由本月完工产品负担不尽合理。

这种方法适用于定额管理基础较好，各项消耗定额或费用定额比较准确、稳定，而且各月在产品数量变动不大的产品。

小贴士

该方法在各个月份费用变动较大的情况下，容易造成当月产成品成本波动的情况。

【例 6-4】 某企业 8 月生产丁产品，采用在产品按定额成本计价法分配完工产品和在产品费用。月初在产品原材料费用 6 000 元，工资及福利费用 1 500 元，制造费用 1 000 元；本月所耗原材料费用为 32 000 元，工资及福利费用 19 500 元，制造费用 17 000 元。完工产品数量为 400 件，月末在产品 200 件。原材料在生产开始时一次性投入。相关的定额资料如下：原材料消耗定额 60 kg，计划单价 1 元/kg，月末在产品工时定额 20 h，计划小时工资率 1. 5 元/h，计划小时费用率 1 元/h。完工产品和月末在产品费用分配计算如下。

月末在产品原材料定额成本= 200×60×1= 12 000（元）

月末在产品人工定额成本= 200×20×1. 5= 6 000（元）

月末在产品制造费用定额成本= 200×20×1= 4 000（元）

月末在产品定额成本= 12 000 +6 000 +4 000=22 000（元）

完工产品成本= （6 000 +32 000）+（1 500 +19 500）+（1 000 +17 000）- 22 000= 55 000（元）

完工产品单位成本= 55 000/400= 137. 50（元）

根据费用分配结果编制丁产品成本计算单如表 6 - 5 所示。

表 6-5 产品成本计算单

产品名称：丁产品　　××××年 8 月　　金额单位：元

摘　要		直接材料	直接人工	制造费用	合　计
月初在产品成本		6 000	1 500	1 000	8 500
本月生产费用		32 000	19 500	17 000	68 500
生产费用合计		38 000	21 000	18 000	77 000
完工产品成本	总成本	26 000	15 000	14 000	55 000
	单位成本	65	37. 50	35	137. 50
月末在产品成本		12 000	6 000	4 000	22 000

6.2.2　分配的方法

1. 定额比例法

定额比例法是产品的生产费用按完工产品和月末在产品的定额消耗量或定额费用的比例，分配计算完工产品和月末在产品成本的一种方法。其中，原材料费用按原材料定额消耗量或原材料定额费用比例分配；工资及福利费、制造费用等各项加工费用，按定额工时或定额费用比例分配。这种方法适用于各项消耗定额或费用定额比较准确、稳定，但各月末在产品数量变化较大的产品。其计算公式如下：

$$材料成本分配率=\frac{月初在产品材料实际成本+本月发生材料实际成本}{完工产品定额成本（消耗量）+月末在产品材料定额成本（消耗量）}$$

完工产品材料实际成本= 完工产品材料定额成本（消耗量）×材料成本分配率

月末在产品材料实际成本= 月末在产品材料定额成本（消耗量）×材料成本分配率

$$\begin{array}{c}直接人工（制造费用）\\分配率\end{array}=\frac{\begin{array}{c}月初在产品直接人工\\（制造费用）\end{array}+\begin{array}{c}本月发生直接人工\\（制造费用）\end{array}}{\begin{array}{c}完工产品定额工时\\（成本）\end{array}+\begin{array}{c}月末在产品定额工时\\（成本）\end{array}}$$

$$\begin{array}{c}完工产品应负担的直接人工\\（制造费用）\end{array}= 完工产品定额工时（成本）×直接人工（制造费用）分配率$$

$$\begin{array}{c}月末在产品应负担的\\直接人工（制造费用）\end{array}= 月末在产品定额工时（成本）×直接人工（制造费用）分配率$$

小贴士

> 该方法是加强成本控制和管理的一种非常有效的方法。它可以及时控制成本、发现问题。该方法如果与标准成本结合，会产生极佳的效果。

按照上述公式分配费用，不仅可以提供完工产品和月末在产品的实际费用资料，还可以提供完工产品和月末在产品实际消耗数量的资料，便于考核和分析各项消耗定额的执行情况。但是，在各产品所耗原材料种类较多的情况下，采用这种分配方法工作量往往较大。

【例 6-5】某企业 8 月生产 E 产品，单件产品材料定额成本为 80 元，单件产品工时定额为 30 h，原材料生产开始时一次性投入。本月完工 E 产品 100 件，月末在产品 40 件，在产品完工程度 60%，月初在产品成本和本月生产费用如表 6－6 所示。

表 6-6　E 产品月初在成本和本月生产费用资料

金额单位：元

项　目	直接材料	直接人工	制造费用	合　计
月初在产品成本	3 440	1 300	2 160	6 900
本月生产费用	10 000	8 000	9 000	27 000

根据上列材料，产品成本计算单如表 6－7 所示。

表 6-7 产品成本计算单

产品名称：E产品　　××××年8月　　金额单位：元

项　目		直接材料	直接人工	制造费用	合　计
月初在产品成本		3 440	1 300	2 160	6 900
本月生产费用		10 000	8 000	9 000	27 000
生产费用合计		13 440	9 300	11 160	33 900
费用分配率		1. 2	2. 5	3	
完工产品	定额成本	8 000	3 000	3 000	
	实际成本	9 600	7 500	9 000	26 100
月末在产品	定额成本	3 200	720	720	
	实际成本	3 840	1 800	2 160	7 800

2. 约当产量比例法

约当产量是指月末在产品数量按其完工程度折算为相当于完工产品的数量。按完工产品产量与月末在产品约当产量的比例分配，计算完工产品成本与月末在产品成本的方法，称为约当产量比例法。约当产量比例法适用范围较广，特别适用于月末在产品数量较大，各月末在产品数量变化也较大，产品成本中原材料费用和工资及福利费等加工费用所占的比重相差不多的产品。

小贴士

在计算约当产量时，需要特别关注加工程度与费用高低的关联度。如果费用的高低与加工程度关系不大的话，就不能使用该方法。

约当产量比例法计算公式如下：

$$\text{月末在产品约当产量} = \text{月末在产品结存数量} \times \text{在产品完工百分比}$$

$$\text{费用分配率} = \frac{\text{月初在产品成本} + \text{本月生产费用}}{\text{完工产品产量} + \text{月末在产品约当产量}}$$

$$\text{完工产品总成本} = \text{完工产品产量} \times \text{费用分配率}$$

$$\text{月末在产品成本} = \text{月末在产品约当产量} \times \text{费用分配率}$$

【例 6-6】某制造企业生产戊产品，8 月初结存在产品 40 件，完工程度为 60%。本月投产 360 件，本月完工产量 300 件，月末在产品 100 件，完工程度为 50%。戊产品所耗直接材料在生产开始时投入全部材料的 70%，当完工程度达到 80%时，再投入其余 30%的直接材料。戊产品月初在产品成本为：直接材料 768. 40 元，直接人工 73 元，制造费用 165. 10元；本月生产费用为：直接材料 8 481. 60 元，直接人工 1 467 元，制造费用为 2 004. 90元。采用约当产量比例法，完工产品成本和月末在产品成本可计算如下：

（1）直接材料成本的分配。

月末在产品约当产量= 100×70% = 70（件）

直接材料分配率= $\frac{768.40+8\ 481.60}{300+70}$= 25（元/件）

完工产品应负担的直接材料成本= 300×25= 7 500（元）

月末在产品应负担的直接材料成本= 70×25= 1 750（元）

（2）直接人工成本的分配。

月末在产品的约当产量= 100×50% = 50（件）

直接人工分配率 = $\frac{73+1\ 467}{300+50}$ = 4.40（元/件）

完工产品应负担的直接人工成本 = 300×4.40 = 1 320（元）

月末在产品应负担的直接人工成本 = 50×4.40 = 220（元）

（3）制造费用的分配。

月末在产品约当产量= 100×50% = 50（件）

制造费用分配率 = $\frac{165.10+2\ 004.90}{300+50}$ = 6.20（元/件）

完工产品应负担的制造费用 = 300×6.20 = 1 860（元）

月末在产品应负担的制造费用 = 50×6.20 = 310（元）

（4）计算完工产品成本和月末在产品成本。

300 件完工产品成本 = 7 500 +1 320 +1 860 = 10 680（元）

100 件月末在产品成本 = 1 750 +220 +310 = 2 280（元）

根据上述计算结果编制产品成本计算单如表 6-8 所示。

表 6-8　产品成本计算单

产品名称：戊产品　　××××年 8 月　　金额单位：元

摘　要		直接材料	直接人工	制造费用	合　计
月初在产品成本		768.40	73	165.10	1 006.50
本月生产费用		8 481.60	1 467	2 004.90	11 953.50
生产费用合计		9 250	1 540	2 170	12 960
约当产量		300 +70	300 +50	350	
分配率		25	4.40	6.20	
完工产品	总成本	7 500	1 320	1 860	10 680
	单位成本	25	4.40	6.20	35.60
月末在产品成本		1 750	220	310	2 280

从以上例子可见，以约当产量比例法计算分配费用时，在产品的投料程度和完工程度的测定对费用分配的正确性影响很大。在实际工作中，材料投入和产品加工情况千差万别，需要根据具体情况分别计算投料程度和完工程度。因此，应分别对产品成本项目计算月末在产品的约当产量，根据不同的约当产量分配不同成本项目的费用。

（1）用以分配直接材料成本的在产品约当产量的计算。通常用以分配直接材料成本的在产品约当产量按投料程度（投料百分比）计算。因为，月末在产品负担的材料成本，与在产品的投料程度关系密切，而与产品完工程度无直接关系。在产品投料程度是指在产品已投材料占完工产品应投材料的百分比。在生产过程中，材料投入形式通常有以下三种。

①直接材料于生产开始时一次投入。这时不论在产品完工程度如何，其单位在产品耗用的原材料与单位完工产品耗用的原材料一样，在产品投料百分比为100%。因此，用以分配直接材料成本的在产品的约当产量即为在产品的实际数量，也就是不用进行折算。

②直接材料随生产过程陆续投入。此时直接材料的投入程度与生产工时投入进度完全一致或基本一致，分配直接材料费用的在产品约当产量按完工程度折算。

③直接材料分阶段在每道工序开始一次投入。月末在产品投料程度可按下列公式计算：

$$\text{某工序投料率}=\frac{\begin{array}{c}\text{单位在产品上道工序}\\\text{累计投料成本（数量）}\end{array}+\begin{array}{c}\text{单位在产品本工序}\\\text{投料成本（数量）}\end{array}}{\text{单位完工产品应投材料成本（数量）}}\times 100\%$$

【例6-7】某企业8月生产A产品要经过两道工序。原材料是在每道工序开始时一次投入，A产品材料消耗定额及在产品产量统计如表6－9所示。

表6-9 材料消耗定额及在产品产量统计

工 序	消耗量定额/kg	在产品数量/个
1	160	300
2	240	400
合 计	400	700

根据上述资料，计算各工序投料率如下。

$$\text{第1道工序投料率}=\frac{160}{400}=40\%$$

$$\text{第2道工序投料率}=\frac{160+240}{400}=100\%$$

A在产品的约当产量计算如表6－10所示。

表6-10 A在产品约当产量计算表

工 序	消耗量定额/kg	投料率/%	在产品数量/个	在产品约当产量/个
1	160	40	300	120
2	240	100	400	400
合 计	400	—	700	520

对直接材料成本中的燃料、动力费用，因其耗用与产品的完工程度有关，而与产品的投料程度往往无关。当计算用以分配燃料、动力费用的在产品约当产量时，可视燃料、动力费用金额的大小而定。如果其金额较小，可同其他直接材料一样，按投料程度计算月末在产品约当产量。如果其金额较大，则应按完工程度计算月末在产品的约当产量。

(2) 用以分配其他成本项目在产品约当产量的计算。对于直接材料费用以外的其他成本项目，通常按完工程度计算约当产量。因为，这些费用的发生与完工程度关系密切，它们随着工艺过程的进行而逐渐增加，产品完工程度越高，该产品应负担的这部分费用也越多。在产品完工程度指在产品实耗（或定额）工时占完工产品实耗（或定额）工时百分比。完工程度的计算可按照各道工序分别计算，也可计算平均完工率。分工序计算在产品完工程度的计算公式如下：

$$\text{某工序在产品的加工百分比（完工程度）}=\frac{\text{单位在产品上道工序累计工时定额}+\text{单位在产品本工序工时定额}\times 50\%}{\text{单位完工产品工时定额}}\times 100\%$$

式中，单位在产品本工序工时定额之所以乘以 50%，是因为该工序中各件在产品的完工程度不同，为简化完工率的测算工作，在产品本工序一律按平均完工率 50% 计算。

【例 6-8】某企业 8 月生产 B 产品要经过四道工序，B 产品各工序工时定额及在产品产量统计如表 6－11 所示。

表 6-11 工时定额及在产品产量统计表

工　序	工时定额/h	在产品数量/个
1	10	400
2	10	600
3	10	500
4	20	400
合　计	50	1 900

根据上述资料，计算各工序完工率（加工程度）如下：

$$\text{第 1 道工序完工率（加工程度）}=\frac{10\times 50\%}{50}=10\%$$

$$\text{第 2 道工序完工率（加工程度）}=\frac{10+10\times 50\%}{50}=30\%$$

$$\text{第 3 道工序完工率（加工程度）}=\frac{(10+10)+10\times 50\%}{50}=50\%$$

$$\text{第 4 道工序完工率（加工程度）}=\frac{(10+10+10)+20\times 50\%}{50}=80\%$$

B 在产品的约当产量计算如表 6－12 所示。

表 6-12 B 在产品的约当产量计算表

工　序	工时定额/时	完工率/%	在产品数量/个	在产品约当产量/个
1	10	10	400	40

续表

工 序	工时定额/时	完工率/%	在产品数量/个	在产品约当产量/个
2	10	30	600	180
3	10	50	500	250
4	20	80	400	320
合 计	50	—	1 900	790

现举例说明采用约当产量法分配生产费用的计算过程。

【例 6-9】某企业 8 月生产 C 产品，月初加本月发生的生产费用为：原材料费用 30 000 元；工资及福利费 11 690 元；制造费用 7 348 元。该产品经过三道工序加工制成，单位工时定额为 20 h，第一道工序工时定额为 6 h，第二道工序工时定额为 10 h，第三道工序工时定额为 4 h。C 产品本月完工 250 件。第一道工序在产品 40 件；第二道工序在产品 60 件；第三道工序在产品 50 件。原材料是在生产开始时一次投入。根据上述资料，C 产品各项费用在完工产品和月末在产品之间的分配如下。

（1）分配直接材料的约当产量。因材料在生产开始时一次投入用以分配直接材料的在产品约当产量即为在产品的实际数量。本月在产品的实际数量为 150 件（40+60+50）。

（2）分配其他费用的约当产量。各道工序完工程度的计算如下。

第一道工序：$\dfrac{6\times50\%}{20}\times100\% = 15\%$

第二道工序：$\dfrac{6+10\times50\%}{20}\times100\% = 55\%$

第三道工序：$\dfrac{6+10+4\times50\%}{20}\times100\% = 90\%$

约当产量计算如表 6－13 所示。

表 6-13 约当产量计算表

工 序	完工程度	在产品数量		完工产品产量	约当产量合计
		结 存 量	约当产量		
1	15%	40	6		
2	55%	60	33		
3	90%	50	45		
合 计		150	84	250	334

根据上述各成本项目约当产量编制 C 产品成本计算单如表 6－14 所示。

表 6-14　产品成本计算单

产品名称：C产品　　××××年8月　　金额单位：元

摘　要		直接材料	直接人工	制造费用	合　计
生产费用合计		30 000	11 690	7 348	49 038
约当产量		250+150	250+84	334	
分配率		75	35	22	
完工产品	总成本	18 750	8 750	5 500	33 000
	单位成本	75	35	22	132
月末在产品成本		11 250	2 940	1 848	16 038

3. 在产品按完工产品成本计算法

这种方法是将在产品视同完工产品计算、分配生产费用。这种分配方法适用于月末在产品已接近完工，或产品已经加工完毕但尚未验收或包装入库的产品。因为在这种情况下，在产品已接近完工产品，为了简化产品成本计算工作，将在产品可以视同完工产品，按两者数量比例分配生产费用。这种方法与约当产量计算法基本相同，只是在产品的完工程度按100%来计算。

小贴士

该方法遵循了“实质重于形式”原则。但是需要注意如果包装环节复杂，而且成本较高时，该方法应谨慎使用。

【例 6-10】某企业8月生产D产品，完工703件，月末在产品220件都已完工，但尚未验收入库。月初在产品成本、本月生产费用资料如表6－15所示。

表 6-15　D产品月初在产品成本和生产费用资料统计表

金额单位：元

项　目	直接材料	直接人工	制造费用	合　计
月初在产品成本	7 226	6 614	10 765	24 605
本月生产费用	50 000	10 000	40 000	100 000

根据上述资料计算各项费用分配率如下：

$$直接材料分配率=\frac{7\ 226+50\ 000}{703+220}=62（元/件）$$

完工产品应负担的直接材料费用＝703×62＝43 586（元）

在产品应负担的直接材料费用＝220×62＝13 640（元）

$$直接人工分配率=\frac{6\ 614+10\ 000}{703+220}=18（元/件）$$

完工产品应负担的直接人工费用＝703×18＝12 654（元）

在产品应负担的直接人工费用＝220×18＝3 960（元）

$$制造费用分配率=\frac{10\ 765+40\ 000}{703+220}=55（元/件）$$

完工产品应负担的制造费用＝703×55＝38 665（元）

在产品应负担的制造费用＝220×55＝12 100（元）

根据上述计算结果编制产品成本计算单如表 6－16 所示。

表 6-16 产品成本计算单

产品名称：D产品　　××××年 8 月　　金额单位：元

摘　要		直接材料	直接人工	制造费用	合　计
月初在产品成本		7 226	6 614	10 765	24 605
本月生产费用		50 000	10 000	40 000	100 000
生产费用合计		57 226	16 614	50 765	124 605
约当产量		703＋220	923	923	
分配率		62	18	55	
完工产品	总成本	43 586	12 654	38 665	94 905
	单位成本	62	18	55	135
月末在产品成本		13 640	3 960	12 100	29 700

6.3 完工产品成本的结转

完工产品成本计算出来以后，完工产品的成本应从“基本生产成本”总账科目和所属产品成本明细账的贷方转入“库存商品”（入库产成品）、“原材料”（完工自制材料）、“低值易耗品”（自制工具、模具）等科目的借方。“基本生产成本”总账科目的月末余额，就是基本生产在产品成本。

一般应根据产品成本明细账编制产成品成本汇总表，该表分产品和成本项目编制，并编制会计分录如下。

借：库存商品等

　　贷：基本生产成本

现以表 6－17 的数据说明整个生产费用分配的过程。材料为生产开始时一次投入。

表 6-17 产品成本计算单

产品名称：M产品　　××××年 8 月　　金额单位：元

完工产量：375 件　　月末在产品产量：100 件　　完工程度：60%

摘　要	约当产量	直接材料	直接人工	制造费用	废品损失	合　计
月初在产品成本		10 860	8 200	9 605		28 665

续表

摘　　要		约当产量	直接材料	直接人工	制造费用	废品损失	合　　计
材料费用分配表			99 140				99 140
人工费用分配表				37 800			37 800
制造费用分配表					44 800		44 800
生产费用小计			110 000	46 000	54 405		210 405
不可修复废品成本			-3 125	-3 370	-2 205		-8 700
转入废品净损失						7 575	7 575
生产费用合计			106 875	42 630	52 200	7 575	209 280
分配率			225	98	120	—	
完工产品成　本	总成本	375	84 375	36 750	45 000	7 575	173 700
	单位成本		225	98	120	20.2	463.2
月末在产品成本		60	22 500	5 880	7 200	—	35 580

注：1. 直接材料分配率= $\frac{106\ 875}{375+100}$= 225（元/件）；直接人工分配率= $\frac{42\ 630}{375+100\times60\%}$= 98（元/件）。

2. 制造费用分配率= $\frac{52\ 200}{375+100\times60\%}$= 120（元/件）。

3. 废品损失全部由完工产品负担。

练习题

一、单项选择题

1. 企业广义的在产品是指（　　）。
   A. 包括对外销售的各种半成品
   B. 没有完成全部生产过程，不能作为商品销售的产品
   C. 包括产品在内的各种产品
   D. 不包括月末在产品在内的各种半成品
2. 在产品完工程度确定的公式为（　　）与完工产品工时定额的比率。
   A. 所在工序工时定额
   B. 所在工序工时定额的 50%
   C. 上道工序工时定额与本道工序工时定额之和
   D. 前面各道工序工时定额与本道工序工时定额之半的合计数
3. 按完工产品和在产品数量比例分配计算完工产品与在产品的直接材料成本时，必须具备（　　）的条件。
   A. 原材料随生产进度陆续投入
   B. 产品成本中直接材料成本比重较大

C. 原材料消耗定额比较准确、稳定

D. 原材料在生产开始时一次投入

4. 在产品采用定额成本计价法计算时，其实际成本与定额成本之间的差异应计入（ ）。

A. 在产品成本 B. 期间费用 C. 营业外支出 D. 完工产品成本

5. 某产品经两道工序加工完成。第一道工序月末在产品数量为 100 件，完工程度为 20%；第二道工序月末在产品数量为 200 件，完工程度为 70%。月末在产品约当产量为（ ）件。

A. 20 B. 135 C. 140 D. 160

二、多项选择题

1.（ ）等方法属于先确定月末在产品成本，再计算完工产品成本的分配方法。

A. 在产品不计价 B. 在产品按固定成本计价

C. 约当产量比例法 D. 在产品按定额成本计价

E. 定额比例法

2. 下列各项中，属于广义在产品的有（ ）。

A. 正在车间返修的废品

B. 已入库尚待加工的自制半成品

C. 已入库用于直接对外销售的自制半成品

D. 已完工尚未入库的产品

E. 正在车间加工中的在产品

3. 采用定额比例法时，其生产费用可按完工产品与月末在产品的（ ）进行分配。

A. 定额消耗量 B. 消耗定额 C. 定额工时 D. 费用定额

E. 定额费用

4. 生产费用在完工产品和月末在产品之间分配的方法有（ ）。

A. 定额比例法 B. 按定额成本计价法

C. 约当产量比例法 D. 计划成本分配法

E. 不计在产品成本法

5. 如果企业的各项消耗定额或费用定额不准确，且经常变化，在完工产品与月末在产品之间分配费用时，不能选用的方法有（ ）。

A. 约当产量比例法 B. 月末在产品按定额成本计算法

C. 定额比例法 D. 月末在产品按年初成本计算法

E. 不计在产品成本法

三、判断题

1. 对外销售的自制半成品验收入库后，应作为广义的在产品。（ ）

2. 采用月末在产品按定额成本计价方法分配完工产品和月末在产品成本时，实际成本脱离定额成本的差异，应由完工产品与在产品共同负担。（ ）

3. 采用在产品按固定成本计价方法时，每月完工产品成本就是每月发生的生产费用。（ ）

4. 某道工序在产品完工程度为该工序止累计的工时定额与完工产品工时定额的比率。（ ）

5. 在原材料分工序投入，并在每道工序开始时一次投入的情况下，某道工序在产品的投料程度为该工序止累计的材料消耗定额与完工产品材料消耗定额的比率。　（　）

四、计算分析题

1. 某企业生产丁产品，月初在产品与本月材料费用的合计为 13 920 元、直接工资为 12 320元、制造费用为 11 440 元。本月完工 400 件，月末结存在产品 80 件，加工程度为 50%。

要求：根据以下三种原材料投入方式，采用约当产量法在完工产品和月末在产品之间分配原材料费用。

（1）原材料在生产开始时一次投入时。

（2）生产开始时投入材料的 80%，加工到 60% 时再投入其余的 20% 时。

（3）当原材料在生产过程中陆续均衡投入时。

2. 某制造企业生产 D 产品，原材料是在生产开始时一次投入的。6 月初在产品成本为：直接材料成本 28 000 元，直接人工成本 12 000 元，制造费用 4 000 元。6 月份发生的生产费用为：直接材料成本 164 000 元，直接人工成本 60 000 元，制造费用 20 000 元。6 月份完工产品 8 000 件，月末在产品 2 000 件，完工程度为 80%。该企业产成品的定额资料如下：单件原材料耗用量 5 kg，每千克计划成本为 4 元；单件工时定额 2. 5 h，每小时直接人工费用定额为 3. 20 元，制造费用定额为 1. 10 元。

要求：（1）采用在产品按定额成本计价方法，分配完工产品成本和月末在产品成本；

（2）采用定额比例法，分配完工产品成本和月末在产品成本。

3. 某制造企业 9 月有关甲产品基本生产成本汇总资料如表 6－18 所示。

表 6-18　甲产品基本生产成本汇总资料

金额单位：元

项　　目	直接材料	直接人工	制造费用	废品损失	合　　计
月初在产品成本	5 000	416	176		5 592
本月生产耗费	29 800	6 084	3 744	273	39 901

甲产品 9 月份的投入产出情况如表 6－19 所示。

表 6-19　甲产品 9 月份的投入产出情况

	产量/件	在产品加工程度
月初结存在产品	40	40%
本月投入生产	250	
本月完工产品	210	
月末结存在产品	80	50%

甲产品所耗直接材料在生产开始时一次投入，该企业采用约当产量比例法分配完工产品成本与月末在产品成本。

要求：（1）采用加权平均法计算月末在产品成本和本月完工产品总成本及单位成本；

（2）采用先进先出法计算月末在产品成本和本月完工产品总成本及单位成本。

第 7 章　产品成本计算的基本方法

7.1　产品成本计算方法概述

7.1.1　企业生产类型及其特点

前已述及，计算产品成本是为成本管理提供资料，应该满足成本管理对于成本资料的要求。而产品成本又是在生产过程中形成的，成本管理需要的成本资料在很大程度上又受到生产类型及其特点的影响，因此，每个企业或车间在计算产品成本时，都应根据生产特点和管理要求来确定适宜的成本计算方法。企业的生产类型，可按生产工艺过程的特点和生产组织方式的特点来进行划分。

1. 企业按生产工艺过程的特点分类

生产工艺过程是指产品从投产到完工的生产工艺技术过程。按生产工艺过程的特点，工业企业的生产可分为单步骤生产和多步骤生产两种。

（1）单步骤生产。单步骤生产又称简单生产，是指生产工艺过程不能间断，或不能分散在不同地点进行的生产。这类生产工艺技术较简单，生产周期较短，产品品种较少且相对稳定。这类企业生产由于技术上的不可间断性（例如发电），或由于工作地点上的限制（例如采掘），通常由一个企业整体进行，而不能由几个车间协作进行。

（2）多步骤生产。多步骤生产又称复杂生产，是指产品的生产工艺过程由若干个可以间断的、分散在不同地点、分别在不同时间进行的生产步骤所组成的生产。这类生产工艺技术较复杂，生产周期较长，产品品种较多且不甚稳定，一般由一个企业的若干步骤或车间协作进行生产。

多步骤生产按其产品的加工方式，又可分为连续加工式生产和装配式生产。连续加工式生产是指原材料投入生产后到产品完工，要依次经过各生产步骤的连续加工的生产，前一加工步骤完工的半成品为后一加工步骤加工的对象。如纺织、冶金、造纸等生产。装配式生产，是指各个生产步骤可以在不同地点同时进行，先将原材料平行加工成零件、部件，然后将零件、部件装配成产成品。如机械、仪表等生产。

2. 企业按生产组织方式的特点分类

生产组织方式是指企业生产的专业化程度，保证生产过程各个环节、各个因素相互协调的生产工作方式，具体是指在一定时期内生产产品品种的多少、同种类产品的数量及生产的重复程度。按生产组织方式的特点，工业企业生产可分为大量生产、成批生产和单件生产三种。

（1）大量生产。大量生产是指不断的大量重复生产相同产品的生产。以这种类型生产的企业或车间，往往产品的品种较少、产量较大，而且比较稳定。一般情况下，生产的重复性强，专业化程度高。例如纺织、面粉、采掘等生产。

（2）成批生产。成批生产是指按照事先规定的产品批别和数量进行的生产。以这种类型生产的企业或车间，通常产品品种较多、产量较大，生产具有重复性。例如，服装、机械的生产。成批生产按照产品批量的大小，又可分为大批生产和小批生产。大批生产，由于产品批量较大，往往在几个月内不断地重复生产一种或几种产品，因而性质上接近于大量生产；小批生产，由于产品批量较小，一批产品一般可以同时完工，因而性质上接近于单件生产。

（3）单件生产。单件生产类似小批生产，是指根据订货单位的要求，生产个别的、性质特殊的产品的生产。其主要特点是：产品品种较多，每一种产品的数量较少，生产周期长，很少进行重复生产，例如，船舶、重型机器、新产品试制等生产。

将上述生产工艺过程的特点和生产组织方式的特点相结合，可形成不同的生产类型。单步骤生产和多步骤连续加工式生产，一般是大量大批生产，可分别称之为大量大批单步骤生产和大量大批连续式多步骤生产。多步骤平行式加工生产，可以是大量生产，也可以是成批生产，还可以是单件生产，前一种可称为大量大批平行式加工多步骤生产，后两种可统称为单件小批平行式加工多步骤生产。

综合以上生产类型，其详细内容如图 7－1 所示。

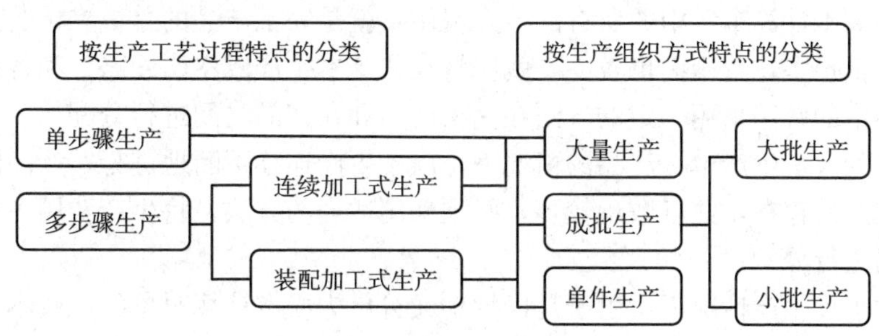

图 7-1　工业企业生产类型图

7.1.2　生产类型特点及管理要求对产品成本计算的影响

1. 生产类型特点对产品成本计算的影响

企业采用什么成本计算方法，在很大程度上是由产品的生产类型特点所决定的，主要表现在三个方面，即成本计算对象、成本计算期、生产费用在完工产品与在产品之间分配问题。这三个方面的有机结合，决定了特定成本计算方法的主要特点。

（1）对成本计算对象的影响。成本计算对象是指企业为了计算产品成本而确定的归集和分配生产费用的各个对象，即成本费用的承担者。企业在进行成本计算时，首先应确定成本计算对象，按照确定的成本计算对象设置“基本生产成本明细账”（或“产品成本计算单”），据以归集和分配每一成本计算对象所发生的费用。

成本计算对象应根据生产的特点来确定，在大量大批单步骤生产的企业里，是以产品品种作为成本计算对象的；在大量大批多步骤生产的企业里，成本计算对象就是每种产品和它历经的生产步骤；在单件小批生产的企业里，成本计算对象就是每一订单产品或每批产品。

当然，成本计算对象的确定，除了要考虑企业的生产类型特点外，还应考虑成本管理的要求。

(2) 对成本计算期的影响。成本计算期是指每次计算产品成本的期间。计算产品成本的期间有时与会计核算期相一致，有时与产品的生产周期一致。影响成本计算期的主要因素是生产类型的特点。在大量大批生产的企业里，在月内一般都有大量的完工产品，产品的生产周期较短，由于随时有完工产品，因此不能在产品完工的同时，就计算它的成本，而是定期地在月末进行计算，这时，产品的成本计算期与会计核算期一致，而与产品的生产周期不一致；在单件小批生产的企业里，当每一订单产品或每批产品未完工时，全部是在产品的成本，只有产品全部完工时，才能计算完工产品的成本，故其成本计算期是不固定的，与产品的生产周期一致，但与会计核算期不一致。

(3) 对生产费用在完工产品与在产品之间分配的影响。企业生产类型的特点，还影响到月末是否需要在完工产品与在产品之间分配生产费用，即是否需要计算在产品成本。企业生产产品过程中发生的全部生产费用，经过费用要素的归集和分配后，最终都集中在了“基本生产成本明细账”和各种“产品成本计算单”当中。

若在单步骤大量生产单一产品的情况下，若没有在产品或期末在产品数量很少，也就不需要将生产费用在完工产品和月末在产品之间进行分配。此时归集在“基本生产成本明细账”和“产品成本计算单”中的所有的生产费用，就是完工产品的总成本。若该种单位产品期末在产品数量很多，费用额也较大，就应将在“基本生产成本明细账”和各种“产品成本计算单”中归集的费用采用一定的方法在完工产品和在产品之间进行分配。

若在多步骤大量生产单一产品的情况下，由于生产连续不断地进行，产品的生产周期较长，月末有在产品存在，并且数量较多，必须采用适当的方法，将生产费用在完工产品和月末在产品之间进行分配。

若在单件小批生产情况下，由于是以批别或订单为成本计算对象的，成本计算期与生产周期相一致，在产品尚未完工时，归集在“基本生产成本明细账”和“产品成本计算单”中的所有的生产费用就是在产品成本；当产品全部完工时，归集在“基本生产成本明细账”和“产品成本计算单”中的所有的生产费用就是完工产品成本，因此，不需要将生产费用在完工产品和月末在产品之间进行分配。但是在同批产品分期完工分别对外销售时，就有必要计算在产品成本，以便反映完工产品成本。

生产类型特点对上述三方面的影响是相互联系的，不同的成本计算对象、不同的成本计算期以及产品成本在完工产品和在产品之间的分配方法决定了成本核算采用不同的方法。其中成本计算对象的影响是主要的，成本计算对象的不同决定了成本计算方法也不相同，因此，正确确定产品成本计算对象是正确计算产品成本的前提，而成本计算对象也是区别各种成本计算方法的主要标志。成本计算的基本方法分为三种：以产品品种为成本计算对象的品种法；以产品批别为成本计算对象的分批法；以产品生产步骤为成本计算对象的分步法。

小贴士

> 影响成本计算方法的因素很多，以上是最基本的，它强调的是以成本核算为核心的因素。除此之外还有生产标准化、定额管理以及成本动因因素等。

2. 管理要求对产品成本计算的影响

一个企业究竟采用什么方法计算产品成本，除了受产品及生产类型特点影响外，还必须根据企业成本管理的要求来选择适合于本企业的成本核算方法。例如，在某一机械制造企业中，其工艺过程一般由若干个可以间断的、分散在不同地点进行的生产步骤所组成。为了计算各个生产步骤的成本，加强各步骤的生产管理，往往不仅要求按照产品的品种或批次计算成本，还要求按照生产的步骤计算成本。但是，如果企业的规模较小，管理上又不要求按照生产的步骤考核生产耗费、核算产品成本，也可以不按照生产的步骤计算成本，而只按照产品的品种或批次核算产品成本。

综上所述，由于制造企业产品生产特点和成本管理要求不同，其成本计算对象、成本计算期、在产品成本的计算也不尽相同。将不同的成本计算对象、不同的成本计算期及生产费用在完工产品与在产品之间不同的分配方法等因素组合在一起，就形成了各种不同的成本计算方法。三种不同的产品成本计算方法的特点，如表 7-1 所示。

表 7-1　产品成本计算方法的特点

成本计算方法	成本计算对象	成本计算期	在产品成本	生产类型	管理要求
品种法	产品品种	定期于月末	一般不计算	大批大量单步骤生产	
			需要计算	大批大量多步骤生产	管理上不要求分步计算成本
分批法	产品批别	不定期计算	一般不计算	单件小批单步骤生产	
				单件小批多步骤生产	管理上不要求分步计算成本
分步法	产品及生产步骤	定期于月末	需要计算	大批大量多步骤生产 单件小批多步骤生产	管理上要求分步计算成本

现将成本计算的基本方法与生产的特点和管理要求的关系列示如图 7-2 所示。

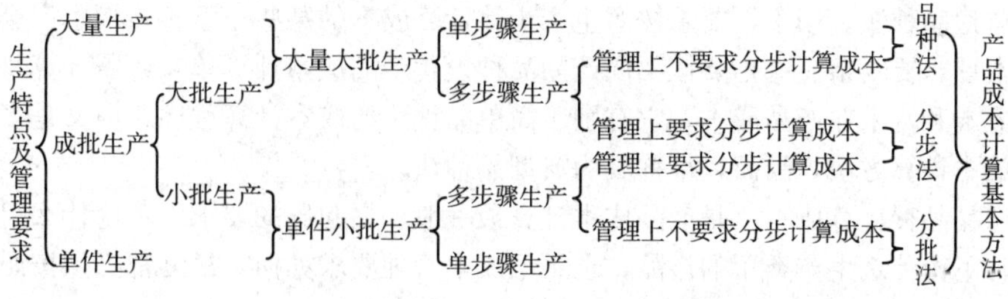

图 7-2　成本计算基本方法与生产特点和管理要求关系图

除了以上三种基本方法外，为了满足成本管理或成本计算某一方面的要求，还可以采用其他一些方法。如在一些定额管理比较完善的企业中，为了利用定额加强成本的控制和管理，可采用定额法计算成本；在产品品种、规模繁多，为了简化成本计算工作，可采用分类法计算成本。这些方法不是独立的成本计算方法，必须与成本计算的基本方法结合应用。

7.2 产品成本计算的品种法

7.2.1 成本计算品种法概述

1. 品种法的概念及适用范围

成本计算的品种法，是以产品品种作为成本计算对象，归集生产费用和计算产品成本的一种方法。

品种法一般适用于大量大批单步骤生产类型的企业，例如，发电、采掘等企业。在这种类型的企业中，由于产品生产的工艺过程不能间断，只能以产品品种作为成本计算对象。品种法除广泛应用于单步骤生产类型的企业外，对于大量大批多步骤生产类型的企业或车间，如果生产规模较小，或者按流水线组织生产，或者从原材料投入到产品产出的全过程是集中封闭式生产，管理上不要求按照生产步骤计算产品成本，也可以采用品种法计算成本。例如，砖瓦厂、造纸厂、糖果厂、玻璃制品厂和小型水泥厂等。企业内的供水、供电、供气等辅助生产车间，为基本生产车间或其他部门提供产品和劳务，其成本计算也可以采用品种法。

品种法因其应用在不同企业，可以分为简单品种法和典型品种法。

（1）简单品种法。应用于大量大批单步骤生产类型企业的品种法，由于产品品种单一，通常没有或极少有在产品存在，成本计算程序相对来说比较简单，故此类企业采用的品种法可称为简单品种法。对于一些企业内部辅助生产车间的成本计算，如供水、供电、供气等单步骤大量生产的劳务成本的计算通常也可以采用简单品种法。

（2）典型品种法。用于不要求按照生产步骤计算成本的某些小型多步骤生产企业的品种法，其成本计算要复杂一些，要按不同产品品种设置产品成本计算单，还需计算每种产品的完工产品成本和月末在产品成本，它有别于简单品种法的成本计算程序，但又是多数企业普遍采用的成本计算方法，因而，可称其为典型品种法。

按照产品品种计算成本，是产品成本计算最一般、最起码的要求，不论什么组织方式的制造企业，不论什么生产类型的产品，也不论成本管理要求如何，最终都必须按照产品品种计算出产品成本。因此，品种法是最基本的成本计算方法。

2. 品种法的特点

运用品种法的企业，从产品的生产技术特点看属于单步骤生产，从产品的生产组织特点看属于大量大批生产。这样的生产类型就决定了品种法在成本计算对象、成本计算期和生产费用分配方面具有如下特点。

（1）以企业最终完工的产品作为成本计算对象。单步骤生产是生产技术不可间断的生产，不划分生产步骤，只需要计算企业最终完工产品的成本。品种法的成本计算对象是每种最终完工的产品，因此，在进行成本计算时，需要为每一品种产品设置成本计算单。

（2）成本计算定期按月进行。由于大量大批的生产总是连续不断地进行，无法在产品制造完工时，立即计算其生产成本，所以成本计算一般按月进行，即成本计算期与会计核算期一致。

（3）区分不同情况处理在产品成本。在单步骤生产企业，产品的生产周期较短，在会计期末一般没有在产品，或在产品数量比较少而且稳定，可以不计算月末在产品成本。按成本项目归集于各产品成本明细账中的生产费用，构成当月各种产品的生产成本。如果月末在产品数量比较多，或在多步骤生产但不需分步骤计算成本的企业，由于生产步骤较多，月末一般会有一定数量的在产品。这时，就要将生产费用在各种产品间分配后，再将某产品应负担费用在完工产品与月末在产品之间进行分配。

3. 品种法的成本计算基本程序

成本计算程序是对产品生产过程中所发生的各项费用，进行审核、归集和分配，计算完工产品成本和月末在产品成本的过程。采用典型品种法计算产品成本时，其成本计算的基本程序如下。

（1）按产品品种设置成本计算单（基本生产成本明细账），并按成本项目分别设置专栏。

（2）对生产过程中所发生的各项费用进行审核、归集和分配，编制各种要素费用分配表，将费用分别记入“基本生产成本”“辅助生产成本”“制造费用”等有关明细账，并登记“产品成本计算单”。对于各种产品的直接费用，直接计入基本生产成本总账及明细账；对于间接计入费用，应采用不同的分配方法，按一定标准分配计入各种产品成本明细账中。

（3）归集“辅助生产成本明细账”的全部费用，按照各种产品和各单位受益的辅助生产劳务的数量，编制“辅助生产费用分配表”，分配辅助生产费用，并登记到受益产品的“成本计算单”和受益单位的费用明细账中。

（4）将基本生产车间“制造费用明细账”归集的费用进行汇总，采用一定的方法，在生产的各种产品之间进行分配，编制“制造费用分配表”，据以登记“基本生产成本明细账”及各种“产品成本计算单”。

（5）经过上述程序，本期生产产品应负担的各项费用都集中登记在“产品成本计算单”中。将“产品成本计算单”中归集的生产费用，按照一定的方法在完工产品和月末在产品之间进行分配，计算出完工产品成本和月末在产品成本。

（6）结转各产品成本计算单中的完工产品成本，汇总编制“完工产品成本汇总计算表”，并据以结转“基本生产成本明细账”中的完工产品成本。

小贴士

品种法的计算程序就是费用的归集、分配、再归集、再分配的过程。所有产品成本的计算均需要通过该过程加以计算。

在以后的各种产品成本计算方法中，不再介绍费用的归集、分配的过程，但并非说明其他方法不存在费用的归集、分配的程序，而是要简化成本计算过程，只强调每种方法的特殊内容。

简单品种法较上述典型品种法而言，成本计算对象品种单一，费用的发生较为直接，无须分配，只要按费用项目直接归集。可按照发生的费用项目设置“基本生产成本明细账”的专栏，各生产单位发生的全部生产费用都为直接费用，应根据原始凭证或各项费用分配表编制记账凭证，直接登记“基本生产成本明细账”的相应项目，月末汇总“基本生产成本明细账”，编制“产品成本计算单”，结转完工产品成本。

品种法的成本计算基本程序如图 7－3 所示。

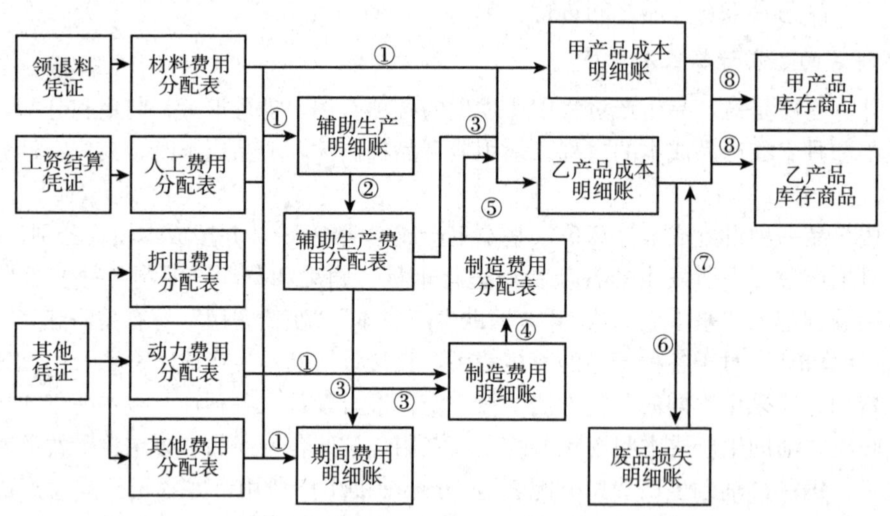

图 7-3 品种法产品成本计算基本程序图

注：①分配各项要素费用；②归集辅助生产费用；③分配辅助生产费用；④归集制造费用；⑤分配制造费用；⑥废品成本的计算；⑦结转废品损失；⑧结转完工产品成本。

7.2.2 产品成本计算品种法的应用

【例 7-1】某公司设有一个基本生产车间，大量生产甲、乙两种产品，还设有一个机修辅助生产车间。该公司根据生产特点和成本管理的要求，采用品种法计算产品成本，设置“直接材料”“直接人工”“制造费用”三个成本项目。该企业 8 月份有关产品产量及成本资料如表 7－2 至表 7－5 所示。

表 7-2　月初在产品成本

金额单位：元

产　　品	直接材料	直接人工	制造费用	合　　计
甲产品	7 680	6 592	3 574. 78	17 846. 78
乙产品	8 320	2 008	2 320. 02	12 648. 02

表 7-3　本月生产费用资料

金额单位：元

用途 费用	甲产品生产用	乙产品生产用	甲乙产品共用	基本生产一般用	辅助生产生产用	辅助生产一般用	合计
原材料	24 000	18 000	8 000	2 000	600	400	53 000
工　资			60 000	4 200	5 800	2 500	72 500
福利费			8 400	588	812	350	10 150
折旧费				12 000		3 000	15 000
动力费				14 200		12 800	27 000
保险费用				9 600		2 400	12 000
其他费用				15 800		4 200	20 000

表 7-4　定额消耗量及工时记录

项　　目		生产工时	修理工时	定额消耗量
基本生产车间	甲产品	2 480		540
	乙产品	1 520		460
	一般		6 000	
行政管理部门			4 000	

表 7-5　产量资料

单位：件

项　　目	月初在产品	本月投产	本月完工	月末在产品
甲产品	340	860	800	400
乙产品	280	720	600	400

材料系在生产开始时一次投入，在产品完工率为 50%，甲、乙两种产品共同耗用的材料费用按甲、乙产品的定额消耗量比例分配。基本牛产车间生产工人工资、福利费、制造费用均按生产工时比例分配。辅助生产车间费用按修理工时比例分配。甲、乙两产品采用约当产量法计算完丄产品成本和月末在产品成本。

根据上述有关资料，甲、乙两种产品成本计算过程如下。

（1）以甲、乙两产品为成本计算对象分别设立成本计算单。

（2）根据审核过的领料凭证，按用途编制原材料费用分配表，如表 7－6 所示。

表 7-6　材料费用分配表

金额单位：元

<table>
<tr><th colspan="3" rowspan="2">借方科目
贷方科目</th><th colspan="3">基本生产成本</th><th rowspan="2">辅助生产成本</th><th colspan="2">制造费用</th><th rowspan="2">合　计</th></tr>
<tr><th>甲产品</th><th>乙产品</th><th>小　计</th><th>基本生产车间</th><th>辅助生产车间</th></tr>
<tr><td rowspan="4">原材料</td><td colspan="2">直接计入费用</td><td>24 000</td><td>18 000</td><td>42 000</td><td>600</td><td>2 000</td><td>400</td><td>45 000</td></tr>
<tr><td rowspan="3">间接计入费用</td><td>分配标准</td><td>540</td><td>460</td><td>1 000</td><td></td><td></td><td></td><td></td></tr>
<tr><td>分配率</td><td></td><td></td><td>8</td><td></td><td></td><td></td><td></td></tr>
<tr><td>分配金额</td><td>4 320</td><td>3 680</td><td>8 000</td><td></td><td></td><td></td><td>8 000</td></tr>
<tr><td colspan="3">合　计</td><td>28 320</td><td>21 680</td><td>50 000</td><td>600</td><td>2 000</td><td>400</td><td>53 000</td></tr>
</table>

根据表 7－6 可以编制会计分录如下。

借：基本生产成本——甲产品　　28 320

　　　　　　　　——乙产品　　21 680

　　辅助生产成本——修理车间　　600

　　制造费用——基本生产车间　　2 000

　　　　　　——辅助生产车间　　400

　　贷：原材料　　53 000

（3）根据本月工资结算汇总表及职工福利费列支表，编制人工费用分配表，如表 7－7 所示。

表 7-7　人工费用分配表

金额单位：元

<table>
<tr><th colspan="4" rowspan="2">借方科目
贷方科目</th><th colspan="3">基本生产成本</th><th rowspan="2">辅助生产成本</th><th colspan="2">制造费用</th><th rowspan="2">合　计</th></tr>
<tr><th>甲产品</th><th>乙产品</th><th>小　计</th><th>基本生产车间</th><th>辅助生产车间</th></tr>
<tr><td rowspan="7">应付职工薪酬</td><td rowspan="4">应付工资</td><td colspan="2">直接计入费用</td><td></td><td></td><td></td><td>5 800</td><td>4 200</td><td>2 500</td><td>12 500</td></tr>
<tr><td rowspan="3">间接计入费用</td><td>分配标准</td><td>2 480</td><td>1 520</td><td>4 000</td><td></td><td></td><td></td><td></td></tr>
<tr><td>分配率</td><td></td><td></td><td>15</td><td></td><td></td><td></td><td></td></tr>
<tr><td>分配金额</td><td>37 200</td><td>22 800</td><td>60 000</td><td></td><td></td><td></td><td>60 000</td></tr>
<tr><td colspan="3">应付工资合计</td><td>37 200</td><td>22 800</td><td>60 000</td><td>5 800</td><td>4 200</td><td>2 500</td><td>72 500</td></tr>
<tr><td colspan="3">应付福利费</td><td>5 208</td><td>3 192</td><td>8 400</td><td>812</td><td>588</td><td>350</td><td>10 150</td></tr>
<tr><td colspan="3">合　计</td><td>42 408</td><td>25 992</td><td>68 400</td><td>6 612</td><td>4 788</td><td>2 850</td><td>82 650</td></tr>
</table>

根据表 7－7 可以编制会计分录如下。

借：基本生产成本——甲产品　　42 408

——乙产品 25 992
辅助生产成本——修理车间 6 612
制造费用——基本生产车间 4 788
——辅助生产车间 2 850
贷：应付职工薪酬——应付工资 72 500
——应付福利费 10 150

（4）根据折旧资料分配折旧费用，编制折旧费用分配表，如表 7－8 所示。

表 7-8 折旧费用分配表

金额单位：元

借方科目 / 贷方科目	制造费用		合 计
	基本生产车间	辅助生产车间	
累计折旧	12 000	3 000	15 000

根据表 7－8 可以编制会计分录如下。

借：制造费用——基本生产车间 12 000
——辅助生产车间 3 000
贷：累计折旧 15 000

（5）根据有关记录编制动力费用分配表，如表 7－9 所示。

表 7-9 动力费用分配表

金额单位：元

借方科目 / 贷方科目	制造费用		合 计
	基本生产车间	辅助生产车间	
应付账款	14 200	12 800	27 000

根据表 7－9 可以编制会计分录如下。

借：制造费用——基本生产车间 14 200
——辅助生产车间 12 800
贷：应付账款 27 000

（6）根据有关记录编制保险费用分配表，如表 7－10 所示。

表 7-10 保险费用分配表

金额单位：元

借方科目 / 贷方科目	制造费用		合 计
	基本生产车间	辅助生产车间	
银行存款	9 600	2 400	12 000

根据表 7－10 可以编制会计分录如下：

借：制造费用——基本生产车间 9 600
——辅助生产车间 2 400

贷：银行存款　12 000

（7）根据有关记录编制其他费用分配表，如表 7－11 所示。

表 7-11　其他费用分配表

金额单位：元

贷方科目＼借方科目	制造费用		合　计
	基本生产车间	辅助生产车间	
银行存款	15 800	4 200	20 000

根据表 7－11 可以编制会计分录如下。

借：制造费用——基本生产车间　15 800

——辅助生产车间　4 200

贷：银行存款　20 000

（8）根据上述有关费用分配表登记修理车间制造费用明细账，如表 7－12 所示。

表 7-12　制造费用明细账（修理车间）

金额单位：元

年 月	年 日	摘　要	材料费	工资	福利费	折旧费	动力费	保险费用	其他费用	合　计
8	31	根据材料费用分配表	400							400
		根据人工费用分配表		2 500	350					2 850
		根据折旧费用分配表				3 000				3 000
		根据动力费用分配表					12 800			12 800
		根据保险费用分配表						2 400		2 400
		根据其他费用分配表							4 200	4 200
		本　月　合　计	400	2 500	350	3 000	12 800	2 400	4 200	25 650
		本　月　转　出	400	2 500	350	3 000	12 800	2 400	4 200	25 650

（9）根据修理车间制造费用明细账及其他资料编制制造费用分配表，如表7－13所示。

表7-13　制造费用分配表（修理车间）

金额单位：元

借方科目 贷方科目	辅助生产成本
制造费用（辅助生产车间）	25 650

根据表7－13可以编制会计分录如下。

借：辅助生产成本——修理车间　　25 650

　　贷：制造费用——辅助生产车间　　25 650

（10）根据上述有关费用分配表登记修理车间生产成本明细账，如表7－14所示。

表7-14　辅助生产成本明细账（修理车间）

金额单位：元

年		摘　　要	直接材料	直接人工	制造费用	合　　计
月	日					
8	31	根据材料费用分配表	600			600
		根据人工费用分配表		6 612		6 612
		根据制造费用分配表			25 650	25 650
合　　计			600	6 612	25 650	32 862
本　月　转　出			600	6 612	25 650	32 862

（11）用直接分配法分配辅助生产费用，编制辅助生产费用分配表，如表7－15所示。

表7-15　辅助生产费用分配表

金额单位：元

借方科目 贷方科目		制造费用 （基本生产车间）	管理费用	合　　计
辅助生产成本	分配标准	6 000	4 000	10 000
	分 配 率			3. 2862
	分配金额	19 717. 20	13 144. 80	32 862

根据表7－15可以编制会计分录如下。

借：制造费用——基本生产车间　　19 717. 20

　　管理费用　　13 144. 80

　　贷：辅助生产成本——修理车间　　32 862

（12）根据前述生产费用的归集和分配资料，登记基本生产车间制造费用明细账，如表7－16所示。

表 7-16　制造费用明细账（基本生产车间）

金额单位：元

年 月	日	摘　　要	材料费	工资	福利费	折旧费	动力费	保险费用	其他费用	修理费	合　计
8	31	根据材料费用分配表	2 000								2 000
		根据人工费用分配表		4 200	588						4 788
		根据折旧费用分配表				12 000					12 000
		根据动力费用分配表					14200				14 200
		根据保险费用分配表						9 600			9 600
		根据其他费用分配表							15800		15 800
		根据辅助生产费用分配表								19717. 2	19717. 2
		本 月 合 计	2 000	4 200	588	12 000	14200	9 600	15800	19717. 20	78105. 2
		本 月 转 出	2 000	4 200	588	12 000	14200	9 600	15800	19717. 20	78105. 2

（13）根据基本生产车间制造费用明细账及其他资料编制制造费用分配表，如表 7－17 所示。

表 7-17　制造费用分配表（基本生产车间）

金额单位：元

贷方科目 \ 借方科目		基本生产成本 甲产品	基本生产成本 乙产品	合　计
制造费用（基本生产车间）	分配标准（工时）	2 480	1 520	4 000
	分配率			19. 5263
	分配金额	48 425. 22	29 679. 98	78 105. 20

根据表 7－17，可以编制会计分录如下。

借：基本生产成本——甲产品　　48 425. 22

　　　　　　　　——乙产品　　29 679. 98

　贷：制造费用——基本生产车间　　78 105. 20

（14）计算甲乙两种完工产品的总成本和单位成本，如表 7－18 和表 7－19 所示。

表 7-18　产品成本计算单

产品名称：甲产品

本月完工：800 件
月末在产品：400 件
金额单位：元

项　　目		直接材料	直接人工	制造费用	合　计
月初在产品成本		7 680	6 592	3 574. 78	17 846. 78
本月生产费用		28 320	42 408	48 425. 22	119 153. 22
生产费用合计		36 000	49 000	52 000	137 000
费用分配率		30	49	52	
完工产品	总成本	24 000	39 200	41 600	104 800
	单位成本	30	49	52	131
月末在产品成本		12 000	9 800	10 400	32 200

表 7－18 中，费用分配率的计算过程如下：

$$直接材料分配率=\frac{36\ 000}{800+400}=30（元/件）$$

$$直接人工分配率=\frac{49\ 000}{800+400\times 50\%}=49（元/件）$$

$$制造费用分配率=\frac{52\ 000}{800+400\times 50\%}=52（元/件）$$

表 7-19　产品成本计算单

产品名称：乙产品

本月完工：600 件
月末在产品：400 件
金额单位：元

项　　目		直接材料	直接人工	制造费用	合　计
月初在产品成本		8 320	2 008	2 320. 02	12 648. 02
本月生产费用		21 680	25 992	29 679. 98	77 351. 98
生产费用合计		30 000	28 000	32 000	90 000
费用分配率		30	35	40	
完工产品	总成本	18 000	21 000	24 000	63 000
	单位成本	30	35	40	105
月末在产品成本		12 000	7 000	8 000	27 000

乙产品成本计算单中“费用分配率”项目的计算过程同甲产品。

（15）根据生产成本计算单，编制产品成本汇总表，如表 7－20 所示。

表 7-20　库存商品成本汇总表

金额单位：元

产品名称	产量/件	成本项目	直接材料	直接人工	制造费用	合　计
甲产品	800	总成本	24 000	39 200	41 600	104 800
		单位成本	30	49	52	131
乙产品	600	总成本	18 000	21 000	24 000	63 000
		单位成本	30	35	40	105

根据表 7－20，结转完工产品成本，可以编制会计分录如下。

借：库存商品——甲产品　104 800

　　贷：基本生产成本——甲产品　104 800

借：库存商品——乙产品　63 000

　　贷：基本生产成本——乙产品　63 000

（16）根据上述会计分录，登记产品成本明细账，如表 7－21 和表 7－22 所示。

表 7-21　基本生产成本明细账

产品名称：甲产品　　金额单位：元

年		摘　要	直接材料	直接人工	制造费用	合　计
月	日					
8	1	月初在产品成本	7 680	6 592	3 574. 78	17 846. 78
8	31	根据材料费用分配表	28 320			28 320
		根据人工费用分配表		42 408		42 408
		根据制造费用分配表			48 425. 22	4 8425. 22
		本月生产费用	28 320	42 408	48 425. 22	119 153. 22
		本月生产费用累计	36 000	49 000	52 000	137 000
		本月完工转出	－24 000	－39 200	－41 600	－104 800
		月末在产品成本	12 000	9 800	10 400	32 200

表 7-22　基本生产成本明细账

产品名称：乙产品　　　　　　　　　　　　　　　　　　　　金额单位：元

年		摘　要	直接材料	直接人工	制造费用	合　计
月	日					
8	1	月初在产品成本	8 320	2 008	2 320.02	12 648.02
8	31	根据材料费用分配表	21 680			21 680
		根据人工费用分配表		25 992		25 992
		根据制造费用分配表			29 679.98	29 679.98
		本月生产费用	21 680	25 992	29 679.98	77 351.98
		本月生产费用累计	30 000	28 000	32 000	90 000
		本月完工转出	－18 000	－21 000	－24 000	－63 000
		月末在产品成本	12 000	7 000	8 000	27 000

7.3　产品成本计算的分批法

7.3.1　成本计算分批法概述

1. 分批法的概念及适用范围

分批法又称订单法，是指按照产品的批别或购货单位的订单来归集生产费用，计算产品成本的一种方法。

分批法主要适用于单件、小批生产的企业和车间，如重型机械、船舶、精密仪器制造，及新产品试制、修理作业等。具体有下列几种。

（1）根据购买者订单生产的企业。有些企业专门根据订货者的要求，生产特殊规格、规定数量的产品。

（2）产品种类经常变动的小规模制造厂。如生产窗把手、插销等五金工厂，由于它规模小、工人数量少，同时要根据市场需要不断变动产品的种类和数量，不可能按产品设置流水线大量生产，因而必须按每批产品的投产计算成本。

(3) 专门进行修理业务的工厂。修理业务多种多样，需要根据承接的各种修理业务分别计算成本，并向客户收取货款。

(4) 新产品试制车间。专门试制、开发新产品的车间，要按新产品的种类分别计算成本。

(5) 分批法一般也适用于咨询公司、会计师事务所等服务性企业。

在单件小批生产类型企业中，产品的生产一般是根据用户的订单组织的，但同时也要考虑订单的具体情况，并结合企业的生产负荷程度合理组织产品生产的批次及批量。如果一张订单中要求生产多种产品，企业可将这一订单按产品品种加以划分，设置多个批别的成本计算对象；如果一张订单上只要求生产一种产品，但数量较多，超过企业生产负荷能力，不便于集中一次投料，就可以划分多个批别，分别组织生产；如果在同一时期内，接到的几张订单要求生产同一种产品，也可以将几张订单合为一批进行生产；对于大型复杂产品的生产，例如，万吨巨轮的制造，由于其价值大，生产周期长，也可以按其零、部件构成分批组织生产，计算成本。由此可见，分批法是依据内部订单（即“生产任务通知单”）来组织生产的，由于在不同批别之间可能存在着生产同一种产品的情况，其领用的材料和加工的工艺相同，因此在领料、产品结转、工时登记过程中，尤其应防止“串批”现象，以确保各批产品成本计算的准确性。

2. 分批法的特点

(1) 以产品的批别作为成本计算对象。所有的生产费用都要按产品的批别或购货单位的订单归集，为每一批产品开设产品成本明细账，设置成本计算单，计算各批产品的成本。

小贴士

成本计算对象≠产品的订单。

产品订单决定成本计算对象，但是内容相同的订单作为一个成本计算批次（成本计算对象），也可以将一张大订单分割为若干个生产批次。

(2) 成本计算期是生产周期。采用分批法计算产品成本时，要按月归集各订单或批次的实际生产费用，但由于产品成本要在各批产品完工后才能计算出来，所以，成本计算是不定期的。也就是说，采用分批法时，成本计算期与产品的生产周期一致，而与会计报告期不同。

(3) 一般不存在在批内完工产品和月末在产品之间分配生产费用的问题。企业生产各批产品归集的生产费用，如果各订单或批次的产品全部完工，则构成该批完工产品的总成本；如果各订单或批次的产品全部未完工，则构成该批产品的月末在产品成本。因而，通常只有费用在各批产品之间的分配问题，而不存在费用在完工产品和在产品之间的分配。但在实际工作中，如果是小批量生产，有时会出现少量跨月完工的情况。为了在月份会计报表中提供已完工产品的生产成本，可先按定额单位成本、计划单位成本或最近时期相同产品的实际单位成本计算，并从产品成本明细账转出，费用余额即为在产品成本。待该批产品全部完工，再计算全部产品的实际总成本和单位成本。如果是大批生产，批内跨月完工数量较多，则应采用适当的方法，如约当产量法等，在完工产品和月末在产品之间分配费用。

（4）间接费用在不同批次之间的分配可选择采用“当月分配法”或“累计分配法”。由于产品生产周期长短的不同，间接计入费用的分配可采用“当月分配法”或“累计分配法”两种，由此产生了“典型分批法”（又称“一般分批法”）和“简化分批法”两种不同的分批成本计算法。

3. 分批法的成本计算基本程序

在采用分批法计算批别或订单的产品成本时，其成本计算的一般程序如下。

（1）按产品批别或订单设置“产品成本计算单”，并按成本项目，设置专栏。

（2）根据各项生产费用发生的原始凭证等资料，编制要素费用分配表。对于某批别或订单发生的材料费用和工资费用，直接计入其“产品成本计算单”的“直接材料”和“直接工资”项目中；对于辅助生产车间发生的直接费用，直接计入“辅助生产成本明细账”；各生产车间发生的间接费用，按照费用发生的地点，先归集在“制造费用明细账”中。

（3）期末，将辅助生产车间归集的制造费用从“制造费用明细账”分配转入“辅助生产成本明细账”，再汇集辅助生产车间发生的费用，按其提供的劳务数量，在各批别或订单产品、基本生产车间的制造费用及其他受益对象之间进行分配。对于辅助生产车间生产的产品，应计算其完工产品成本，从“辅助生产成本明细账”中转出。

（4）将基本生产车间“制造费用明细账”中归集的制造费用进行汇总，根据投产的批别或订单的完成情况，选择采用“当月分配法”或“累计分配法”分配制造费用。

（5）当某批产品批量较大，又存在跨月陆续完工或分次交货情况时，应在批内计算完工产品成本和月末在产品成本。计算方法一般有两类。

① 先计算出完工产品成本，然后将生产费用减去完工产品成本，挤出月末在产品成本。在计划成本或定额成本制定比较准确的企业里，可根据计划成本或定额成本计算完工产品成本。如果没有准确的计划或定额资料，可根据近期同种产品的实际成本，在综合分析各项影响成本的因素后，确定完工产品成本。

② 采用适当的方法，分别计算出批内完工产品成本和月末在产品成本。一般可选择采用约当产量法和定额比例法等具体方法。

当批内完工数量不多时，可选择前一类方法；反之，则考虑用后一类方法。由于这两类计算方法都带有一定的假定性，所以还需在整批产品全部完工时，重新计算该批产品的总成本和单位成本。

（6）月末将各批完工产品成本及批内陆续完工产品的成本加以汇总，编制“完工产品成本汇总表”，结转完工入库产品的成本。

分批法产品成本计算基本程序如图 7－4 所示。

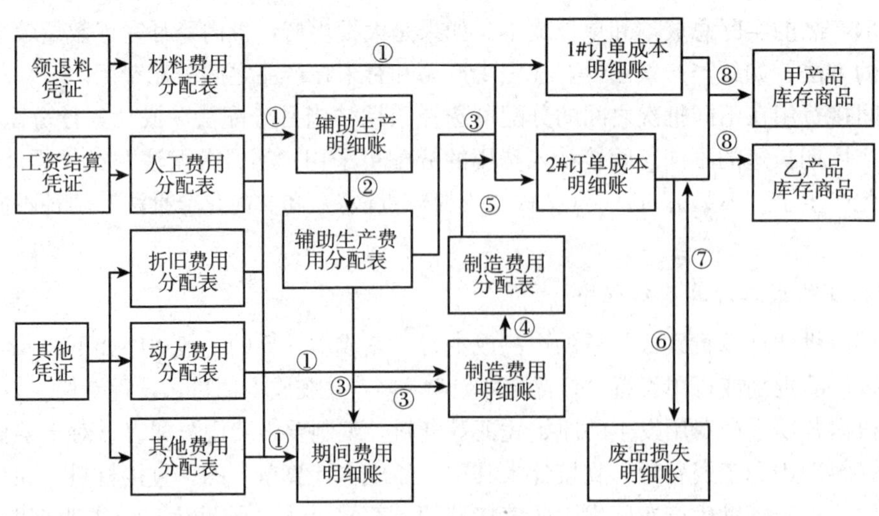

图 7-4 分批法产品成本计算基本程序图

注：①分配各项要素费用；②归集辅助生产费用；③分配辅助生产费用；④归集制造费用；⑤分配制造费用；⑥废品成本的计算；⑦结转废品损失；⑧结转完工产品成本。

7.3.2 产品成本计算分批法的应用

1. 一般分批法的应用

【例 7-2】某厂按照订货单位的要求，小批生产甲、乙、丙产品，采用分批法计算产品成本，设置“直接材料”“直接人工”“制造费用”三个成本项目。该厂 10 月份各种产品生产情况和生产费用情况如表 7-23 和表 7-24 所示。

表 7-23 各种产品生产情况表

批号	产品	批量	投产与完工情况
1001	甲产品	10 台	本月投产，本月完工 6 台
1002	乙产品	10 台	本月投产，本月全部未完工
901	丙产品	20 台	上月投产，本月完工 5 台

表 7-24 各种产品生产费用情况表

金额单位：元

项　目		直接材料	直接人工	制造费用	合　计
月初在产品成本（丙产品）		1 200	1 060	2 040	4 300
本月生产费用	甲产品	3 360	2 350	2 800	8 510
	乙产品	4 600	3 050	1 980	9 630
	丙产品	2 680	2 450	3 020	8 150

1001号甲产品完工数量较大，原材料在生产开始时一次投入，其他费用采用约当产量法在完工产品和在产品之间分配，在产品完工程度为50%。901号丙产品完工数量少，完工产品按计划成本结转。其每台产品计划成本为：直接材料190元，直接人工180元，制造费用250元。

甲、乙、丙三种产品成本计算单如表7-25至表7-27所示。

表7-25 产品成本计算单

批号：1001 完工数量：6台

产品：甲产品 金额单位：元

摘要		直接材料	直接人工	制造费用	合计
本月生产费用		3 360	2 350	2 800	8 510
约当产量		6+4＝10	6+4×50%＝8	8	
完工产品	总成本	2 016	1 762. 50	2 100	5 878. 50
	单位成本	336	293. 75	350	979. 75
月末在产品成本		1 344	587. 50	700	2 631. 50

根据上述资料，该厂甲产品10月成本计算如下：

完工产品应负担原材料费用 $= \frac{3\ 360}{10} \times 6 = 336 \times 6 = 2\ 016$（元）

月末在产品应负担原材料费用 $= \frac{3\ 360}{10} \times 4 = 336 \times 4 = 1\ 344$（元）

完工产品应负担直接人工费用 $= \frac{2\ 350}{6+4\times 50\%} \times 6 = 293.75 \times 6 = 1\ 762.50$（元）

月末在产品应负担直接人工费用 $= \frac{2\ 350}{6+4\times 50\%} \times 4 \times 50\% = 293.75 \times 4 \times 50\% = 587.50$（元）

或 $= 2\ 350 - 1\ 762.50 = 587.50$（元）

完工产品应负担制造费用 $= \frac{2\ 800}{6+4\times 50\%} \times 6 = 350 \times 6 = 2\ 100$（元）

月末在产品应负担制造费用 $= \frac{2\ 800}{6+4\times 50\%} \times 4 \times 50\% = 350 \times 4 \times 50\% = 700$（元）

或 $= 2\ 800 - 2\ 100 = 700$（元）

表7-26 产品成本计算单

批号：1002 完工数量：全部未完工

产品：乙产品 金额单位：元

摘要	直接材料	直接人工	制造费用	合计
本月生产费用	4 600	3 050	1 980	9 630
月末在产品成本	4 600	3 050	1 980	9 630

表 7-27 产品成本计算单

批号：901 完工数量：5台

产品：丙产品 金额单位：元

摘 要		直接材料	直接人工	制造费用	合 计
月初在产品成本		1 200	1 060	2 040	4 300
本月生产费用		2 680	2 450	3 020	8 150
生产费用合计		3 880	3 510	5 060	12 450
完工产品	总成本	950	900	1 250	3 100
	单位成本	190	180	250	620
月末在产品成本		2 930	2 610	3 810	9 350

根据生产成本计算单，编制产品成本汇总表，如表 7－28 所示。

表 7-28 库存商品成本汇总表

金额单位：元

产品名称	产量/台	成本项目	直接材料	直接人工	制造费用	合 计
1001批 甲产品	6	总成本	2 016	1 762. 50	2 100	5 878. 50
		单位成本	336	293. 75	350	979. 75
901批 丙产品	5	总成本	950	900	1 250	3 100
		单位成本	190	180	250	620

根据表 7-28，结转完工产品成本，可以编制会计分录如下：

借：库存商品——甲产品 5 878. 50

贷：基本生产成本——甲产品 5 878. 50

借：库存商品——丙产品 3 100

贷：基本生产成本——丙产品 3 100

2. 简化分批法的应用

采用简化的分批法，仍应按产品批别设立成本计算单，但每月发生的各项间接计入费用不是按月在各批产品之间进行分配，而是将这些间接计入费用分别累计起来，到产品完工时，按照产品累计生产工时的比例，在各批完工产品之间进行分配。这样，在某批产品完工以前，成本计算单只需按月登记直接费用和生产工时数，不必分配登记间接计入费用；只有在产品完工的月份，才计算登记完工产品应负担的各项间接计入费用。

简化分批法核算的程序如下。

(1) 按生产批号设立成本计算单，每月分别登记各批产品直接耗用的材料费用和该月发生的实际工时数，而其他成本项目的费用不需登记，集中反映在“基本生产成本”明细账户内。

(2) 设置“基本生产成本”明细账户，分成本项目登记各批产品有关的工资、制造费用等间接计入费用和生产工时，月末计算各项费用累计数和工时累计数。

(3) 月末，有批别产品完工时，把“基本生产成本”明细账户内的各批产品间接计入费用的累计数按各批产品累计工时数的比例进行分配，计算完工产品应负担的间接计入费用，并登记产品成本计算单的各成本项目。加上完工产品的材料等直接费用，汇总后即可得出该批完工产品总成本和单位成本。

间接计入费用分配的计算公式如下：

$$全部产品累计间接计入费用分配率=\frac{全部产品累计间接计入费用}{全部产品累计工时}$$

某批完工产品应负担的间接计入费用= 该批完工产品累计工时×全部产品累计间接计入费用分配率

【例 7-3】某企业生产组织属于小批生产，产品批数多，而且月末有较多批号未完工，因而采用简化的分批法计算产品成本。该企业生产情况及生产费用情况如下。

（1）9 月份生产批号有：

9510 号：A 产品 10 件，8 月投产，9 月 20 日全部完工。

9511 号：B 产品 20 件，8 月投产，9 月份完工 12 件。

9512 号：C 产品 10 件，8 月末投产，尚未完工。

9513 号：D 产品 12 件，9 月初投产，尚未完工。

（2）各批号月初、本月材料费用（原材料在生产开始时一次投入）和生产工时如下。

月初在产品：

9510 号：原材料 36 000 元，生产工时 8 000 h。

9511 号：原材料 48 000 元，生产工时 13 000 h。

9512 号：原材料 31 600 元，生产工时 600 h。

本月生产费用：

9510 号：生产工时 10 040 h。

9511 号：生产工时 30 000 h。

9512 号：生产工时 16 000 h。

9513 号：原材料 22 160 元，生产工时 16 440 h。

（3）各批号月初、本月直接人工费用和制造费用如下。

月初在产品：

直接人工费用：10 564 元

制造费用：18 652 元

本月生产费用：

直接人工费用：27 068 元

制造费用：37 796 元

（4）9 月末，完工产品生产工时 46 040 h，其中 B 产品 28 000 h。

根据上述资料，产品成本的计算过程如下。

（1）根据有关凭证登记基本生产成本明细账，如表 7－29 所示。

表 7-29　基本生产成本明细账

金额单位：元

摘　　要	直接材料	生产工时	直接人工	制造费用	成本合计
月初在产品成本	115 600	21 600	10 564	18 652	144 816
本月生产费用	22 160	72 480	27 068	37 796	87 024
生产费用累计	137 760	94 080	37 632	56 448	231 840
全部产品累计间接计入费用分配率			0.40	0.60	
本月完工转出	64 800	46 040	18 416	27 624	110 840
月末在产品成本	72 960	48 040	19 216	28 824	121 000

直接人工累计间接计入费用分配率= $\frac{37\ 632}{94\ 080}$ = 0.40（元/h）

制造费用累计间接计入费用分配率= $\frac{56\ 448}{94\ 080}$ = 0.60（元/h）

（2）根据上述资料编制产品成本计算单，计算各批产品的总成本和单位成本，分别如表 7－30 至表 7－33 所示。

表 7-30　产品成本计算单

批号：9510　　完工数量：10 件

产品：A 产品　　金额单位：元

摘　　要		直接材料	生产工时	直接人工	制造费用	合　　计
月初在产品成本		36 000	8 000			
本月生产费用		—	10 040			
生产费用合计		36 000	18 040			
累计间接计入费用分配率				0.40	0.60	
完工产品	总成本	36 000	18 040	7 216	10 824	54 040
	单位成本	3 600		721.60	1 082.40	5 404

表 7-31　产品成本计算单

批号：9511　　完工数量：12 件

产品：B 产品　　金额单位：元

摘　　要		直接材料	生产工时	直接人工	制造费用	合　　计
月初在产品成本		48 000	13 000			
本月生产费用		—	30 000			
生产费用合计		48 000	43 000			
累计间接计入费用分配率				0.40	0.60	
完工产品	总成本	28 800	28 000	11 200	16 800	56 800
	单位成本	2 400		933.33	1 400	4 733.33
月末在产品成本		19 200	15 000			

完工产品直接材料费用= $\frac{48\ 000}{20}\times 12=28\ 800$（元）

表 7-32　产品成本计算单

批号：9512　　完工数量：尚未完工

产品：C 产品　　金额单位：元

摘　　要	直接材料	生产工时	直接人工	制造费用	合　　计
月初在产品成本	31 600	600			
本月生产费用	—	16 000			
生产费用合计	31 600	16 600			

表 7-33　产品成本计算单

批号：9513　　完工数量：尚未完工

产品：D 产品　　金额单位：元

摘　　要	直接材料	生产工时	直接人工	制造费用	合　　计
本月生产费用	22 160	16 440			
生产费用合计	22 160	16 440			

根据生产成本计算单，编制产品成本汇总表，如表 7-34 所示。

表 7-34　库存商品成本汇总表

金额单位：元

产品名称	产量/件	成本项目	直接材料	直接人工	制造费用	合　　计
9510 批 A 产品	10	总成本	36 000	7 216	10 824	54 040
		单位成本	3 600	721.60	1 082.40	5 404
9511 批 B 产品	12	总成本	28 800	11 200	16 800	56 800
		单位成本	2 400	933.33	1 400	4 733.33

根据表 7-34，结转完工产品成本，可以编制会计分录如下：

借：库存商品——A 产品　　54 040

贷：基本生产成本——A 产品 54 040

借：库存商品——B 产品 56 800

贷：基本生产成本——B 产品 56 800

由此可见，简化的分批法和一般分批法的不同之处在于：① 分配间接计入费用的时间是在有完工产品时进行，没有完工产品时不分配间接计入费用；② 各批完工产品之间、完工批别与月末在产品批别之间，以及某批产品的完工产品与月末在产品之间分配某项间接计入费用，采用的是同一间接计入费用分配率。

上述简化的分批法，简化了间接费用在各批产品之间进行分配的工作量。特别是在月末未完工批次很多，而完工批次较少的情况下更显其优越性。但这种方法在各月间接费用水平相差悬殊的情况下则不宜采用，否则就会影响各月产品成本的正确性。另外，如果月末未完工产品的批数不多，也不宜采用这一方法。因为在这种情况下，绝大多数的产品批别仍然要分配登记各项间接计入费用，核算的工作量减少不多，但计算的正确性却会受到影响。

7.4 产品成本计算的分步法

7.4.1 产品成本计算分步法概述

1. 分步法的概念及适用范围

产品成本计算的分步法，是以产品的生产步骤为成本计算对象来归集生产费用，计算产品成本的一种成本计算方法。

分步法一般适用于大量大批多步骤生产，并且管理上要求分步骤计算产品成本的企业。这些企业包括：大量大批的连续式生产和大量大批装配式生产企业。

（1）大量大批的连续式生产企业。在大量大批的连续式生产企业里，生产的工艺过程是由一系列连续加工步骤所构成的，从原材料投入生产，每经过一个加工步骤都形成一种半成品，而这些半成品则是下一步骤的加工对象，直到最后步骤生产出产成品。如冶金、纺织、造纸等行业的企业的生产。这些企业的特点如下。

①加工步骤是有一定顺序的，除最后步骤的加工形成产成品外，其他步骤的加工都形成半成品，这些半成品有的可直接对外销售。

②这种连续加工式的生产通常是大批或大量生产，即产品在生产线上是川流不息地往下移动的。

③各种产品的生产程序、生产方法都是相同的，一般没有特殊规格的产品和特定的生产方法。

（2）大量大批装配式生产企业。为满足企业内部生产管理、成本管理以及正确确定对外出售半成品的价格和收益的需要，大批大量流水生产的装配式复杂生产的企业，如生产电视机、电冰箱的企业等，近似上述的生产类型，也可采用成本计算分步法。

2. 分步法的特点

（1）成本计算对象。采用分步法计算产品成本时，应以各种产品及其生产步骤的半成品作为成本计算对象，设置产品成本明细账，按成本项目开设专栏归集生产费用。在分步法下，成本计算对象不仅是各种产品，而且还有各生产步骤的半成品，凡是各步骤直接耗用的原材料、生产工资，应该直接计入各有关步骤半成品成本明细账。对于多步骤共同耗用的原材料、生产工资，应采用适当的分配标准在有关产品生产步骤之间进行分配，计入各有关步骤半成品明细账。

小贴士

成本计算划分的步骤与实际的生产步骤不一定完全一致，它根据实际加工步骤结合管理要求加以确定。为简化核算，只对管理上有必要分步计算成本的生产步骤单独开设产品成本明细账，单独计算成本；管理上不要求单独计算成本的生产步骤，则可与其他生产步骤合并设立产品成本明细账，合并计算成本。

（2）成本计算期。在大量大批多步骤生产的条件下，原材料连续投入，产品不断地往下移动，生产过程中始终有一定数量的在产品，成本计算只能在每月月末进行，即成本计算期与会计报告期是一致的，但与生产周期不一致。

（3）生产费用在完工产品与在产品之间的分配。由于分步法适用于大量大批多步骤生产，成本计算按月进行，而多步骤生产产品须经若干步骤加工才能完成，月末通常都有较多数量的在产品，因此，按照加工步骤归集在产品明细账中的生产费用，大多要采用适当的分配方法在完工产品与月末在产品之间进行分配，计算各该产品、各该步骤的完工产品成本和月末在产品成本。

（4）各步骤之间成本的结转。对分步骤进行生产的产品而言，上一步骤生产的半成品是下一步骤的加工对象。因此，为了计算各种产品的产成品成本，还需要按照产品品种，分别结转各步骤成本。很显然，这与其他成本计算方法不同，在采用分步法计算产品成本时，在各步骤之间还存在着成本结转的问题。这也是分步法的一个重要特点。

小贴士

在分步法中，结转各步骤成本的方法主要有两种：加权平均法和先进先出法。这两种方法取决于生产过程中成本流转的假设。

3. 分步法的成本计算基本程序

运用分步法计算产品成本，可按以下四个步骤进行。

（1）按照各生产步骤，为每种产品（半成品或产成品）设立成本计算单，据以归集该步骤产品发生的各项费用。

（2）归集生产费用于产品成本计算单上。每月按生产步骤及产品归集和分配生产费用，编制各种费用汇总分配表，登记成本计算单。

(3) 计算各步骤完工产品成本（或计入产成品成本份额）和在产品成本。月末，将各生产步骤中各成本计算单上归集的全部生产费用，在各完工产品和在产品之间进行分配，计算出各步骤的完工产品成本和在产品成本。

(4) 结转各步骤半成品成本（或计入产成品成本份额），计算产成品总成本和单位成本。月末，应采用适当的方法，按产品品种结转各步骤成本。计算出每种产成品的总成本和单位成本。

在实际工作中，根据成本管理对于各生产步骤成本资料的要求（要不要计算各生产步骤的半成品成本）不同，各生产步骤成本的计算和结转，有逐步结转和平行结转两种不同的处理方法。因此，产品成本计算的分步法也就分为逐步结转分步法和平行结转分步法两种。

7.4.2 逐步结转分步法

1. 逐步结转分步法概述

(1) 逐步结转分步法的概念及适用范围。逐步结转分步法（又叫顺序结转法）是按照产品生产加工的先后顺序，逐步计算并结转各步骤的半成品成本，前一步骤的半成品成本，随着半成品实物的转移而结转到后一步骤的产品成本中，直至最后一个步骤计算出产成品成本的一种成本计算方法。

逐步结转分步法主要适用于大量、大批连续式多步骤生产的企业。为了加强对各生产步骤成本的管理，除了要求计算各种产成品成本外，也要求计算各步骤半成品成本。因为有的企业生产出来的半成品，经常作为商品对外销售，为了计算外销半成品的成本，就需要计算这些半成品的成本；有些企业所产的半成品，为本企业几种产品所耗用，为了分别计算各种产品的成本，也要计算这些半成品的成本。

由此可见，该方法的显著特点是能够提供各步骤完整的半成品成本资料，因此，此方法亦称“计算半成品成本法”。

(2) 逐步结转分步法成本结转的程序。在逐步结转分步法下，其成本结转的基本程序是：计算各生产步骤产品成本时，上一步骤所产半成品成本，要伴随着半成品实物的转移而同步转移，从上一步骤的产品成本明细账转入下一步骤相同产品的成本明细账中，以便逐步计算半成品成本和最后一个步骤的产成品成本。

在逐步结转分步法下，各步骤完工转出的半成品成本，应该从各该步骤的产品成本明细账中转出，各步骤领用的半成品的成本，构成各该步骤的一项费用，称为半成品费用，应该计入各该步骤的产品成本明细账中。

如果半成品完工后，不为下一步骤直接领用，而要通过半成品库收发，则应编制结转半成品成本的会计分录，在验收入库时，借记“自制半成品”科目，贷记“基本生产成本”科目。在下一步骤领用时，再编制相反的会计分录。逐步结转各步成本的基本程序如图 7-5 所示。

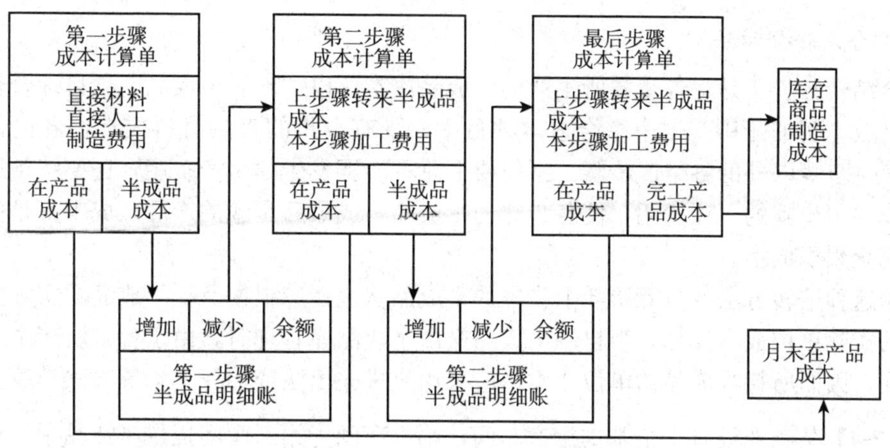

图 7-5　逐步结转分步法成本计算程序图（1）

如果半成品完工后，不通过半成品库收发，而为下一步直接领用，半成品成本就在各步骤的产品成本明细账之间直接结转，不必编制结转半成品成本的会计分录。逐步结转各步成本的基本程序如图 7－6 所示。

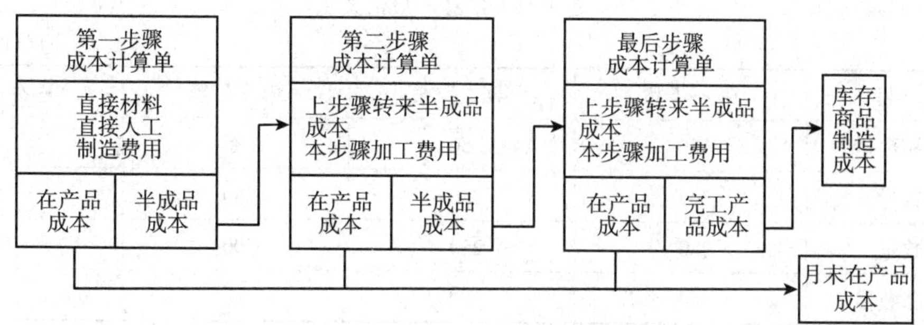

图 7-6　逐步结转分步法成本计算程序图（2）

每月月末各项生产费用（包括所耗上一步骤半成品的费用）在各步骤产品成本明细账中归集以后，如果既有完工半成品又有加工中的在产品，则应将各步骤的生产费用采用适当的分配方法在其完工半成品与加工中在产品（也就是狭义的在产品）之间进行分配以便计算完工半成品成本。这样，通过半成品成本的逐步结转在最后一个步骤的产品成本明细账即可计算出产成品的成本。

综上所述，逐步结转分步法实际上就是品种法的多次连续应用，即在采用品种法计算上一步骤的半成品成本以后，按照下一步骤的耗用数量转入下一步骤成本计算单。下一步骤再一次采用品种法归集所耗半成品的费用和本步骤其他费用，计算其半成品成本如此逐步结转，直至最后一个步骤算出库存商品成本。

从逐步结转分步法的成本计算程序中不难看出：各生产步骤不能同时进行成本计算，必须等待上一步骤半成品成本计算结转后，后一步骤才能进行，这在一定程度上影响了成本计算的及时性。

逐步结转分步法，按照半成品成本在下一步骤成本明细账中的反映方法，又可分为综合结转和分项结转两种方法。

2. 综合结转分步法

综合结转分步法是将各步骤所生产的半成品成本，以“自制半成品”项目综合转入下一步骤产品成本明细账中。这个综合成本项目中，既有上步的直接材料成本，也包含加工成本。除第一步骤以外的各生产步骤，不仅要汇总本步骤发生的生产费用，还要将领用的半成品成本作为本步骤的一项费用，使各步骤的半成品（或最后步骤的产品）成本都是截至本步骤止的完全累积成本。

采用这种结转方法各步骤所耗上步骤的半成品费用，应根据所耗半成品的实际数量乘以半成品的实际单位成本计算。当自制半成品交由半成品库管理时，由于各月所产半成品单位成本不同，因而所耗半成品的单位成本，应采用先进先出法或加权平均等方法计算。

【例 7-4】某企业设有三个基本生产车间，第一车间为第二车间提供半成品甲，第二车间为第三车间提供半成品乙，第三车间生产完工产品丙。半成品不通过半成品库收发，半成品成本按实际成本综合结转。各车间完工半成品（或产成品）和月末在产品成本采用约当产量法计算，在产品的完工程度均按本车间的 50% 计算，原材料于生产开始时一次投入。12 月份，该企业产量及有关成本费用资料如表 7－35 和表 7－36 所示。

表 7-35 产品产量记录

单位：件

项 目	第一步骤	第二步骤	第三步骤	库存商品
月初在产品数量	60	50	80	
本月投入数量	300	280	250	
本月完工数量	280	250	300	300
月末在产品数量	80	80	30	

表 7-36 成本费用资料

金额单位：元

项 目		直接材料	自制半成品	直接人工	制造费用	合 计
月初在产品成本	第一步骤	6 000	—	400	800	7 200
	第二步骤	—	3 200	450	850	4 500
	第三步骤	—	1 200	600	1 500	3 300
本月生产费用	第一步骤	30 000	—	2 800	5 600	38 400
	第二步骤	—	—	5 350	10 750	16 100
	第三步骤	—	—	8 850	30 000	38 850

根据上述资料，综合逐步结转分步法计算过程如表 7－37 至表 7－39 所示。

表 7-37　第一步骤成本计算单

产品名称：甲半成品　　　　完工产量：280件

金额单位：元

摘　要		直接材料	直接人工	制造费用	合　计
月初在产品成本		6 000	400	800	7 200
本月生产费用		30 000	2 800	5 600	38 400
生产费用合计		36 000	3 200	6 400	45 600
完工产品	总成本	28 000	2 800	5 600	36 400
	单位成本	100	10	20	130
月末在产品成本		8 000	400	800	9 200

$$直接材料费用分配率（单位成本）=\frac{36\ 000}{280+80}=100（元/件）$$

完工产品应负担材料成本=280×100＝28 000（元）

月末在产品应负担材料成本=80×100＝8 000（元）

或=36 000－28 000＝8 000（元）

$$直接人工费用分配率（单位成本）=\frac{3\ 200}{280+80\times 50\%}=10（元/件）$$

完工产品应负担人工成本=280×10=2 800（元）

月末在产品应负担人工成本=80×50%×10＝400（元）

或=3 200－2 800＝400（元）

$$制造费用分配率（单位成本）=\frac{6\ 400}{280+80\times 50\%}=20（元/件）$$

完工产品应负担制造费用=280×20＝5 600（元）

月末在产品应负担制造费用=80×50%×20＝800（元）

或=6 400－5 600＝800（元）

表 7-38　第二步骤成本计算单

产品名称：乙半成品　　　　完工产量：250件

金额单位：元

摘　要		自制半成品	直接人工	制造费用	合　计
月初在产品成本		3 200	450	850	4 500
本月生产费用		36 400	5 350	10 750	52 500
生产费用合计		39 600	5 800	11 600	57 000
完工产品	总成本	30 000	5 000	10 000	45 000
	单位成本	120	20	40	180
月末在产品成本		9 600	800	1 600	12 000

表 7-39 第三步骤成本计算单

产品名称：丙库存商品　　　　完工产量：300 件

金额单位：元

摘　　要		自制半成品	直接人工	制造费用	合　　计
月初在产品成本		1 200	600	1 500	3 300
本月生产费用		45 000	8 850	30 000	83 850
生产费用合计		46 200	9 450	31 500	87 150
完工产品	总成本	42 000	9 000	30 000	81 000
	单位成本	140	30	100	270
月末在产品成本		4 200	450	1 500	6 150

第二、三步骤的成本计算与第一步骤相同。

采用综合结转分步法，各步骤所耗半成品的成本是通过“自制半成品”项目综合反映的，结转半成品成本时比较简便，且可以提供各步骤所耗半成品的综合指标，但不能提供按原始成本项目反映的成本资料。成本计算步骤越多，最后一个步骤产品成本明细账上“自制半成品”项目的成本在产成品成本中占的比重就越大。这显然不符合产品成本结构的实际情况，不能据以从整个企业的角度来考核和分析产品成本的构成和水平。为了改变成本结构被扭曲的状况，必须进行成本还原。

成本还原是将完工产品成本中的“自制半成品”项目的综合成本采用倒推法，逐步分解为原始的成本项目，然后将各步骤相同的成本项目数额相加，求得按规定的成本项目反映的产品成本。成本还原的方法，通常有以下两种。

第一种方法，按半成品各成本项目各占全部成本的比重还原。采用这种方法，首先要确定各步骤完工产品的成本结构，即各成本项目占全部成本的比重，然后，从最后一个生产步骤开始，将库存商品成本中的半成品综合成本乘以前一步骤该种半成品的各成本项目的比重，就可以把综合成本进行分解。如果成本计算在两步以上，那么第一次成本还原后，还会有未还原的半成品成本，这时应将未还原的半成品成本，再乘以前一步骤该种半成品的各成本项目的比重，以此类推，直到半成品成本还原为原始成本项目为止。

第二种方法，按各步骤耗用半成品的总成本占上一步骤完工半成品总成本的比重还原。这一方法的原理与第一种方法相同，先确定产成品成本中半成品综合成本占上一步骤本期所产该种半成品总成本的比例，然后以此比例从最后一个生产步骤开始，分别乘以上一步骤本期所产该种半成品各成本项目的成本。即可将耗用半成品的综合成本进行分解、还原。计算公式如下：

$$成本还原率=\frac{本期库存商品耗用上一步骤半成品成本合计}{上一步骤本期所产该半成品成本合计}$$

某成本项目还原数 = 上一步骤本期所产该半成品某成本项目金额×成本还原率

【例 7-5】仍依例 7-4 资料，用两种方法进行成本还原，编制产品成本还原计算表，如表 7－40 和表 7－41 所示。

表 7-40　产品成本还原计算表（第一种方法）

产品名称：丙库存商品　　　　完工产量：300 件

金额单位：元

项　　目	自制半成品	直接材料	直接人工	制造费用	合　　计
还原前产品成本	42 000	—	9 000	30 000	81 000
第二步骤半成品成本	30 000	—	5 000	10 000	45 000
第二步骤成本结构	66. 67%	—	11. 11%	22. 22%	100%
第一次成本还原	28 000	—	4 667	9 333	42 000
第一步骤半成品成本	—	28 000	2 800	5 600	36 400
第一步骤成本结构	—	76. 92%	7. 69%	15. 39%	100%
第二次成本还原	—	21 538	2 154	4 308	28 000
还原后产品总成本	—	21 538	15 821	43 641	81 000
产品单位成本	—	71. 49	52. 74	145. 47	270

表 7-40 中：

第二步骤成本结构为：

$$自制半成品=\frac{30\ 000}{45\ 000}=66.67\%$$

$$直接人工=\frac{5\ 000}{45\ 000}=11.11\%$$

$$制造费用=\frac{10\ 000}{45\ 000}=22.22\%$$

第一次成本还原金额：

$$自制半成品=42\ 000\times 66.67\%=28\ 000（元）$$

$$直接人工=42\ 000\times 11.11\%=4\ 667（元）$$

$$制造费用=42\ 000\times 22.22\%=9\ 333（元）$$

第一步骤成本结构为：

$$自制半成品=\frac{28\ 000}{36\ 400}=76.92\%$$

$$直接人工=\frac{2\ 800}{36\ 400}=7.69\%$$

$$制造费用=\frac{5\ 600}{36\ 400}=15.39\%$$

第二次成本还原金额：

$$直接材料=28\ 001\times 76.92\%=21\ 538（元）$$

$$直接人工=28\ 001\times 7.69\%=2\ 154（元）$$

$$制造费用=28\ 001\times 15.38\%=4\ 308（元）$$

库存商品总成本：

直接材料＝21 538（元）
直接人工＝9 000+4 667+2 154＝15 821（元）
制造费用＝30 000+9 333+4 308＝43 641（元）

表 7-41 产品成本还原计算表（第二种方法）

产品名称：丙库存商品　　　　完工产量：300 件
金额单位：元

项　目	成本还原率	自制半成品	直接材料	直接人工	制造费用	合　计
还原前产品成本		42 000	—	9 000	30 000	81 000
第二步骤半成品成本		30 000	—	5 000	10 000	45 000
第一次成本还原	0. 933333	28 000	—	4 667	9 333	42 000
第一步骤半成品成本		—	28 000	2 800	5 600	36 400
第二次成本还原	0. 769231	—	21 538	2 154	4 308	28 000
还原后产品总成本		—	21 538	15 821	43 641	81 000
产品单位成本		—	71. 79	52. 74	145. 47	270

表 7-41 中，

第一次成本还原率＝$\frac{42\ 000}{45\ 000}$＝0. 933 333

第一次成本还原金额：

自制半成品＝30 000×0. 933 333＝28 000（元）
直接人工＝5 000×0. 933 333＝4 667（元）
制造费用＝10 000×0. 933 333＝9 333（元）

第二次成本还原率＝$\frac{28\ 000}{36\ 400}$＝0. 769 231

第二次成本还原金额：

直接材料＝28 000×0. 769 231＝21 538（元）
直接人工＝2 800×0. 769 231＝2 154（元）
制造费用＝5 600×0. 769 231＝4 308（元）

库存商品总成本：

直接材料＝21 538（元）
直接人工＝9 000+4 667+2 154＝15 821（元）
制造费用＝30 000+9 333+4 308＝43 641（元）

3. 分项结转分步法

分项结转分步法，是将上一步骤半成品成本按照成本项目分项结转到下一步骤成本计算单上相应的成本项目的一种方法。如果半成品通过半成品库收发，半成品明细账也要分别按成本项目进行登记。这种结转方法可以直接提供产成品成本的原始结构，无须进行成本还原。但生产步骤较多时，转账手续比较烦琐，工作量大。

【例 7-6】某企业生产甲产品由两个车间完成，第一车间生产半成品 A，直接转入第二车间，第二车间生产最终完工产品甲，材料在生产开始时一次投入，两个车间的期末在产品完工程度均为 50%，采用分项结转分步法计算产品成本，产品产量记录及成本费用资料如表 7-42 和表 7-43 所示。

表 7-42　产品产量记录

单位：件

项　目	第一车间	第二车间	库存商品
月初在产品数量	15	15	
本月投入或上车间转入数量	85	90	
本月完工或转入下车间数量	90	95	95
月末在产品数量	10	10	

表 7-43　成本费用资料

金额单位：元

项　目			直接材料	直接人工	制造费用	合计
月初在产品成	第一车间		2 000	330	120	2 450
	第二车间	上车间转入	795	300	80	1 175
		本车间发生		150	70	220
本月生产费用	第一车间		18 000	924	830	19 754
	第二车间		——	1 650	1 250	2 900

根据上述资料，分项结转分步法的计算过程如表 7-44 和表 7-45 所示。

表 7-44　第一车间成本计算单

产品名称：A 半成品

完工产量：90 件

金额单位：元

摘　要		直接材料	直接人工	制造费用	合　计
月初在产品成本		2 000	330	120	2 450
本月生产费用		18 000	924	830	19 754
生产费用合计		20 000	1 254	950	22 204
约当产量		90+10=100	90+5=95	95	
完工产品	总成本	18 000	1 188	900	20 088
	单位成本	200	13. 20	10	223. 2
月末在产品成本		2 000	66	50	2 116

成本计算单中有关项目计算过程如下：

$$直接材料费用分配率（单位成本）=\frac{20\ 000}{90+10}=200（元/件）$$

完工产品应负担材料成本=90×200＝18 000（元）

月末在产品应负担材料成本=10×200＝2 000（元）

$$直接人工费用分配率（单位成本）=\frac{1\ 254}{90+10\times 50\%}=13.20（元/件）$$

完工产品应负担人工成本=90×13. 20=1 188（元）

月末在产品应负担人工成本=10×50%×13. 20=66（元）

$$制造费用分配率（单位成本）=\frac{950}{90+10\times 50\%}=10（元/件）$$

完工产品应负担制造费用=90×10=900（元）

月末在产品应负担制造费用=10×50%×10=50（元）

表 7-45　第二车间成本计算单

产品名称：甲成品　　　　完工产量：95 件

金额单位：元

摘　　要			直接材料	直接人工	制造费用	合　计
月初在产品成本	上车间转入		795	300	80	1 175
	本车间发生			150	70	
本月生产费用	上车间转入		18 000	1 188	900	20 088
	本车间发生			1 650	1 250	2 900
生产费用合计	上车间转入		18 795	1 488	980	21 263
	本车间发生			1 800	1 320	3 120
完工产品	总成本	上车间	17 005	1 346. 15	886. 35	19 237. 50
		本车间	——	1 710	1 254	2 964
	单位成本	上车间	179	14. 17	9. 33	202. 50
		本车间	——	18	13. 20	31. 20
月末在产品成本	上车间转入		1 790	141. 85	93. 65	2 025. 50
	本车间发生		——	90	66	156

成本计算单中有关项目计算过程如下。

（1）上车间转入半成品的单位成本为：

$$直接材料分配率（单位成本）=\frac{18\ 795}{95+10}=179（元/件）$$

$$直接人工分配率（单位成本）=\frac{1\ 488}{95+10}=14.17（元/件）$$

$$制造费用分配率（单位成本）=\frac{980}{95+10}=9.33（元/件）$$

(2) 本车间发生费用的单位成本为：

$$直接人工分配率（单位成本）=\frac{1\ 800}{95+10\times 50\%}=18（元/件）$$

$$制造费用分配率（单位成本）=\frac{1\ 320}{95+10\times 50\%}=13.20（元/件）$$

(3) 完工产品成本为：

完工甲产品应负担的材料费用=95×179＝17 005（元）
完工甲产品应负担的人工费用=95×（14.17+18）=3 056.15（元）
完工甲产品应负担的制造费用=95×（9.33+13.20）=2 140.35（元）

(4) 月末在产品成本为：

月末在产品应负担的材料费用=10×179＝1 790（元）
月末在产品应负担的人工费用=10×14.14+10×50%×18≈231.4（元）
月末在产品应负担的制造费用=10×9.33+10×50%×13.20≈159.3（元）

4. 逐步结转分步法的优缺点及应用条件

综上所述，逐步结转分步法具有以下优点。

(1) 能够提供各个生产步骤的半成品成本资料。

(2) 不论是综合结转还是分项结转，半成品成本都是随着半成品实物的转移而结转，因而还能为半成品和在产品的实物管理和资金管理提供数据资料。

(3) 能够全面反映各步骤完工产品中所耗上一步骤半成品费用水平和本步骤加工费用水平，有利于各步骤的成本管理。

同时，逐步结转分步法也具有以下缺点。

(1) 这一方法的核算工作比较复杂，核算工作的及时性较差。

(2) 在采用综合结转半成品成本的情况下，往往需要进行成本还原，如果采用分项结转半成品成本法，各步骤成本的结转工作又比较复杂，核算工作量比较大。

与上述优缺点相联系，逐步结转分步法一般适宜于在半成品种类不多、逐步结转半成品成本的工作量不是很大的情况下，或者半成品的种类较多，但管理上要求提供各个生产步骤半成品成本资料的情况下采用。

7.4.3 平行结转分步法

1. 平行结转分步法概述

(1) 平行结转分步法的概念及适用范围。平行结转分步法是指各加工步骤不计算其所产半成品的成本，也不计算各步骤耗用上一步骤的半成品成本，只计算本步骤发生的直接材料、直接人工、制造费用，以及这些费用应计入库存商品成本的“份额”。然后，将同一产品的各步骤成本计算单中应计入库存商品的“份额”平行结转、汇总，即可计算出库存商品成本。因此，这种方法也称为“不计算半成品成本法”。

平行结转分步法一般适用于大批大量多步骤生产，各步骤所产半成品种类较多，但又不需要计算半成品成本的企业。

（2）平行结转分步法的特点。平行结转分步法与逐步结转分步法相比具有明显的特点，主要表现如下。

①成本计算对象是各生产步骤和最终的产成品。平行结转分步法以各生产步骤和最终步骤的产成品作为成本计算对象，并按生产步骤和产品品种设置产品成本计算单。在平行结转方式下，各生产步骤不计算半成品成本，只计算本步骤所发生的各项费用。

②半成品成本不随实物转移而结转。在平行结转分步法下，各生产步骤之间不逐步结转半成品成本，只是在产成品入库时，才将各步骤费用中应计入库存商品成本的份额，从各步骤产品成本明细账中转出。采用这一方法，无论半成品实物是在生产步骤之间直接结转，还是通过半成品库收发，都不通过“自制半成品”账户进行总分类核算和明细核算。

③成本计算期。采用平行结转分步法，其成本计算期与会计报告期一致，按月定期计算产品成本。

④月末，生产费用要在库存商品与广义的在产品之间进行分配。在平行结转分步法下，为了计算各生产步骤发生的生产费用中应计入库存商品的“份额”，必须将每一生产步骤的生产费用在完工产品与月末在产品之间进行分配。但应注意的是，这里的完工产品是指企业最后完工的产成品。与此相联系，这里的在产品是指对整个企业而言的广义在产品。

⑤将各步骤费用中应计入库存商品的份额平行结转、汇总，计算该种库存商品的总成本和单位成本。

（3）平行结转分步法的计算程序。

①按产品的生产步骤和产品品种设置产品成本明细账。各步骤成本明细账按成本项目归集本步骤发生的生产费用，不包括耗用上一步骤半成品的成本。

②月末，将各步骤归集的生产费用在完工产成品与广义在产品之间进行分配，计算各步骤应计入库存商品成本的“份额”。

③将各步骤应计入库存商品成本的“份额”从各步骤产品成本明细账中平行结转汇总，即可计算出该种产成品的总成本和单位成本。

平行结转分步法的计算程序如图 7－7 所示。

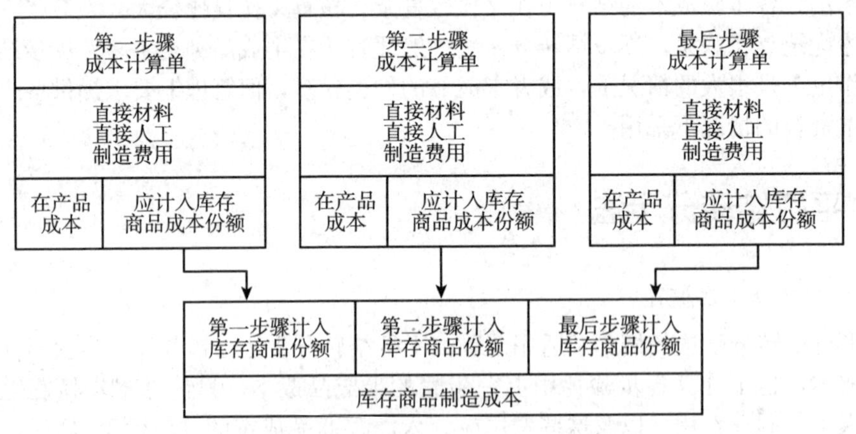

图 7-7　平行结转分步法成本计算程序图

2. 平行结转分步法应用

由上述可见，在平行结转分步法下，如何正确确定各步骤生产费用中应计入库存商品成本的“份额”，是正确计算产成品成本的关键所在。在平行结转分步法下，通常采用约当产量法、定额比例法将各步骤生产费用在最终库存商品和广义在产品之间进行分配。

（1）约当产量法。在采用约当产量法时，通常运用以下公式计算：

$$\text{某步骤应计入库存商品成本的份额}=\text{库存商品数量}\times\text{单位库存商品耗用该步骤半成品的数量}\times\text{该步骤半成品单位成本}$$

$$\text{该步骤半成品单位成本}=\frac{\text{该步骤月初在产品成本}+\text{该步骤本月生产费用}}{\text{该步骤的约当产量}}$$

$$\text{该步骤的约当产量}=\text{最终完工产品数量}+\text{本步骤月末在产品约当产量}+\text{本步骤以后各步骤月末在产品数量}$$

或：$$\text{该步骤的约当产量}=\text{本步骤完工产品数量}+\text{本步骤月末在产品约当产量}+\text{本步骤以后各步骤月初在产品数量}$$

【例 7-7】某企业制造甲产品，经过三个生产步骤，采用平行结转分步法计算产品成本。半成品在第一、二、三步骤间直接转移，原材料系生产开始时一次投入，各步骤计入库存商品成本份额采用约当产量法计算。设置“直接材料”“直接人工”“制造费用”三个成本项目。有关产量及成本费用资料如表 7－46 和表 7－47 所示。

表 7-46 甲产品产量资料

单位：件

项　目	第一步骤	第二步骤	第三步骤	库存商品
月初在产品数量	30	35	20	
本月投入或上步转入数量	100	90	95	
本月完工数量	90	95	100	100
月末在产品数量	40	30	15	
月末在产品完工程度	40%	50%	60%	

表 7-47 甲产品成本费用资料

金额单位：元

项　目		直接材料	直接人工	制造费用	合　计
月初在产品成本	第一步骤	12 000	5 720	2 000	19 720
	第二步骤	—	4 600	1 600	6 200
	第三步骤	—	880	320	1 200
本月生产费用	第一步骤	54 600	13 600	4 440	72 640
	第二步骤	—	13 600	4 640	18 240
	第三步骤	—	8 930	2 950	11 880

根据上述资料，平行结转分步法计算过程如表 7－48 至 7－50 所示。

表 7-48　第一步骤成本计算单

金额单位：元

摘　　要	直接材料	直接人工	制造费用	合　　计
月初在产品成本	12 000	5 720	2 000	19 720
本月生产费用	54 600	13 600	4 440	72 640
生产费用合计	66 600	19 320	6 440	92 360
约当产量	185	161	161	
单位产品成本	360	120	40	520
计入库存商品成本份额	36 000	12 000	4 000	52 000
月末在产品成本	30 600	7 320	2 440	40 360

表 7-48 中约当产量和单位成本的计算：

直接材料的约当产量= 100+（15+30+40） = 185（件）

直接人工和制造费用的约当产量= 100+（15+30+40×40%） = 161（件）

$$直接材料单位成本=\frac{66\ 600}{185}=360（元/件）$$

$$直接人工单位成本=\frac{19\ 320}{161}=120（元/件）$$

$$制造费用单位成本=\frac{6\ 440}{161}=40（元/件）$$

计入库存商品成本份额：

计入库存商品的直接材料 = 100×360 = 36 000（元）

计入库存商品的直接人工 = 100×120 = 12 000（元）

计入库存商品的制造费用 = 100×40 = 4 000（元）

表 7-49　第二步骤成本计算单

金额单位：元

摘　　要	直接人工	制造费用	合　　计
月初在产品成本	4 600	1 600	6 200
本月生产费用	13 600	4 640	18 240
生产费用合计	18 200	6 240	24 440
约当产量	130	130	
单位产品成本	140	48	188
计入库存商品成本份额	14 000	4 800	18 800
月末在产品成本	4 200	1 440	5 640

表 7-49 中约当产量和单位成本的计算：

$$直接人工和制造费用的约当产量 = 100+（15+30×50\%）= 130（件）$$

$$直接人工单位成本 = \frac{18\ 200}{130} = 140（元/件）$$

$$制造费用单位成本 = \frac{6\ 240}{130} = 48（元/件）$$

计入库存商品成本份额：

$$计入库存商品的直接人工 = 100×140 = 14\ 000（元）$$

$$计入库存商品的制造费用 = 100×48 = 4\ 800（元）$$

表 7-50　第三步骤成本计算单

金额单位：元

摘　　要	直接人工	制造费用	合　　计
月初在产品成本	880	320	1 200
本月生产费用	8 930	2 950	11 880
生产费用合计	9 810	3 270	13 080
约当产量	109	109	
单位产品成本	90	30	120
计入库存商品成本份额	9 000	3 000	12 000
月末在产品成本	810	270	1 080

表 7-50 中约当产量和单位成本的计算：

$$直接人工和制造费用的约当产量 = 100+15×60\% = 109（件）$$

$$直接人工单位成本 = \frac{9\ 810}{109} = 90（元/件）$$

$$制造费用单位成本 = \frac{3270}{109} = 30（元/件）$$

计入库存商品成本份额：

$$计入库存商品的直接人工 = 100×90 = 9\ 000（元）$$

$$计入库存商品的制造费用 = 100×30 = 3\ 000（元）$$

根据上述各步骤应计入库存商品成本份额的计算资料编制库存商品成本汇总表，如表7－51 所示。

表 7-51 库存商品成本汇总表

金额单位：元

成本项目	直接材料	直接人工	制造费用	合　计
第一步骤计入库存商品成本份额	36 000	12 000	4 000	52 000
第二步骤计入库存商品成本份额	—	14 000	4 800	18 800
第三步骤计入库存商品成本份额	—	9 000	3 000	12 000
库存商品总成本	36 000	35 000	11 800	82 800
库存商品单位成本	360	350	118	828

（2）定额比例法。在采用定额比例法时，通常运用以下公式计算：

$$\text{某步骤应计入库存商品成本的份额}=\frac{\text{该步骤月初在产品成本}+\text{本月生产费用}}{\text{库存商品该步骤定额}+\text{月末在产品该步骤定额}}\times\text{库存商品该步骤定额}$$

$$\text{库存商品该步骤定额}=\text{库存商品数量}\times\text{该步骤单位定额}$$

$$\text{月末在产品该步骤定额}=\text{月初在产品定额}+\text{本月投入产品定额}-\text{库存商品定额}$$

【例 7-8】乙产品完工入库 100 件，在该种产品的工时定额中，某步骤所占的工时定额为 200 h。该步骤月初在产品定额工时为 12 000 h，本月投入产品的定额工时为18 000 h。月初在产品和本月投入的加工费用共 9 000 元。计算该步骤库存商品负担的费用额和月末在产品成本。

库存商品该步骤定额工时= 100×200 = 20 000（h）

库存商品负担的费用额= ［9 000/（12 000+18 000）］×20 000= 6 000（元）

月末在产品定额工时= 12 000+18 000 − 20 000 = 10 000（h）

月末在产品成本= ［9 000/（12 000+18 000）］×10 000 = 3 000（元）

3. 平行结转分步法的优缺点及应用条件

总结以上所述，平行结转分步法与逐步结转分步法相比较，具有以下优点。

（1）简化和加速了成本计算工作。因为采用平行结转分步法，各步骤可以同时计算产品成本，然后将各步骤应计入库存商品成本的份额平行结转、汇总，计入库存商品成本，不必逐步结转半成品成本，从而可以简化和加速成本计算工作。

（2）便于加强成本分析。采用平行结转分步法，一般是按成本项目平行结转、汇总各步骤成本中应计入库存商品成本份额，因而能够直接提供按原始成本项目反映的库存商品成本资料，不必进行成本还原，既简化了成本核算工作，又便于加强成本分析。

由于平行结转分步法各步骤不计算也不结转半成品成本，因而其存在以下缺点。

（1）不利于各步骤的成本管理。由于平行结转分步法不能提供各步骤半成品成本及各步骤所耗上一步骤半成品的成本资料，因而不能全面地反映各步骤生产耗费的水平，不利于各步骤的成本管理。

（2）不利于在产品的实物管理和资金管理。由于平行结转分步法各步骤间不结转半成品成本，使半成品实物转移与成本结转相脱节，也就不能为各步骤在产品的实物管理和资金管理提供资料。

从以上分析中可以看出，平行结转分步法的优缺点正好与逐步结转分步法的优缺点相反。平行结转分步法一般只宜于在半成品种类较多、逐步结转半成品成本的工作量较大、管理上又不要求提供各步骤半成品成本资料的情况下采用。

通过分析，逐步结转分步法和平行结转分步法，虽然同属于产品成本计算的分步法，但在适用范围、结转方式、优缺点等方面存在较大的差异。具体来看，它们之间的不同点可概括如表 7－52 所示。

表 7-52　逐步结转分步法与平行结转分步法区别

	逐步结转分步法	平行结转分步法
成本结转方式	按步骤顺序依次计算成本，并按步骤顺序依次结转半成品成本，最后计算出库存商品成本	不需计算半成品成本，将库存商品应负担各步骤成本份额平行结转汇总，求得库存商品成本
在产品含义	狭义在产品	广义在产品
设置账户（成本项目）	如果半成品通过半成品库收发，应设置“自制半成品”账户。若不通过半成品库收发，则不必设置	半成品不论是否通过半成品库收发，都不设置“自制半成品”账户
适用范围	各步骤所产半成品种类较少，管理上要求计算半成品成本的企业	各步骤所产半成品种类较多，管理上不要求计算半成品成本的企业

练习题

一、单项选择题

1. 工业企业的（　　），是按照生产组织方式的特点来划分的。

A. 单步骤生产　　B. 复杂生产　　C. 多步骤生产　　D. 大量生产

2. 生产特点和管理要求对成本计算方法的影响主要表现在（　　）。

A. 生产组织方式的特点　　B. 生产工艺过程的特点

C. 生产管理的要求　　D. 产品成本计算对象的确定

3. 决定成本计算对象的因素是生产特点和（　　）。

A. 成本计算实体　　B. 成本计算时期

C. 成本管理要求　　D. 成本计算方法

4. 单件、小批生产按（　　）计算成本。

A. 产品品种　　B. 完工产品　　C. 产品类别　　D. 产品批别

5. 品种法适用的生产组织是（　　）。

A. 大量成批生产　　B. 大量大批生产

C. 大量小批生产　　D. 单件小批生产

6. 作为最基本的成本计算方法，（　　）的计算程序代表了产品成本计算的一般程序。

A. 分批法　　B. 分类法　　C. 品种法　　D. 分步法

7. 采用简化的分批法，各批产品、完工产品与在产品之间分配间接计入费用，都是利用（　　）分配的。

A. 累计间接计入费用分配率　　B. 累计生产工时

C. 累计原材料费用分配率　　D. 间接计入费用分配率

8. 在小批单件多步骤生产情况下，如果管理不要求分步计算产品成本，应采用的成本计算方法是（　　）。

A. 分批法　　B. 分步法

C. 分类法　　D. 定额成本法

9. 采用简化分批法，各产品完工以前产品成本明细账（　　）。

A. 只登记各种材料费用

B. 登记间接计入费用，不登记直接计入费用

C. 登记直接计入费用，不登记间接计入费用

D. 不登记任何费用

10. 下列情况中，不适宜采用简化分批法的是（　　）。

A. 产品的批数较多　　B. 月末未完工产品批数较多

C. 各月间接计入费用水平相差不多　　D. 各月间接计入费用水平相差较多

11. 在各种产品成本计算方法中，必须设置基本生产成本明细账的方法是（　　）。

A. 分类法　　B. 定额法

C. 简化分批法　　D. 平行结转分步法

12. 平行结转分步法下，每一生产步骤完工产品的费用，是（　　）。

A. 该步骤完工半成品的成本

B. 该步骤生产费用中用于产成品成本的份额

C. 上步骤完工半成品的成本

D. 该步骤生产费用中用于在产品成本的份额

13. 采用平行结转分步法时，完工产品是指（　　）。

A. 企业最后完工的产品　　B. 广义的在产品

C. 第一步骤的半成品　　D. 各步骤所耗上一步骤半成品

14. 成本还原对象是（　　）。

A. 产成品成本　　B. 各步骤半成品成本

C. 最后步骤产成品成本　　D. 产成品成本中所耗半成品成本费用

15. 下列方法中，不计算半成品成本的分步法是（　　）。

A. 平行结转分步法　　B. 分项结转分步法

C. 综合结转分步法　　D. 逐步结转分步法

16. 采用综合结转分步法计算产品成本时，若有三个生产步骤，则需进行的成本还原的次数是（　　）。

A. 一次　　B. 二次　　C. 三次　　D. 四次

二、多项选择题

1. 制造业的生产类型，按照生产工艺过程划分，可以分为（　　）。
   A. 大批生产　B. 小批生产
   C. 单步骤生产　D. 多步骤生产
   E. 单件生产
2. 下列方法中，属于产品成本计算基本方法的有（　　）。
   A. 分步法　B. 分类法
   C. 定额法　D. 分批法
   E. 定额比例法
3. 影响产品成本计算方法的因素有（　　）。
   A. 生产费用归集的方法　B. 成本计算对象的确定
   C. 间接费用的分配方法　D. 在产品成本的计算
   E. 成本计算期的确定
4. 品种法是（　　）。
   A. 最基本的成本计算方法　B. 适用于小批单步骤生产
   C. 不要求按产品批别计算成本　D. 适用于大量大批单步骤生产
   E. 企业供水、电、气单步骤辅助生产的大量生产
5. 品种法的特点主要体现在（　　）等方面。
   A. 成本计算对象　B. 成本计算期
   C. 生产费用的归集
   D. 生产费用一般不需在完工产品与在产品之间进行分配
   E. 方法的选择
6. 在下列企业中，可采用分批法计算成本的企业有（　　）。
   A. 重型机械厂　B. 造船厂
   C. 发电厂　D. 专用设备生产厂
   E. 造纸厂
7. 分批法成本计算的特点是（　　）。
   A. 以生产批次作为成本计算对象　B. 产品成本计算期不固定
   C. 按月计算产品成本
   D. 一般不需要进行完工产品和在产品成本分配
   E. 以生产批次设置生产成本明细账
8. 按分批法计算产品成本时，间接计入生产费用的分配方法有（　　）。
   A. 当月分配法　B. 约当产量法
   C. 累计分配法　D. 综合分配率法
   E. 定额成本法
9. 采用分批法计算产品成本，作为某一成本计算对象的批别，可以按（　　）确定。
   A. 本企业规定的产品批别　B. 同一订单中的多种产品
   C. 不同订单中的不同产品　D. 不同订单中的同种产品
   E. 同一订单中同种产品的组成部分

10. 逐步结转分配法的优点是（　　）。

A. 简化和加速了成本计算工作，不必进行成本还原

B. 能够提供各步骤半成品成本资料

C. 能够为半成品和产成品的实物管理及资金管理提供数据

D. 有利于开展成本分析工作

E. 能够反映各步骤所耗半成品费用和本步骤加工费，有利于各步骤的成本管理

11. 平行结转分步法的特点是（　　）。

A. 各步骤半成品成本要随着半成品实物的转移而转移

B. 需要计算转出完工半成品成本

C. 各步骤半成品成本不随半成品实物的转移而转移

D. 成本计算对象是完工产品成本份额

E. 不需要计算转出完工半成品成本

12. 采用分项结转法结转半成品成本的优点是（　　）。

A. 不需要进行成本还原　　B. 成本核算手续简便

C. 能够真实地反映产品成本结构

D. 便于从整个企业的角度考核和分析产品成本计划的执行情况

E. 便于各生产步骤完工产品的成本分析

13. 逐步结转分步法与平行结转分步法的区别在于（　　）。

A. 成本计算期不同　　B. 在产品含义不同

C. 成本项目不同　　D. 产成品成本计算方法不同

E. 费用归集内容不同

三、判断题

1. 制造业的生产类型，按其生产组织方式的特点划分，可分为大量生产、成批生产和单件生产三大类。（　　）

2. 生产类型不同，管理要求不同，产品成本计算对象也应有所不同。（　　）

3. 由于每个企业最终都必须按照产品品种算出成本，因此，品种法是成本计算方法中最基本的方法。（　　）

4. 在大量、大批生产的情况下，由于各批产品的生产周期不同，因此，成本计算期是非定期的。（　　）

5. 企业往往同时运用或结合运用几种成本计算方法。（　　）

6. 按品种法计算产品成本时，不存在将生产费用在各种产品之间分配的问题。（　　）

7. 品种法下，成本计算期一般与会计报告期一致，而与生产周期不一致。（　　）

8. 分批法与品种法的主要区别是成本计算对象和成本计算期不同。（　　）

9. 如果是单件生产，产品完工前，产品成本明细账所计的生产费用，都是在产品成本。（　　）

10. 在月末未完工产品批数较多的情况下，不适宜采用简化的分批法。（　　）

11. 简化的分批法下，不论月份内是否有完工产品，都应计算累计间接计入费用分配率。（　　）

12. 平行结转分步法不能提供各个步骤的半成品成本资料。（　　）

13. 不论是综合结转还是分项结转，半成品成本都是随着半成品实物的转移而结转的。（　）

14. 平行结转分步法下的生产费用在完工产品与产品之间的分配，所指的生产费用只是本步骤本身发生的费用。（　）

15. 采用平行结转分步法时，不论半成品是在各生产步骤之间转移还是通过半成品库收发，都应通过“自制半成品”科目进行总分类核算。（　）

四、计算分析题

1. 某企业设有一个基本生产车间和供电、锅炉两个辅助生产车间，大量生产 A、B 两种产品，根据生产特点和管理要求，采用品种法计算产品成本。有关成本计算资料如下。

（1）月初在产品成本。A 产品月初在产品成本为 80 000 元，其中直接材料 40 000 元，直接人工 24 000 元，制造费用 16 000 元；B 产品无月初在产品成本。

（2）本月生产数量。A 产品本月实际生产工时 81 000 h，本月完工 1 600 件，月末在产品 800 件，在产品原材料已全部投入，加工程度为 50%。B 产品本月实际生产工时为 54 000 h，本月完工1 000件，月末无在产品。

供电车间本月供电 612 000 kW·h，其中锅炉车间 60 000 kW·h，产品生产 400 000 kW·h、基本生产车间一般消耗 20 000 kW·h，行政管理部门消耗 132 000 kW·h。电的计划成本为 0. 40 元/kW·h。

锅炉车间本月供气 29 000 m³，其中供电车间 2 000 m³，基本生产车间 20 000 m³，行政管理部门消耗 7 000 m³。气的计划成本为 4. 60 元/m³。

（3）本月发生生产费用。

①本月发出材料汇总表如表 7-53 所示。

表 7-53　发出材料汇总表

材料类别：原材料　　　　金额单位：元

领料用途	直接领用	共同领用	合　计
产品生产直接消耗	600 000	120 000	720 000
A 产品耗用	400 000		400 000
B 产品耗用	200 000		200 000
基本生产车间一般耗用	8 000		8 000
供电车间消耗	124 000		124 000
锅炉车间消耗	20 000		20 000
行政管理部门消耗	12 000		12 000
合　计	764 000	120 000	884 000

②本月工资结算汇总表及职工福利费列支表如表 7-54 所示。

表 7-54 职工薪酬汇总表

金额单位：元

人员类别	应付工资总额	列支应付福利费
产品生产工人	540 000	75 600
供电车间人员	20 000	2 800
锅炉车间人员	24 000	3 360
基本生产车间管理人员	16 000	2 240
行政管理人员	60 000	8 400
合　计	660 000	92 400

③本月应提折旧费 98 000 元，其中基本生产车间 60 000 元，供电车间 12 000 元，锅炉车间 10 000 元，行政管理部门 16 000 元。

④本月支付修理费 10 000 元，其中基本生产车间 4 000 元，供电车间 2 400 元，锅炉车间 1 600 元，行政管理部门 2 000 元。

⑤本月以现金支付的费用为 12 000 元，其中基本生产车间办公费 2 800 元，供电车间办公费 800 元，锅炉车间办公费 400 元，修理费 1 600 元，行政管理部门办公费 1 200 元、差旅费 5 200 元。

⑥本月以银行存款支付的费用为 142 000 元，其中基本生产车间水费 4 000 元、办公费 2 000元，供电车间外购电力和水费 80 000 元，锅炉车间水费 40 000 元、办公费 1 600 元、修理费 2 400 元，行政管理部门办公费 3 600 元、差旅费 8 000 元、招待费 400 元。

辅助生产车间发生的制造费用分别计入各自生产成本明细账，不通过制造费用账户。辅助生产成本采用计划成本分配法进行分配，成本差异计入管理费用。A、B 两种产品共同用料按两种产品直接耗用原材料比例分配。生产工人工资、职工福利费和制造费用均按实际生产工时比例分配。采用约当产量法计算 A 产品完工产品成本和月末在产品成本。

要求：采用品种法计算 A、B 产品成本，并编制相关的会计分录。

2. 长城工厂的产品成本计算采用分批法，20××年 3 月份同时生产三批产品：批号# 101 A产品，1 月份投产，产量 20 台，2 月份已完工 8 台，本月完工 12 台，批号# 201 B 产品，2 月份投产，产量 30 台，本月完工 30 台；批号# 301C 产品，本月投产，产量 45 台，本月尚未完工。3 月份有关成本资料如下。

（1）月初在产品成本如表 7-55 所示。

表 7-55 3 月初在产品成本

金额单位：元

产品批号及名称	月份	摘 要	直接材料	直接人工	制造费用
# 101A 产品	1		12 000	2 200	1 980
	2		38 000	8 800	6 020
	2	减完工 8 台的计划成本	－27 600	－7 160	－6 160
# 201B 产品	2		9 300	1 040	1 080

（2）本月耗用原材料及生产工时如表 7-56 所示。

表 7-56 3 月耗用原材料及生产工时

产品批号	产品名称	直接材料	生产工时/h
# 101	A 产品	20 000	1 240
# 201	B 产品	15 000	1 660
# 301	C 产品	9 800	500

（3）本月发生直接人工成本 18 700 元，制造费用 20 400 元。

要求：①编制费用分配表，按生产工人工时比例分配直接人工成本和制造费用。

②登记产品成本明细账，计算各种完工产品的总成本和单位成本。

③编制完工产品入库的会计分录。

3. 新益工厂的生产组织属于小批生产，产品批数多，每月末完工不多，为简化核算，采用简化的分批法计算产品成本。20××年 7 月、8 月有关成本资料如下。

（1）产品批号及完工情况如表 7-57 所示。

表 7-57 产品批号及完工情况

批　号	产　品	投产日期	完工情况
701 批号	甲产品 12 件	7 月 12 日投产	8 月 15 日完工
702 批号	乙产品 8 件	7 月 28 日投产	8 月 30 日完工 3 件
801 批号	丙产品 6 件	8 月 15 日投产	尚未完工

（2）各批号各月份发生的原材料费用及生产工时如表 7-58 所示。

表 7-58 各批号各月份发生的原材料费用及生产工时

批　号	时间/月	原材料费用/元	生产工时/h
701 批号	7 8	12 400 10 600	1 020 1 780
702 批号	7 8	30 800 0	4 140 5 560
801 批号	8	25 000	1 200

702 批号产品的原材料是在生产开始时一次投入的，其完工 3 件产品的生产工时为 6 800 h。

（3）7 月，该厂全部在产品的工资及福利费为 24 800 元，制造费用为 27 920 元。

（4）8 月，该厂全部产品的工资及福利费为 36 850 元，制造费用为 488 00 元。

要求：采用简化的分批法，登记产品成本明细账，并计算完工产品总成本和单位成本。编制完工产品入库的会计分录。

4. 某工业企业大量生产乙产品，该产品分三个步骤由三个车间连续加工制成。原材料在生产开始时一次投入，其他费用随加工程度逐步发生，月末在产品完工程度均为50%。第一步骤生产的A半成品和第二步骤生产的B半成品均通过半成品仓库收发，发出半成品的成本采用加权平均法确定。该企业6月份有关产品产量与产品成本资料如表7-59和表7-60所示。

表7-59 产量记录

单位：件

项　目	第一步骤	第二步骤	第三步骤
月初在产品数量	75	45	120
本月投入（或领用）数量	450	375	280
本月完工数量	360	300	370
月末在产品数量	165	120	30

表7-60 产品成本资料

金额单位：元

项　目		直接材料	自制半成品	直接人工	制造费用	合　计
月初在产品成本	第一步骤	5 250	—	1 035	2 100	8 385
	第二步骤	—	6 285	645	2 070	9 000
	第三步骤	—	26 330	10 650	5 925	42 905
本月生产费用	第一步骤	42 000	—	8 700	14 715	65 415
	第二步骤	—		16 275	15 930	32 205
	第三步骤	—		32 085	29 110	61 195

A半成品6月初结存90件，实际成本13 050元；B半成品6月初结存100件，实际成本24 800元。

要求：根据以上资料，按逐步综合结转分步法计算乙产品成本。

5. 某企业生产甲产品，由两个车间进行，采用分项结转分步法计算产品成本，在产品按固定成本计算，原材料系在开始生产时一次投入。产量资料和定额及生产费用资料如表7-61和表7-62所示。

表7-61 产品产量和定额资料

单位：件

项　目	一车间	二车间
月初在产品数量	80	60
本月投产数量	120	180
本月完工数量	180	200
月末在产品数量	20	40

表 7-62 生产费用资料

金额单位：元

成本项目		直接材料	燃料及动力	直接工资	制造费用	合 计
单件定额成本	一车间	20	10	20	9	59
	二车间	77. 50	26. 40	39. 20	14	157. 10
月初在产品成本	一车间	1 600	400	800	360	3 160
	二车间	4 650	792	1 176	420	7 038
本月生产费用	一车间	9 500	1 215	3 494	2 595	16 804
	二车间		920	1 300	630	2 850

要求：根据上述资料，采用分项结转分步法计算甲产品成本。

6. 某企业生产甲产品，经过三个步骤，原材料在开始生产时一次投入，月末在产品按约当产量法计算，各步骤在产品完工程度均为50%。有关产量记录和生产费用记录资料如表7-63和表7-64所示。

表 7-63 产品产量记录

单位：件

项 目	一步骤	二步骤	三步骤
月初在产品数量	80	60	30
本月投产数量	120	160	120
本月完工数量	160	120	100
月末在产品数量	40	100	50

表 7-64 生产费用资料

金额单位：元

成本项目		直接材料	燃料及动力	直接工资	制造费用	合 计
月初在产品成本	一步骤	12 000	2 400	3 500	2 200	20 100
	二步骤		2 200	3 120	2 000	7 320
	三步骤		650	890	600	2 140
本月生产费用	一步骤	31 500	6 240	8 650	5 900	52 290
	二步骤		5 800	7 280	5 800	18 880
	三步骤		2 350	3 235	2 400	7 985

要求：根据上述资料，采用平行结转分步法计算甲产品成本。

第 8 章　产品成本计算的辅助方法

8.1　产品成本计算的分类法

8.1.1　产品成本计算分类法概述

1. 分类法的概念及适用范围

产品成本计算的分类法是以产品的类别作为成本计算对象，归集生产费用，计算各类产品的实际成本，再按照一定的分配标准在类内产品之间进行成本分配，计算出类内各种产品生产成本的方法。有一些工业企业，产品品种、规格繁多，如果按照产品品种为计算对象归集生产费用，计算产品成本，那么成本计算工作就太繁杂了，在可以按照一定标准将产品分类的情况下，可以首先按照产品类别归集和分配生产费用，计算各类产品成本，然后类内再采用一定的分配方法，确定不同品种或规格的各种产品成本。因此，分类法只是成本计算的辅助方法，可以与品种法、分批法、分步法等成本计算的基本方法结合起来应用。

分类法一般适用于使用同样原材料，通过基本相同的加工工艺过程，所生产产品品种、规格、型号繁多，但可以按一定标准予以分类的生产企业。分类法与生产类型没有直接的关系，可以应用在各种类型的生产中。

小 贴 士

适合使用分类法的产品很多，例如灯泡厂生产的同一类别不同瓦数的灯泡；食品企业生产的原料相同的面包、饼干；钢铁企业生产的钢材和钢锭；电缆厂生产的各种规格的电线、电缆；制鞋厂生产皮鞋、雨鞋、布鞋、球鞋、旅游鞋、休闲鞋等。

2. 分类法的特点

(1) 分类法以产品的类别作为成本计算对象，归集该类产品的生产费用。直接费用直接计入，各类产品共同耗用的费用，采用一定的分配标准分配计入，汇总计算出该类产品总成本。

(2) 分类法的成本计算期要根据生产特点及管理要求来确定。如果是大批量生产，结合品种法或分步法进行成本计算，则应定期在月末进行成本计算；如果与分批法结合运用，成本计算期可不固定，而与生产周期一致。

（3）生产费用总额的分配。采用分类法计算产品成本，如果月末在产品数量较多，应将该类产品生产费用总额在完工产品和月末在产品之间进行分配。

（4）分类法不是一种独立的基本成本计算方法。由上述分类法的特点来看，分类法并不是一种独立的基本成本计算方法，它要根据各类产品的生产工艺特点和管理的要求，与品种法、分批法、分步法结合使用。

3. 分类法的成本计算程序

（1）按照产品的类别设置产品成本明细账，然后以产品类别作为成本计算对象设立成本计算单，设置产品成本明细账，计算各类产品的成本。

分类法下应合理确定产品类别，将不同品种、规格的产品归类，一般应以产品结构、所耗原材料和生产工艺过程相同或相近为标志。

（2）按照规定的成本项目汇集生产费用，直接或分配计入各类产品成本明细账，企业可根据生产特点和管理要求，采用品种法、分批法和分步法计算确定每一类完工产品总成本。

（3）选择合理的分配标准，分别将每类产品的成本，在类内各种产品之间进行分配，计算每类产品内各种产品的总成本和单位成本。

分类法的成本计算程序如图 8-1 所示。

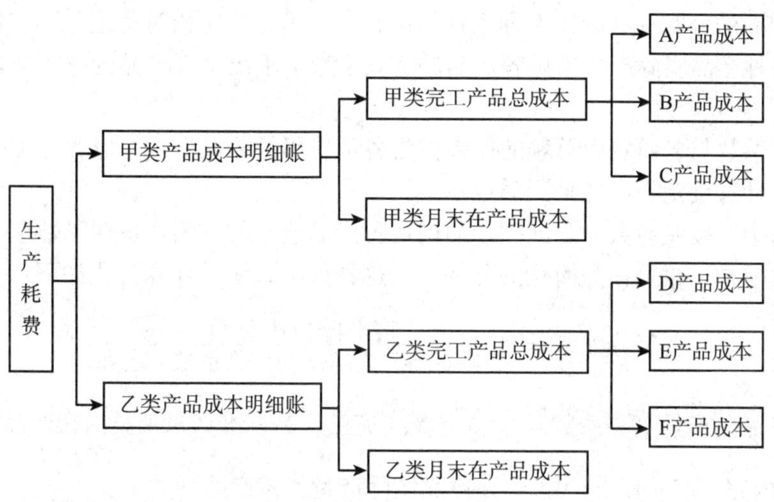

图 8-1　成本计算分类法的计算程序图

4. 分类法的优缺点

（1）优点。采用分类法计算产品成本，领料单、工时记录等原始凭证和原始记录不必按产品品种，而只需按产品类别填列；同样，各种费用分配表也只需按产品类别分配费用，产品成本明细账只按产品类别开设，从而能够简化成本计算工作，而且在产品品种、规格繁多的情况下，除了能够提供各种产品的成本资料外，还能够提供各类产品的成本信息，便于对各类产品成本进行分析和考核。

（2）缺点。在分类法下的各项生产费用的归集与分配，首先是在各类产品之间进行的，对于某一品种或某一规格的产品而言，即使是属于该品种或该规格所耗用的直接计入费用，也不作为该品种或该规格产品的直接计入费用，而是将这些费用与间接计入费用一样处理，均计入所属类别的成本中，然后再按一定的标准在类内各产品之间进行分配，因而分配结果具有一定的假定性，易导致类内各种产品成本平均化，从而影响成本计算的准确性。

8.1.2 类内产品成本的计算方法

按类别计算出各类产品的总成本后，如何将每类产品的总成本在类内各种产品之间进行分配，从而计算出各种完工产品的成本，是一个重要问题。类内产品费用分配标准一般有定额消耗量、定额费用、售价及产品重量、体积和长度等。

类内产品成本的计算，在一般情况下是采用系数法、定额比例法计算。

1. 系数法

为了简化分配工作，也可以将分配标准折算成相对固定的系数，按照固定的系数分配同类产品内各种产品的成本。具体步骤如下。

(1) 在同类产品中，选择一种产量较大、生产比较稳定或售价比较稳定的产品作为标准产品，把这种产品的标准系数定为1。

(2) 用其他各种产品的分配标准额与标准产品的分配标准额相比，求出其他产品的分配标准与标准产品的分配标准的比率即系数。系数一经确定，应相对稳定，不应任意变更。

(3) 用各种产品实际产量乘以各产品的折算系数，求出全部产品的总系数，又称为标准产品产量。

(4) 以总系数与各项费用总额的比率作为各项费用的分配率，并以此分配率乘以各产品的标准产量，计算确定类内各种产品成本。

在分类法中，按照系数分配同类产品内各种产品成本的方法，也叫系数法。因此，系数法是分类法的一种，也可称为简化的分类法。这种分配方法的计算公式如下：

$$\text{费用分配率}=\frac{\text{应分配费用总额}}{\text{类内标准产品总产量(总系数)之和}}$$

$$\text{类内标准产品总产量(总系数)}=\sum(\text{类内完工产品标准产量}+\text{类内在产品标准产量})$$

$$\text{类内完工产品标准产量}=\text{该产品实际产量}\times\text{该产品系数}$$

$$\text{类内在产品标准产量}=\text{在产品数量}\times\text{完工程度}\times\text{该产品系数}$$

$$\text{某产品系数}=\frac{\text{该产品定额消耗量(或定额工时、售价、体积等)}}{\text{标准产品定额消耗量(或定额工时、售价、体积等)}}$$

$$\text{某产品负担的费用}=\text{该产品标准产量}\times\text{费用分配率}$$

$$\text{在产品负担的费用}=\text{在产品标准产量}\times\text{费用分配率}$$

【例8-1】某企业生产的甲、乙、丙三种产品的结构、所用原材料和工艺过程相近，合为一类计算成本，其中以乙产品为标准产品。类内各种产品之间分配费用的标准为：原材料费用按照原材料定额费用系数分配，其他费用按定额工时系数分配。该类产品月初、月末在产品成本按年初固定数计算。有关产量、定额、费用资料如表8-1和表8-2所示。

表 8-1　该类产品完工产量及定额记录

产品名称	原材料费用定额/元	工时定额/h	完工产量/件
甲产品	240	8.2	1 000
乙产品	300	10	1 200
丙产品	360	12	800

表 8-2　该类产品费用资料

金额单位：元

摘　　要	直接材料	直接人工	制造费用	合　　计
月初在产品成本	40 000	3 000	5 000	48 000
本月生产费用	592 000	62 580	89 400	743 980

该类产品成本计算过程如下。

（1）根据原材料费用定额、工时定额计算原材料费用系数及工时系数，如表 8-3 所示。

表 8-3　原材料费用系数、工时系数计算表

产品名称	原材料费用定额/元	原材料费用系数	工时定额/h	工时系数
甲产品	240	0.8	8.2	0.82
乙产品（标准产品）	300	1	10	1
丙产品	360	1.2	12	1.2

（2）计算投料总系数、投工总系数，如表 8-4 所示。

表 8-4　该类产品总系数计算表

产品名称	产量	原材料费用系数	投料总系数	工时系数	投工总系数
（1）	（2）	（3）	（4）＝（2）×（3）	（5）	（6）＝（2）×（5）
甲产品	1 000	0.8	800	0.82	820
乙产品（标准产品）	1 200	1	1 200	1	1 200
丙产品	800	1.2	960	1.2	960
合　计	3 000		2 960		2 980

（3）按产品类别开设产品成本明细账，填制该类产品成本计算单如表 8-5 所示。

表 8-5　该类产品成本计算单

金额单位：元

摘　　要	直接材料	直接人工	制造费用	合　　计
月初在产品成本	40 000	3 000	5 000	48 000
本月生产费用	592 000	62 580	89 400	743 980

续表

摘　要		直接材料	直接人工	制造费用	合　计
生产费用合计		632 000	65 580	94 400	791 980
月末在产品成本		40 000	3 000	5 000	48 000
完工产品总成本		592 000	62 580	89 400	743 980
分配率		200	21	30	
甲产品	总成本	160 000	17 220	24 600	201 820
	单位成本	160	17.22	24.60	201.82
乙产品	总成本	240 000	25 200	36 000	301 200
	单位成本	200	21	30	251
丙产品	总成本	192 000	20 160	28 800	240 960
	单位成本	240	25.20	36	301.20

各种费用分配率计算如下：

$$\text{直接材料分配率}=\frac{592\ 000}{2\ 960}=200\text{（元/件）}$$

$$\text{直接人工分配率}=\frac{62\ 580}{2\ 980}=21\text{（元/件）}$$

$$\text{制造费用分配率}=\frac{89\ 400}{2\ 980}=30\text{（元/件）}$$

2. 定额比例法

定额比例法是指以类内各种产品的定额消耗指标比例作为分配标准，计算某类完工产品总成本的一种方法。适用于定额管理基本工作好，各项定额资料完整、准确、稳定的企业。具体步骤如下。

（1）分别成本项目算出各类产品的本月定额成本或定额耗用总数。在实际工作中，为简化核算，通常只计算原材料定额成本（定额消耗量）和定额工时，各成本项目则根据原材料定额成本（定额消耗量）和定额工时比例进行分配。

（2）分别成本项目求得各类产品本月实际总成本，并计算出各项费用分配率。有关计算公式为：

$$\text{原材料成本分配率}=\frac{\text{某类产品原材料实际总成本}}{\text{某类产品的原材料定额成本（定额消耗量）总额}}$$

$$\text{直接人工、制造费用分配率}=\frac{\text{某类产品直接人工或制造费用实际总成本}}{\text{某类产品的定额工时总额}}$$

（3）将一类产品中各种产品分别成本项目计算的定额成本或定额消耗量乘以相关的分配率，即可求得各种产品的实际成本。有关计算公式为：

$$\text{同类产品中某种产品原材料成本}=\text{该种产品材料定额成本（或定额消耗量）}\times\text{原材料成本分配率}$$

同类产品中某种产品直接人工、制造费用成本= 该种产品定额工时×直接人工、制造费

用分配率

$$在产品的原材料成本=\frac{在产品的材料定额成本}{（或定额消耗量）}\times原材料成本分配率$$

在产品的直接人工、制造费用成本= 在产品定额工时×直接人工、制造费用

【例 8-2】某轴承厂生产 9626 轴承和 9638 轴承两大类产品，每类产品又有各种不同规格的轴承。根据生产特点，采用分类法归集生产费用，结合定额比例法计算成本。该厂 20××年5 月 9626 类别产品的成本资料如表 8－6 所示。

表 8-6　成本资料表

类别：9626　　20××年 5 月　　金额单位：元

摘　要	成本项目			合　计
	直接材料	直接人工	制造费用	
月初在产品成本	238 000	32 500	47 180	317 680
本月发生费用	482 000	65 900	101 620	649 520
合　计	720 000	98 400	148 800	967 200

该厂 5 月 9626 类别产品的产量及其定额资料如表 8－7 所示。

表 8-7　产品产量及其定额计算表

20××年 5 月

产品类别	产品名称	数量	材料定额成本/元		定额工时/时	
			单　位	合　计	单　位	合　计
9626	完工产品					
	HA800	2 000	80	160 000	20	40 000
	HA500	4 000	50	200 000	15	60 000
	HA90	1 000	120	120 000	30	30 000
	HA30	2 500	60	150 000	10	25 000
	小　计			630 000		155 000
	期末在产品	（从略）		170 000		85 000
	合　计			800 000		240 000

根据表 8-6 和表 8-7 资料，计算各种产品成本，如表 8－8 所示。

表 8-8　产品成本计算表

类别：9626　　20××年 5 月　　金额单位：元

摘　要	直接材料		定额工时	直接人工	制造费用	合　计
	定额成本	实际成本				
月初在产品成本		238 000		32 500	47 180	317 680
本月发生费用		482 000		65 900	101 620	649 520

续表

摘　　要		直接材料		定额工时	直接人工	制造费用	合　　计
		定额成本	实际成本				
生产费用合计		800 000	720 000	240 000	98 400	148 800	967 200
分 配 率			0.90		0.41	0.62	
月末在产品成本		170 000	153 000	85 000	34 850	52 700	240 550
完工产品成本		630 000	567 000	155 000	63 550	96 100	726 650
HA800	总成本	160 000	144 000	40 000	16 400	24 800	185 200
	单位成本		72		8.20	12.40	92.60
HA500	总成本	200 000	180 000	60 000	24 600	37 200	241 800
	单位成本		45		6.15	9.30	60.45
HA90	总成本	120 000	108 000	30 000	12 300	18 600	138 900
	单位成本		108		12.30	18.60	138.90
HA30	总成本	150 000	135 000	25 000	10 250	15 500	160 750
	单位成本		54		4.10	6.20	64.30

表 8-8 中分配率的计算：

直接材料分配率= 720 000/800 000 = 0.90
直接人工分配率= 98 400/240 000 = 0.41
制造费用分配率= 148 800/240 000 = 0.62

完工产品成本：

直接材料：630 000×0.90 = 567 000（元）
直接人工：155 000×0.41 = 63 550（元）
制造费用：155 000×0.62 = 96 100（元）

8.1.3 联产品、副产品和等级产品的成本计算

在炼油、化学、煤气、食品等生产行业中，往往出现使用相同的原材料在同一生产过程中生产出几种性质、用途不同的产品；或出现使用相同的原材料，经过同一生产过程生产出了品级或质量不同的同一产品。这些产品根据其具体情况可分为联产品、副产品和等级产品。

1. 联产品成本的计算

联产品是指使用同样的原材料，经过同一生产工艺过程，生产出具有同等地位、不同使用价值的两种或两种以上的主要产品。例如：乳品厂以原奶为原料同时加工出脱脂牛奶和奶油；制糖厂以甘蔗为原料同时生产出白砂糖和赤砂糖；煤气厂在生产煤气同时也生产出煤焦油、焦炭等产品。这些产品虽然性质和用途不同，但都有较高的经济价值，是企业生产的主要目的。

各种联产品的产出，有的要到生产过程结束才能分离出来，有的则是在生产过程的某一步

骤先分离出来。把联产品分离出来时的生产步骤称为“分离点”，分离点是联产品生产过程的结束、各种产品可以辨认的生产分界点。分离后的联产品有的可以直接对外销售，有的还需要进一步加工后再出售。各种联产品在分离点之前发生的共同成本叫作联合成本；而把各种联合产品在分离点后单独发生的可归属的加工成本，叫作可归属成本。联产品的成本关系如图 8-2 所示。

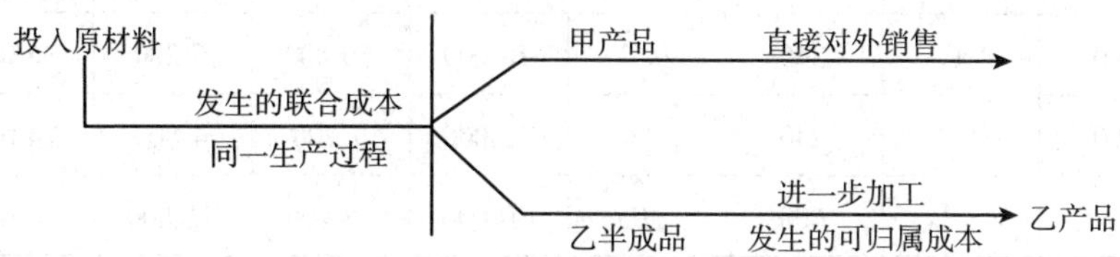

图 8-2　联产品成本关系图

从联产品的生产特点来看，联产品在分离前，不可能按每种产品分别归集生产费用，计算其产品成本，只能先将这些联产品作为一类产品，采用分类法。如果分离后的联产品需要进一步加工，则应按照分离后的生产特点，选择相应的方法归集该产品单独发生的可归属成本。这样，该产品的总成本就等于它负担的联合成本和可归属成本之和。

小贴士

将联合成本分配到联产品中是服务于财务报表的价值计算所需，与企业决策无关。因为达到分离点时联合成本已经发生了，它表现为一种沉没成本，无论将来采取什么活动，都没有办法改变它。

联合成本的分配方法常用的有系数分配法、实物量分配法、销售价值分配法和净实现价值分配法。目前我国使用较多的是系数分配法。

（1）系数分配法。

【例 8-3】某企业用某种原材料，经过同一工艺过程生产出甲乙两种主要产品，选定甲产品作为标准产品，采用系数分配法分配联合成本。甲产品分离后还需要继续加工才能对外销售，并发生少量的加工费；乙产品则在分离后直接对外销售。2018 年 8 月，生产甲产品 360 kg，乙产品 200 kg，无期初期末在产品。甲产品每千克售价为 150 元，乙产品每千克售价为 180 元，假定甲乙产品均已全部售出，有关生产耗费资料如表 8-9 所示。

表 8-9　生产耗费资料

金额单位：元

项　　目	直接材料	直接人工	制造费用	合　　计
分离前的联合成本	30 000	18 000	12 000	60 000
分离后甲产品的可归属成本	5 760	1 980	1 260	9 000

根据上述资料，以售价为标准，确定甲乙产品系数，计算标准产量，分配联合成本，编

制联合成本计算分配表，如表 8－10 所示。

表 8-10　联合成本计算分配表

金额单位：元

产品名称	产量/kg	系数	标准产量/kg	分配率	应负担联合成本				
					直接材料	直接人工	制造费用	总成本	单位成本
甲产品	360	1	360	0.6	18 000	10 800	7 200	36 000	100
乙产品	200	1.2	240	0.4	12 000	7 200	4 800	24 000	120
合　计	—	—	600	1	30 000	18 000	12 000	60 000	—

在实际工作中，除了按实际产量计算标准产量外，还可以根据原材料投料情况测得各种联产品的计划产量（也称为理论产量），然后按计划产量计算出的标准产量来分配联合成本。这样能够反映各种联合产品实际收得率的高低对产品成本的影响，对改进工艺过程，提高收得率有一定的促进作用。

（2）实物量分配法。实物量分配法是国外分配联合成本普遍采用的方法，即按分离点的各种联产品的实物量，如重量、体积或其他实物量度比例来分配联合成本。实物量比例分配法又可分为简单平均单位成本法和加权平均单位成本法。单位加权平均成本法类似于上面所讲的系数分配法，将重量折算成标准重量后再按比例分配给各联产品的成本。简单平均单位成本法比较简单，它是将联合成本除以各联产品的产量之和得到的平均单位成本，由于它是平均单位成本，因此各联产品的单位成本一致。

实物量分配法的优点是简便易行，计算出的各联产品的单位成本相同，但忽略了产品的销售价值，容易造成单位售价低的联产品发生亏损情况。此外，并不是所有的成本都与实物量直接相关，因此，这种方法适用于产品的成本与实物量直接相关、各联产品售价价值较为均衡的联合成本分配。

（3）销售价值分配法。销售价值分配法是按生产的各种联产品总售价比例，将联合成本在各种联产品之间进行分配。这种方法的理论依据是强调经济价值，认为联合生产过程的联产品是同时生产出来的，并不是只生产出其中一种，那么从销售中所获得收益也应在各种联产品之间进行分配，也就是说，售价较高的联产品应该成比例地负担较高份额的联合成本，售价较低的联产品应该负担较低份额的联合成本，目的是使这些联产品取得相同的毛利率。

销售价值分配法把联合成本的分配与联产品的销售价值联系起来，弥补了实物量分配法的缺陷，但不是所有的成本都与售价有关，所有的联产品也并非具有相同的获利能力。这种方法适用于分离后不需要进一步加工，而且售价变动不大的联产品计算。

（4）净实现价值分配法。如果联产品在分离后还需要进一步加工，以各种联产品销售价值总额比例分配联合成本，可能会出现分离后进一步加工较多的联产品毛利率偏低，甚至亏损情况。为了弥补这一缺陷，各种联产品的联合成本可采用净实现价值分配法。净实现价值是指产品最终销售价值减去可归属成本后的价值。净实现价值分配法是以产品的净实现价值为标准，将联合成本在各联产品之间进行分配的方法。

联产品的联合成本分配方法很多，企业应根据其特点和联产品的加工情况，选择适当的方法，既要简便易行，又要使联合成本分配结果尽可能合理准确。

2. 副产品成本的计算

副产品是指使用同种原材料，在生产主要产品的同一生产过程中，自然地附带生产出的非主要产品。例如，炼油企业在提炼原油过程中产生的石油焦和渣油，酿酒厂在制酒过程中产出的酒糟等，都是副产品。副产品不是企业生产的主要目的，它的产量取决于主产品的产量，随主产品产量的变动而变动。

副产品与联产品之间既有联系又有区别。它们的相同点在于投入的原材料和生产过程。两者都是利用相同的原材料，经过同一生产过程生产的同源产品，即都是联合生产的产出物，都不可能按每种产品归集生产费用；联合产出来的各种联产品、副产品的性质和用途都不同；联合生产过程结束后，有的产品可以直接对外销售，有的则需要继续加工后才能对外销售。

副产品和联产品的主要区别在于产品价值的大小。副产品价值一般较低，不是企业生产活动的主要目的，只是在生产主要产品过程中附带产出的次要产品，在企业全部产品销售额中所占的比重很小，对企业经济效益影响不大；联产品价值一般较大，是企业的主要产品和企业生产活动的主要目的，其生产的好坏直接影响企业的经济效益。

联产品和副产品的区分实际上并不是一成不变。随着科学的发展、产品的开发和对资源的综合利用，副产品和联产品在一定条件下可以相互转化。

小贴士

副产品的例子有：洗煤生产过程中产生的煤泥，制皂生产中产生的甘油等，炼钢炉中产生的高炉煤气，都属于副产品。副产品同样可以给企业带来经济效益，所以应得到管理者关注。

副产品在分离后，有的作为产成品直接对外销售，有的需进一步加工后再售出，副产品的成本计算应视不同情况而定。

（1）直接对外销售副产品的成本计算。

①副产品不负担联合成本。如果副产品的价值较低，副产品可以不负担分离前的联合成本，联合成本主要由主产品负担，副产品的销售收入直接作为其他业务利润处理。

采用这种方法，计算简便，但由于副产品不负担分离前的联合成本，一定程度上会影响主产品成本的正确性。

②副产品作价扣除。如果副产品价值较高，可采用与分类法相似的方法计算成本，即将副产品与主要产品合为一类，开设成本计算单归集费用，然后按销售价格扣除税金和销售费用后的余额，作为副产品应负担的成本从联合成本中扣除。副产品的成本既可以从直接材料成本项目中一笔扣除，也可以按比例从联合成本各成本项目中减除。

（2）需要进一步加工的副产品的成本计算。如果副产品与主产品分离以后并不直接出售，还要进一步加工，然后再出售，对于这一类产品，应根据其加工生产的特点和管理要求，采用适当的方法单独计算副产品的成本。

①副产品只分担可分成本。采用这种方法时，副产品不分担分离前的联合成本，联合成本全部由主产品负担，副产品只分担分离后进一步加工的成本。显而易见，这种方法简便易行，但是它少计了副产品成本，多计了主产品成本。

②副产品成本按计划单位成本计算。如果副产品进一步加工所需时间不长，费用不大，为简化成本计算工作，可以只设主产品成本计算单，不设副产品成本计算单。副产品按计划单位成本计价，并将其计划成本从主产品成本计算单中转出，余额即为主产品的成本。

③副产品成本按实际成本计算。采用这种方法，需分别为主、副产品开设产品成本计算单，副产品成本计算单用来归集从主产品成本计算单中转来的费用和进一步加工所发生的费用，并计算产品的实际成本。

3. 等级产品成本的计算

等级产品是指使用相同的原材料，经过同一生产过程生产出来的品种相同而品级、质量有差别的不同产品。如针织厂、搪瓷厂生产的产品有一级品、二级品和三级品等不同的等级。等级产品与联产品、副产品既有联系又有区别。相同点是：它们都是使用相同的原材料，经过相同的生产工艺过程生产出来的产品。不同点是：等级产品是同一品种而质量品级不同的产品，而联产品、副产品之间由于性质、用途不同，属于不同品种的产品；各等级产品因质量存在差异，产品销售单价相应分为不同等级，而在每种联产品、副产品中，其质量比较一致，因此销售单价相同。

等级产品与废品是两个不同的概念。等级产品是合格品，在质量上的差异一般是在允许的设计范围之内的，这些差异一般不影响产品的正常使用；废品是指在等级以下、质量达不到设计要求的产品。

产品出现等级不同的原因一般有两种。一种是由于工人操作不当、技术不熟练等主观原因造成的。另一种是由于原材料的质量或受目前生产技术水平限制等客观原因造成的。例如，纺织厂由于原料原棉的等级不同，纺出的棉纱以及织成坯布的质量也有很大差别；某些电子元件厂由于受生产技术水平制约，难以控制其产品质量，生产出差别较大的等级产品。等级品成本的计算一般有下列几种方法。

(1) 按实物数量分配。如果不同质量的等级产品，是由于违规操作，或技术不熟练等主观原因造成的，那么它们应负担相同的成本。也就是说，等级低的产品应该和等级高的产品单位成本相同，等级低的产品由于售价低于等级高的产品而减少利润，企业则可以从低利或亏损来发现生产管理中存在的问题。

(2) 按系数分配。如果不同质量的等级产品，是由于目前生产技术水平、工艺技术条件和原材料质量等客观原因造成的，那么不同的等级产品应负担不同的成本，一般是按单位售价制定系数，按系数的比例来分配各等级产品的总成本。

8.2 产品成本计算的定额法

8.2.1 成本计算定额法概述

前面所述的成本计算方法——品种法、分批法、分步法和分类法下，其生产费用的日常核算和产品成本计算都是按照实际发生额进行归集和分配的，因此，生产费用和产品成本脱离定额的差异及其产生的原因，只有在月末通过实际资料与定额资料的对比与分析，才能得到反映，而不能在生产费用发生的当时就得到反映。为了改变传统成本核算方法事后提供成本信息的局面，定额法是期望将成本控制行为前置于核算过程，通过成本核算前的目标成本设定，到该目标成本在产品成本核算过程中的同步分析，再到产品完工后的成本业绩考核，从而实现对生产过程的事前、事中与事后的较为全面地控制。从操作的基本原理上看，就是解决生产过程中实际耗费的核算方式问题。定额法所采取的总体思路是将实际发生的耗费在进入相关的账户体系前，就将其划分为符合目标成本与不符合目标成本两部分耗费，符合目标成本与不符合目标成本的耗费采用差异化的会计处理方式，这样就直接将不符合目标成本的耗费暴露出来，可以及时发现存在的成本问题并采取相应的控制措施。

1. 定额法的概念及适用范围

定额法是指以产品定额成本为基础，加上或减去脱离定额的差异、材料成本差异和定额变动差异，来计算产品实际成本的方法。定额法与一般产品成本核算方法不同的是，它不是一种纯粹的成本核算方法，而是将成本核算与成本控制相结合的成本方法。成本计算采用定额法，其产品实际成本由定额成本、脱离定额差异、材料成本差异和定额变动差异四个因素组成。计算公式如下：

$$\text{产品实际成本}=\begin{matrix}\text{按现行定额计算的}\\\text{产品定额成本}\end{matrix}\pm\text{脱离定额差异}\pm\text{材料成本差异}\pm\begin{matrix}\text{月初在产品}\\\text{定额变动差异}\end{matrix}$$

无论何种生产类型，只要具备下列条件，都可采用定额法计算产品成本：①企业的定额管理制度比较健全，定额管理工作基础较好；②产品的生产已经定型，消耗定额比较准确、稳定。只是大量大批生产企业比较容易制定定额，比较容易达到上述两个条件，所以也可以说定额法主要适用于大量大批生产企业。所以，定额法最早应用于大量大批生产的机械制造企业，后来逐渐扩展到具备条件的其他工业企业。

定额法的成本计算对象既可以是最终完工产品，也可以是半成品，所以定额法既可以在整个企业运用，也可以只运用于企业中的某些生产环节或职能部门。

2. 定额法的特点

采用定额法的企业，能够在生产费用发生时就及时地反映、监督生产费用和产品成本脱离定额的差异，从而将成本计划、成本控制、成本核算、成本分析有机地整合，提高成本管理总体水平。其主要特点如下。

（1）在事前需要制定产品的消耗定额、耗费定额和产品的定额成本，作为降低成本的目标和成本控制的依据，对产品成本进行事前控制。

（2）在生产耗费发生的当时，将符合定额的耗费和发生的差异分别核算，包括脱离现行定额的差异核算、材料成本差异的核算和定额变动差异的核算，加强对成本差异的日常核算、分析与控制。

（3）月末在定额成本的基础上加减各种差异，计算产品的实际成本，为成本的定期考核和分析提供数据支持。

（4）定额成本法必须与成本计算的品种法、分批法和分步法等基本方法结合运用，因为它不是一种独立的成本计算方法。

3. 定额法的成本计算程序

定额法下，成本核算要事先制定科学合理的定额，实际生产费用归集与分配中的每一步都要分别依据定额成本、定额差异和定额变动来进行，具体的成本计算程序如下。

（1）按照企业生产工艺特点和管理要求，确定成本计算对象及成本计算的基本方法。定额法的成本数据流转也是由选定的成本核算的基本方法决定的，它是在成本计算对象已经确定下来后实施于其间的辅助成本核算方法。按成本计算对象设置产品成本明细账（产品成本计算单），专栏内各成本项目应分设“定额成本”“脱离定额差异”“定额变动差异”“材料成本差异”“产品实际成本”等各小栏目。

（2）制定定额成本。企业应当根据企业现行消耗定额和费用定额，按照企业确定的成本项目，每月或每季根据定额成本计算卡片编制产品定额成本计算表，分产品品种分别制定产品定额成本。

（3）核算脱离定额差异。在生产费用实际发生时，企业应将生产费用区分为符合定额的费用和脱离定额的差异，将符合定额的费用和脱离定额的差异分别编制凭证进行核算，并予以汇总，尤其是对差异凭证要严格控制，必须有一定的审批手续才能发生与入账。

（4）在定额变动的当月，应调整月初在产品定额成本，计算月初定额变动差异。

（5）在完工产品和月末在产品之间分配各项差异。

（6）计算完工产品的实际总成本和单位成本。以本月完工产品定额成本为基础，加上或减去各项差异，计算出完工产品的实际总成本，完工总成本除以总产量就是完工产品的单位实际成本。

定额法的成本计算程序如图 8－3 所示。

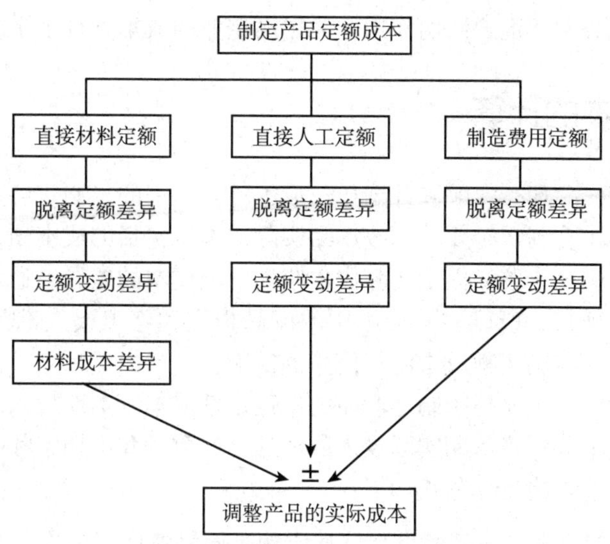

图 8-3 定额法的成本计算程序图

4. 定额法的优缺点

定额法是将事前制定定额、事中控制定额、事后分析定额执行情况等三个环节融为一体的一种成本核算方法和控制方法。

(1) 定额法的优点。

①有利于加强成本的日常控制。定额法在日常的生产费用核算中，通过对生产耗费和生产费用脱离定额差异的日常核算，可以及时发现问题，及早采取有效措施，节约生产耗费，降低成品成本。

②有利于企业定期进行成本分析。由于产品实际成本是按照定额成本和各种成本差异分别核算的，因此便于对各项生产耗费和产品成本进行定期分析，有利于进一步挖掘降低成本的潜力。

③有利于企业提高定额管理和成本计划制订的水平。通过核算差异，一方面可以反映实际生产耗费偏离定额程度，另一方面，也可以反映或检验定额成本的制定是否科学、合理、切于实际，促使企业及时修订各项定额，从而有利于企业提高定额管理水平。

④有利于各项费用定额差异及定额变动差异在完工产品和在产品之间的合理分配。由于有了现成的定额成本资料，可采用定额资料对定额差异及定额变动差异在完工产品和在产品之间进行分配。

(2) 定额法的缺点。

①定额法计算产品成本比采用其他方法核算工作量要大。因为采用定额法必须制定定额成本，单独核算脱离定额差异、材料成本差异，在定额变动时还必须修订定额成本，计算定额变动差异。

②定额法主要是按产品确定成本的定额差异和定额变动，不便于对各个责任部门的工作情况进行考核和分析。

③定额资料若不准确，则会影响成本计算的准确性。

因此，在采用定额法时，应注意减少其不足对成本计算的影响，采取有效的措施，降低不利因素的影响，充分发挥定额法的作用，为提高企业的成本管理水平服务。

8.2.2 定额成本的计算

定额成本是根据产品现行定额和计划单位成本计算出来的。制定各项定额成本是采用定额法必须具备的条件，在制定时要分别按产品实际成本所包括的成本项目进行，这样才能将实际成本与定额成本进行比较，揭示实际成本脱离定额成本的差异。通常定额成本中不包括废品损失和停工损失项目，所以实际成本中的废品损失和停工损失都是超过定额成本的差异。现行定额指的是在编制定额成本时正使用的定额。

制定产品的定额成本主要是指制定产品的单位定额成本。本期投入产品的定额成本和本期完工产品的定额成本分别按本期实际投入的产品生产数量和本期实际完工的产品数量与单位产品定额成本计算。具体计算公式如下：

直接材料定额成本= 产品原材料消耗定额×原材料计划单价

直接人工定额成本= 产品生产工时定额×计划小时工资率

制造费用定额成本= 产品生产工时定额×计划小时费用率

产品定额成本= 直接材料定额成本+直接人工定额成本+制造费用定额成本

其中：

$$计划小时工资率=\frac{预计某车间全年生产工人工资总额}{预计该车间全年定额工时总额}$$

$$计划小时费用率=\frac{预计某车间全年制造费用总额}{预计该车间全年定额工时总额}$$

定额成本一般是通过编制“定额成本计算表”的方式进行的。在定额成本计算表中，各成本项目的计算方法如下：“直接材料”“燃料及动力”项目，应根据现行的消耗定额、材料及燃料的计划价格计算；“直接人工”项目，应根据产品的现行工时消耗定额及每小时的计划工资率计算；“制造费用”项目应根据制造费用预算数额以及分配标准来计算，如果制造费用是以定额工时作为分配标准进行分配的，则应按现行分配标准和计划小时制造费用率计算。

企业的具体情况不同，其“定额成本计算表”的编制方法也不一样。它主要受产品的结构、产品零部件的多少等因素的影响。当产品的零部件较少时，可先计算零件的定额成本，然后在此基础上，计算部件的定额成本，最后汇总计算产品的定额成本；这样的制定过程是通过编制零件定额卡、部件定额成本计算表和产品成本定额成本计算表等进行的。产品定额成本编制程序如图 8－4 所示。

当产品的零、部件较多时，为了简化成本计算工作，可以不计算零件的定额成本，而直接计算部件定额成本，然后汇总计算产品的定额成本。或者也可以不编制部件的定额成本，根据零、部件定额卡和原材料计划单价、计划人工费额和计划制造费额等，直接计算产品定额成本。

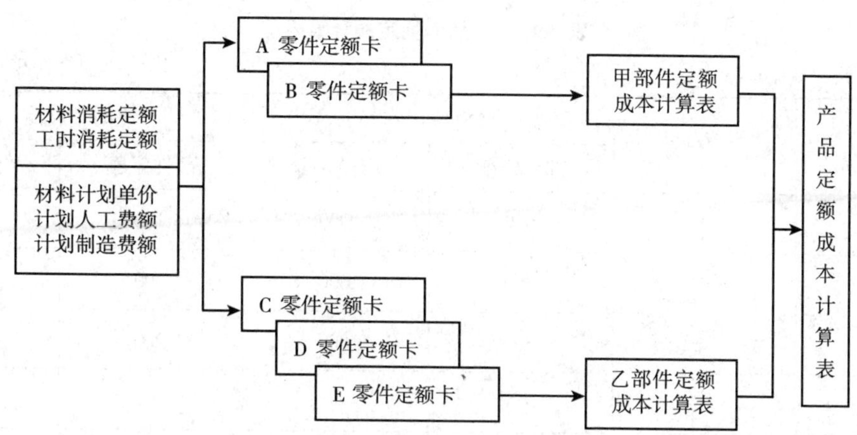

图 8-4 产品定额成本编制程序图

【例 8-4】某企业大量生产的甲、乙、丙三种产品，采用定额法计算产品成本，产品定额成本根据零件定额卡、部件定额卡计算。本月有关零件定额卡、部件定额卡、产品消耗定额计算表和产品定额成本计算汇总表如表 8－11 至表 8－14 所示。

表 8-11 零件定额卡

零件编号：L101　　零件名称：A 零件

材料编号	材料名称	计量单位	材料消耗定额
C200	H	kg	6
C201	M	kg	8
工　序	工时定额		累计工时定额
1	6		6
2	7		13
3	7		20

表 8-12 部件定额卡

部件编号：B601　　部件名称：B 部件
金额单位：元

工序或耗用零件名称	耗用零件数量	材料消耗定额							工时消耗定额
		H 材料			M 材料				
		数量	计划单价	金额	数量	计划单价	金额	材料合计	
L101A	1	6	8	48	8	9	72	120	20
L102	4	20	8	160	40	9	360	520	50
L103	2	10	8	80	20	9	180	260	10
组　装									20
合　计		36	8	288	68	9	612	900	100

表 8-13 产品消耗定额计算表

产品名称：甲产品　　　　金额单位：元

工序或耗用部件名称	耗用部件数量	材料费用定额		工时消耗定额	
		部件定额	产品定额	部件定额	产品定额
B601	1	900	900	100	100
B601	2	800	1 600	200	400
B601	4	500	2 000	200	800
装　配					200
合　计		—	4 500	—	1 500

表 8-14 产品定额成本计算汇总表

金额单位：元

产品名称	直接材料定额成本	工时消耗定　额	直接人工		制造费用		定额成本合　计
			计划工资率	定额成本	计划费用率	定额成本	
甲产品	4 500	1 500	4	6 000	2	3 000	13 500
乙产品	2 000	500	4	2 000	2	1 000	5 000
丙产品	4 000	1 000	4	4 000	2	2 000	10 000

定额成本是根据现行定额制定的，而现行定额是在计划期间内根据各种生产条件在某些具体情况下确定的，当这些生产条件中的任何一项发生变化，现行定额就应予以修订，从而也就需要修订定额成本。定额成本的修订工作与制定工作相似。

8.2.3 脱离定额差异的计算

定额成本是在成本核算之前就已确定，实际生产费用的发生是通过原始凭证及相关资料来汇集的，这样，计算和分析脱离定额成本的差异就成为定额法的核心内容。脱离定额差异是指产品生产过程中各项生产耗费的实际支出脱离现行定额或预算的差异，它反映了企业各项生产耗费支出的合理程度和执行现行定额的工作质量。

在日常核算中，当费用发生时，应将符合定额的费用与脱离定额的差异，分别编制定额凭证和差异凭证，并在有关的费用分配表和明细账中进行登记。及时、正确地核算和分析生产耗费脱离定额的差异，及时反映脱离定额差异是节约还是超支，然后分析差异原因和确定责任，这是定额成本法的核心。为了更好地控制成本，找出成本差异的原因，脱离定额差异的计算分别按成本项目进行。

1. 直接材料脱离定额差异的计算

在产品各成本项目中，直接材料费一般占有较大比重，而且绝大部分属于直接计入费用，因而有必要也有可能在费用发生的当时就按产品核算定额成本和脱离定额差异。直接材料脱离定额差异的计算公式是：

$$直接材料脱离定额差异=\left(\begin{matrix}实际\\消耗量\end{matrix}-\begin{matrix}实际\\产量\end{matrix}\times\begin{matrix}单位定额\\消耗量\end{matrix}\right)\times计划单价$$

$$实际产量\times单位定额消耗量=定额消耗量$$

从上述公式可以看出，直接材料定额差异只包括了材料耗用量差异，即量差部分，而价格差异是由材料成本差异进行核算的。直接材料量差一般分为超支差异与节约差异两种，直接材料量差的计算方法一般有限额领料法、切割核算法和盘存法三种。

（1）限额领料法。所谓限额领料法，也称差异凭证法，是根据企业制定的材料消耗定额来核算材料定额差异的一种方法。采用限额领料法来核算直接材料脱离定额差异时，一般应实行限额领料制度。企业应根据产品定额计算表中所确定的产品材料定额，编制“限额领料单”交给各单位，按限额领料单中所规定的限额领料。这样，在限额领料单的限额内领料，可控制材料的消耗量。凡是超过限额的领料，应设置专门的超额领料单等差异凭证。如果领用代用材料，则应将领用代用材料的数量，折算成原定额材料的数量，在限额领料单内冲减相应的数量。对于车间已领未用的材料，应及时办理退库手续。如果企业超限额领料是增加产量引起的，则应办理追加限额手续，仍采用限额领料单领料。月末时，将限额领料单内的材料余额和各种差异凭证进行汇总，即可计算出定额差异。其计算公式如下：

$$直接材料脱离定额差异=\left(\begin{matrix}材料实际\\消耗量\end{matrix}-\begin{matrix}材料定额\\消耗量\end{matrix}\right)\times材料计划单位成本$$

直接材料脱离定额差异处理程序如图 8－5 所示。

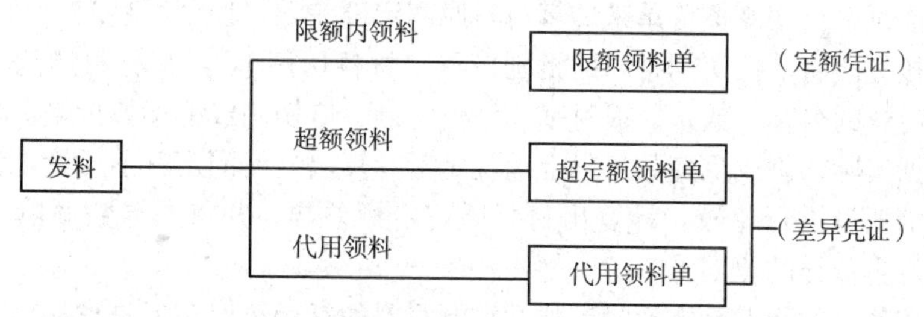

图 8-5　直接材料脱离定额差异处理程序

限额法是控制领料、促进用料节约的重要手段，但是它不能完全控制用料。这是因为，差异凭证中的差异仅仅是领料差异，而不一定是用料差异。只有在产品投产数量等于规定的产品数量，而且车间没有余料或者期初、期末余料数量相等的情况下，领料的差异才是用料脱离定额差异。因此，要控制用料不超支，不仅要控制领料不超过限额，而且还要控制产品的投产量不少于计划规定的产品数量；此外，还要注意车间有无余料和余料的数量。因此，应按下式计算本期直接材料的实际消耗量。

本期直接材料实际消耗量= 本期领用材料数量+期初结余材料数量 － 期末结余材料数量

【例 8-5】某企业基本生产车间限额领料单规定本月投入产品产量 500 件，单件材料消耗定额为 100 kg，则限额领料 50 000 kg。本月实际领料 45 000 kg，每千克计划单位成本 5 元。

现假定存在以下三种情况。

第一种情况：本月投入产品的原材料消耗定额与限额领料单规定的数量一致，即 500 件。车间月初、月末均无余额，则：

原材料定额消耗量= 500×100= 50 000（kg）

原材料脱离定额差异（消耗量）= 45 000 – 50 000 = – 5 000（kg）

原材料脱离定额差异（成本）= – 5 000×5 = – 25 000（元）（节约差异）

第二种情况：本月投入产品的原材料消耗定额不变，即 500 件，车间月初余料为2 000 kg，月末余料为 1 500 kg，则：

原材料定额消耗量= 500×100 = 50 000（kg）

原材料实际消耗量= 45 000+2 000 – 1 500 = 45 500（kg）

原材料脱离定额差异（消耗量）= 45 500 – 50 000 = – 4 500（kg）

原材料脱离定额差异（成本）= – 4 500×5 = – 22 500（元）（节约差异）

第三种情况：本月投入产品的原材料定额消耗量为 47 000 kg。车间月初余料仍为2 000 kg，月末余料为 1 500 kg，则：

原材料定额消耗量 = 47 000（kg）

原材料实际消耗量 = 45 000+2 000 – 1 500 = 45 500（kg）

原材料脱离定额差异（消耗量）= 45 500 – 47 000 = – 1 500（kg）

原材料脱离定额差异（成本）= – 1 500×5 = – 7 500（元）（节约差异）

由此可见，只有本期投入产品的原材料消耗定额与限额领料单规定的数量一致，而且车间无月初、月末余料或期初、期末余料相等的情况下，领料差异才是用料差异。

（2）切割核算法。为了更好地控制用料差异，对于需要切割才能使用的材料，如板材、棒材等，可以通过材料切割核算单来计算材料脱离定额差异，控制用料。

采用切割核算法时，按切割材料的批别设置“材料切割单”，在材料切割单内，应详细填明送交切割材料的名称、数量、成材率、消耗定额、应切割成毛坯数量等资料。在材料切割完成后，根据实际切割成毛坯数量乘上消耗定额计算出材料的定额消耗量，将定额消耗量与材料的实际消耗量进行比较，计算出材料脱离定额差异，并将差异数额填入材料切割单内，同时注明产生差异的原因。

采取切割核算法的优点是能及时反映和控制材料的耗用情况，但是材料切割单的填制工作量很大，因而只适用于按批核算材料脱离定额差异的一些贵重材料。

（3）盘存法。对于不需切割的材料，除采用限额法外，还可采用盘存法。所谓盘存法，是根据定期盘点的方法来计算材料的定额消耗量和脱离定额差异的方法，计算的时间可以是每天，也可以是每周或每旬，对生产中的余料进行盘点，根据材料领用数量和盘点所确定的余额，推算出一定日期材料的实际消耗量，以实际消耗量与按这一时期投产的数量乘上消耗定额所求得的定额耗用量相比较，计算出材料的脱离定额差异。盘存法的核算程序如下。

①用本期完工产品数量加上期末在产品数量，减去期初在产品数量，计算出本期投产数量，其中期末在产品数量是根据盘存数量（或账面数量）计算的，即

本期投产产品数量= 本期完工产品数量 + 期末在产品数量 – 期初在产品数量

该公式适用于原材料在生产开始时一次投入的情况，如果原材料随着生产的进行陆续投

入，则上式中期初、期末在产品数量应按约当产量计算。

②根据材料的消耗定额，计算出产品材料的定额消耗量。其的计算公式如下：

本期材料定额消耗量= 本期投产产品数量×材料消耗定额

③根据材料的定额领料凭证、差异凭证及车间的盘存资料，计算出产品的材料实际消耗量：

本期材料实际消耗量= 本期领料数量 + 期初结存材料数量 - 期末结存材料数量

④将产品的实际消耗量和定额消耗量进行比较，计算出材料脱离定额的差异。其计算公式如下：

直接材料脱离定额差异= （本期材料实际消耗量 - 本期材料定额消耗量）×材料计划单价

需要注意的是，上述公式中，用于计算原材料定额消耗量的是本期投产数量，而非本期完工数量。这是因为，本期完工数量所用的原材料包括期初在产品中的上月用料，但不包括期末在产品中的本期用料，以此计算的定额消耗量不准确。而本期投产数量所用的原材料包括期末在产品中的本期用料，但不包括期末在产品中的上期用料，因此，以本期投产数量为依据比较合理。

【例 8-6】假定某企业生产甲产品耗用 A 材料，材料系生产开始时一次投入。期初在产品为 100 件，本期完工产品为 1 000 件，期末在产品为 200 件。甲产品的原材料消耗定额为每件 5 kg，原材料的计划单价为 8 元/kg。限额领料单中载明的本期已实际领料数量为 5 000 kg。车间期初余料为 50 kg，期末余料为 30 kg。

原材料脱离定额差异计算如下：

本期 A 产品投产数量= 1 000+200 - 100 = 1 100（件）

原材料定额消耗量= 1 100×5 = 5 500（kg）

原材料实际消耗量= 5 000+50 - 30 = 5 020（kg）

原材料脱离定额差异= （5 020 - 5 500）×8 = -3 840（元）（节约差）

计算结果表明，A 产品材料脱离定额的差异为节约差 3 840 元。

如果原材料是随着生产进度陆续投入的，假设期初在产品的完工程度为 60%，期末在产品的完工程度为 50%，则根据上述资料计算直接材料脱离定额差异如下：

本期 A 产品投产数量=1 000+200×50% - 100×60% =1 040（件）

原材料定额消耗量=1 040×5 =5 200（kg）

原材料实际消耗量=5 000+50 - 30 =5 020（kg）

原材料脱离定额差异=（5 020 - 5 200）×8 =- 1 440（元）（节约差）

采用这种方法计算投产数量时，期末盘存数是通过倒挤的方法进行的，计算结果不够准确，这种方法一般适用于连续式大量生产的企业。

在定额法下，为了加强对产品成本的考核和分析，材料日常核算都按计划成本进行，即材料定额成本和材料脱离定额差异，都按材料的计划单位成本计算。因此，在月末计算产品实际成本时，还必须按照下列公式计算产品应负担的材料成本差异。其计算公式为：

$$\text{某产品应负担的材料成本差异}=\left(\begin{matrix}\text{该产品材料}\\\text{定额成本}\end{matrix}+\begin{matrix}\text{材料脱离}\\\text{定额差异}\end{matrix}\right)\times\text{材料成本差异率}$$

某产品材料实际成本= 材料定额成本 ± 材料脱离定额差异 ± 材料成本差异

【例 8-7】某企业 200×年 6 月份甲产品所耗原材料定额费用为 150 000 元，脱离定额差异为节约 5 000 元，原材料成本差异率为超支 2%，则：

该产品应分配的材料成本差异=（150 000－5 000）×2%＝2 900（元）

为了简化核算，各种产品应分配的材料成本差异，一般均由各该产品的完工产品成本负担，月末在产品不再负担。

2. 直接人工脱离定额差异的计算

由于生产工人工资有计件工资和计时工资之分，在这两种方法下，生产工人工资脱离定额差异的计算也有差别。

（1）计件工资形式下直接人工脱离定额差异的计算。在计件工资形式下，生产工人工资属于直接计入费用，在计件单价不变时，按计件单价支付的生产工人工资（及福利费）就是定额工资，没有脱离定额差异。因此，脱离定额差异往往是指因工作条件变化而在计件单价之外支付的工资、津贴、补贴等。计件工资的直接人工脱离定额差异的计算与原材料脱离定额差异的计算相类似，可采用差异凭证法，将符合定额的生产工人工资反映在产量记录中，如工票、工作班产量记录、工序进程单等。将脱离定额差异反映在专设的差异凭证——“工资补付单”中，并注明差异的原因。

（2）计时工资形式下直接人工脱离定额差异的计算。在计时工资形式下，由于实际工资总额到月终才能确定，因此生产工人工资脱离定额的差异不能在平时按照产品直接计算，只有在月末实际生产工人工资总额确定以后才能计算。如果生产工人工资属于直接计入费用，则某种产品的生产工人工资脱离定额差异可按下列公式计算：

$$\begin{matrix}\text{直接人工脱}\\\text{离定额差异}\end{matrix}=\text{该产品实际工资费用}-\left(\begin{matrix}\text{该产品}\\\text{实际产量}\end{matrix}\times\begin{matrix}\text{该产品工资}\\\text{费用定额}\end{matrix}\right)$$

如果生产工人工资属于间接计入费用，则影响其脱离定额差异的因素有二：一是生产工时，二是小时工资率。其计算公式如下：

$$\text{计划单位工时工资}=\frac{\text{计划产量的定额直接工资总额}}{\text{计划产量的定额生产工时总数}}$$

$$\text{实际单位工时工资}=\frac{\text{实际直接工资总额}}{\text{实际生产工时总数}}$$

某产品的定额生产工资= 该产品实际产量的定额生产工时×计划小时工资率

某产品的实际生产工资= 该产品实际产量的实际生产工时×实际小时工资率

某产品生产工资脱离定额的差异= 该产品实际生产工资－该产品定额生产工资

【例 8-8】某企业 2018 年 8 月生产甲乙两种产品，计划工资总额为 45 100 元，计划产量为：甲产品 600 件，单位工时定额为 20 h；乙产品 170 件，单位工时定额为 50 h。本月实际工资总额为 48 024 元，实际产量为：甲产品 600 件，实际生产工时 13 200 h；乙产品 160 件，实际生产工时为 7 680 h。甲乙两种产品直接人工脱离定额差异计算如下：

单位小时计划工资= 45 100/（600×20+170×50）= 2. 20（元/h）

单位小时实际工资= 48 024/（13 200+7 680）= 2. 30（元/h）

甲产品实际单位工时= 13 200/600 = 22（h）

甲产品直接人工脱离定额差异= （22×2. 3－20×2. 2）×600 = 3 960（元）

其中：工时差异= （22×2. 2－20×2. 2）×600 = 2 640（元）

小时工资率差异= （22×2. 3－22×2. 2）×600 = 1 320（元）

总之，对生产工资脱离定额的差异，企业应及时查找原因，采取措施，以促使企业节约工资费用，降低产品成本。

3. 制造费用脱离定额差异的计算

制造费用大多是间接计入费用，通常不能直接按产品确定其定额成本和其脱离定额差异，而且它又是一项综合费用，其组成成分比较复杂。因此，对制造费用的定额控制比较困难。只能根据月份的费用计划，按照费用发生的车间、部门和费用的项目来计算脱离定额的差异，据以控制和监督费用的发生。对于其中的材料费用，可采用限额领料单或限额费用单进行控制，超过定额部分则计入差异凭证；领用生产工具、办公用品和发生的零星费用，则可采用领用手册和费用限额卡等凭证进行控制；对于按工时分配计入产品的制造费用，可比照计时工资的定额核算。月末按公式计算，只不过要将计时工资核算中的小时工资率改为小时费用率，其计算公式如下：

$$计划单位小时制造费用=\frac{计划产量的计划制造费用}{计划产量的定额生产工时}$$

$$实际单位小时制造费用=\frac{实际制造费用总额}{实际生产工时总数}$$

某产品的定额制造费用= 该产品实际产量的定额生产工时×计划单位小时制造费用

某产品的实际制造费用= 该产品实际产量的实际生产工时×实际单位小时制造费用

某产品制造费用脱离定额的差异= 该产品实际制造费用 － 该产品定额制造费用

【例 8-9】某企业第一生产车间生产甲乙两种产品，8 月份计划制造费用 62 160 元，计划产量的定额工时总额为 8 880 h；实际发生制造费用为 64 170 元，实际生产工时为 9 300 h。本月甲产品的定额工时为 5 555 h，实际生产工时为 5 421 h；本月乙产品的定额工时为 3 325 h，实际生产工时为 3 879 h。甲乙产品定额制造费和制造费脱离定额差异计算如下：

单位工时定额制造费用= 62 160/8 880 = 7（元）

单位工时实际制造费用= 64 170/9 300 = 6. 90（元）

甲产品实际制造费用= 5 421×6. 9 = 37 404. 90（元）

甲产品定额制造费用= 5 555×7 = 38 885（元）

甲产品制造费用脱离定额差异 = 37 404. 90 – 38 885 = – 1 480. 10（元）

乙产品实际制造费用= 3 879×6. 9 = 26 765. 10（元）

乙产品定额制造费用= 3 325×7 = 23 275（元）

乙产品制造费脱离定额差异= 26 765. 10 – 23 275= 3 490. 10（元）

为了计算完工产品的实际成本，还需要将脱离定额的差异在完工产品和月末在产品之间进行分配。由于定额法下有现成的定额成本资料，所以企业对于脱离定额差异在完工产品与月末在产品之间的分配一般采用定额比例法。如果各月末在产品数量比较稳定，就可以按定额成本计算在产品成本，即月末在产品不负担差异，而全部由完工产品来承担。

定额成本法下，产品的实际成本则按以下公式计算：

$$产品实际成本 = 产品定额成本 \pm 脱离定额差异$$

上述脱离定额的差异在完工产品和月末产品之间分配的计算公式如下：

$$脱离定额差异分配率 = \frac{脱离定额差异合计}{完工产品定额成本 + 在产品定额成本}$$

完工产品应负担的脱离定额差异 = 完工产品定额成本×脱离定额差异分配率

月末在产品应负担的脱离定额差异 = 月末在产品定额成本×脱离定额差异分配率

8.2.4 定额变动差异的计算

1. 定额变动差异概述

定额变动差异，是指由于修订定额或生产耗费的计划价格而产生的新旧定额之间的差额。定额变动差异的产生，是定额本身变动的结果，与生产费用的节约或超支无关。定额变动差异与脱离定额差异的主要区别表现在如下几个方面。

(1) 发生的时间不同。定额变动差异不是经常发生的，因而不需要经常核算，只有在发生变动的情况下，才需要核算。脱离定额差异是经常发生的，因为定额与实际发生的数额毕竟不会完全一样。为了及时了解定额差异产生的原因，不断降低生产费用，应及时地对脱离定额的差异进行核算。采用定额法的主要目的就是要核算定额差异，以便于对成本进行及时的控制。

(2) 差异的处理方式不同。定额变动差异是与某一产品相联系的，对哪一种产品的定额进行修改，定额变动差异就可以直接计入该种产品成本中，而不能转入其他产品中。脱离定额差异一般不是由某一种产品所引起的，它是企业各方面工作的综合结果，因而不一定直接计入某种产品的成本中，往往采用分配的方法在各有关产品当中进行分配。

如上所述，定额变动差异是在对旧定额进行修改后而产生的，企业对旧定额进行修改，一般是在年初或月初进行的，这样，当月投产的新产品应按新定额计算其定额成本。在实行新定额的月初如果有在产品，其定额成本是按旧定额计算的。为了使月初在产品和本月投产的新产品的定额成本保持一致，应将月初在产品的定额成本进行调整，按新定额计算，使其能与本月投产的新产品的定额成本相加。为此应按成本项目计算定额变动差异，根据计算出来的定额变动差异，调整月初在产品的定额成本，这两方面的金额相等，方向相反。但实际上完工产品和月末在产品的总成本不变，只是其内部表现形式的改变。如果消耗定额降低，月初在产品的定额成本减少，定额变动差异增加，但实际上这项费用已经发生，所以，在将其从月初在产品的定额成本中扣除的同时，还应将其计入本月生产费用中。如果消耗定额提高，月初在产品定额成本增加，定额变动差异减少，但实际上并未发生这项费用，因而，在将其加入月初在产品的定额成本的同时，还应将其从本月生产费用中扣除。所以，定额变动差异的产生，并不影响企业生产费用总额的增加或减少。

2. 定额变动差异的计算方法

（1）直接计算法。直接计算法就是根据定额发生变动的在产品盘存数量或在产品账面结存数量和修订前后的消耗定额，计算月初在产品消耗定额修订前后的定额消耗量，从而确定定额消耗量的差异和金额差异的方法。其计算公式如下：

月初在产品定额变动差异= 月初在产品中定额变动的零部件数量×（旧定额 - 新定额）

【例 8-10】某企业 8 月初甲在产品 80 台，由 A 零件和 B 零件各 1 件组成。本月修订 A 零件定额，原材料（在生产开始时一次投入）由原来每件 300 kg 降为 297 kg，计划单位成本不变，25 元/kg。工时定额由每件 5 h 降为 4. 80 h，计划小时工资率由原来 8 元提高到 8. 50 元，计划小时制造费率不变仍为 12 元。

直接材料定额变动差异= （300 - 297）×25×80 = 6 000（元）
直接人工定额变动差异= （5×8 - 4. 80×8. 50）×80 = - 64（元）
制造费用定额变动差异= （5 - 4. 80）×12×80 = 192（元）

这种方法计算结果准确，但要按照零部件和工序进行，工作量较大，适用于产品零部件种类较少的情况。

（2）系数折算法。系数折算法就是按照单位产品新、旧定额费用的比例计算定额变动系数，并根据定额变动系数来推算月初在产品定额变动差异的方法。其计算公式如下：

$$定额变动系数=\frac{按新定额计算的单位产品成本}{按旧定额计算的单位产品成本}$$

月初在产品定额变动差异= 按旧定额计算的月初在产品成本×（1-定额变动系数）

【例 8-11】乙产品的一些零件从某月 1 日起实行新的原材料消耗定额，单位产品旧的原材料费用定额为 12 元，新的原材料费用定额为 11. 40 元。该产品月初在产品按旧定额计算的原材料定额费用为 12 000 元。月初在产品定额变动差异结果如下：

$$定额变动系数=\frac{11.4}{12}=0.95$$

月初在产品定额变动差异= 12 000×（1 - 0. 95） = 600（元）

定额变动系数反映的是产品新的耗费定额与旧的耗费定额之间的比例关系。这种计算方法较为简便，但只宜于在零部件成套性较大的情况下采用，否则就会影响计算结果的准确性。

在有在产品的情况下，定额变动差异不应全部计入当月产品的成本中，而应按照完工产品和在产品的定额成本的比例在完工产品和在产品之间进行分配。其计算公式如下：

$$定额变动差异分配率=\frac{定额变动差异合计}{完工产品定额成本+在产品定额成本}$$

完工产品应负担的定额变动差异= 完工产品定额成本×定额变动差异分配率
月末在产品应负担的定额变动差异= 月末在产品定额成本×定额变动差异分配率

如果定额变动差异不大，则在产品可不负担定额变动差异，定额变动差异全部由完工产品负担。

8.2.5 产品实际成本的计算

1. 定额法下产品实际成本的计算程序

(1) 设置产品成本计算单。定额法下，应按产品设置产品成本计算单。在该成本计算单中，月初在产品成本、本月生产费用、生产费用合计、完工产品成本和在产品成本各栏中，应分别设置“定额成本”“脱离定额差异”“定额变动差异”等栏目。

(2) 计算定额变动差异。若本月份定额有变动，则应计算月初在产品的定额变动差异数额，并填入相应的栏目中。

(3) 分配费用。在本月发生的费用中，应区别定额成本和脱离定额差异两部分。对于定额成本，应计入本月费用的“定额成本”项目下；对于脱离定额差异，则应列入“脱离定额差异”栏中。

(4) 计算生产费用合计。生产费用合计是在月初在产品成本的基础上，加上本月发生的费用计算的。在计算时，应分别定额成本、脱离定额差异和定额变动差异计算。

(5) 计算完工产品和在产品的定额成本。完工产品的定额成本是用完工产品的数量乘上产品的定额成本计算的。在产品的定额成本是用定额成本合计减去完工产品的定额成本计算的。

(6) 分配脱离定额差异和定额变动差异。若脱离定额差异和定额变动差异不大，为了简化成本核算工作，可将脱离定额差异和定额变动差异全部计入完工产品，由完工产品负担，在产品不负担脱离定额差异和定额变动差异。若脱离定额差异和定额变动差异较大，则应将脱离定额差异和定额变动差异按定额成本的比例，在完工产品和在产品之间进行分配。

(7) 计算完工产品的成本。将完工产品的定额成本、脱离定额差异和定额变动差异相加，就是完工产品的实际成本。如果材料的日常核算是按计划成本核算的，则直接材料成本项目的实际成本还应加上材料成本差异。

2. 定额法产品实际成本的计算举例

【例 8-12】某企业采用定额法计算甲产品成本。9 月份的生产情况如下。

(1) 月初在产品 10 台，本月投入量 50 台，本月完工 48 台，月末在产品 12 台，在产品完工率 50%。

(2) 原材料在生产开始时一次投入。原材料消耗定额 60 kg，材料的计划单价为 10 元。由于工艺技术改变，该企业原材料消耗定额降到 57.6 kg。

(3) 单位产品工时定额 40 h，本月投入定额工时 1 960 h。计划小时人工费 3 元，计划小时制造费用 3.5 元。

(4) 月初在产品脱离定额差异为-170 元。其中：直接材料-300 元，直接人工 50 元，制造费用 80 元。

(5) 根据限额领料单，实际领用 2 800 kg，金额 28 000 元，材料成本差异率为 4%，实际工资 6 235 元，实际制造费用 6 380 元。

(6) 月末在产品只负担脱离定额差异。

根据以上资料，编制甲产品成本计算单，如表 8-15 所示。

表 8-15 甲产品成本计算单

金额单位：元

成本项目		直接材料	直接人工	制造费用	合 计
月初在产品	定额成本	6 000	600	700	7 300
	脱离定额差异	-300	+50	+80	-170
月初在产品定额变动	定额成本调整	-240			-240
	定额变动差异	+240			+240
本月生产费用	定额成本	28 800	5 880	6 860	41 540
	脱离定额差异	-800	+355	-480	-925
	材料成本差异	+1 120			+1 120
生产费用合计	定额成本	34 560	6 480	7 560	48 600
	脱离定额差异	-1 100	+405	-400	-1 095
	材料成本差异	+1 120			+1 120
	定额变动差异	+240			+240
脱离定额差异分配率		-0.0318287	+0.0625	-0.05291	
完工产品	定额成本	27 648	5 760	6 720	40 128
	脱离定额差异	-880	+360	-355.56	-875.56
	材料成本差异	+1 120			+1 120
	定额变动差异	+240			+240
	实际成本	28 128	6 120	6 364.44	40 612.44
月末在产品	定额成本	6 912	720	840	8 472
	脱离定额差异	-220	+45	-44.44	-219.44

表 8-15 计算过程如下。

月初在产品定额成本：

直接材料$= 60\times10\times10 = 6\ 000$（元）

直接人工$= 40\times50\%\times10\times3 = 600$（元）

制造费用$= 40\times50\%\times10\times3.50 = 700$（元）

月初在产品定额变动：

$$定额变动系数=\frac{57.60}{60}=0.96$$

定额变动差异$= 60\times(1-0.96)\times10\times10 = 240$（元）

本月生产费用：

直接材料定额成本= 57.60×50×10=28 800（元）
直接人工定额成本=1 960×3=5 880（元）
制造费用定额成本=1 960×3.50=6 860（元）
直接材料脱离定额差异=28 000－28 800=－800（元）
直接人工脱离定额差异=6 235－5 880=+355（元）
制造费用脱离定额差异= 6 380－6 860=－480（元）
材料成本差异=（28 800－800）×4%=+1 120（元）

脱离定额差异分配率：

$$\text{直接材料脱离定额差异分配率}=\frac{-1100}{34\ 560}=-0.0318287$$

$$\text{直接人工脱离定额差异分配率}=\frac{+405}{6\ 480}=+0.0625$$

$$\text{制造费用脱离定额差异分配率}=\frac{-400}{7\ 560}=-0.0529$$

完工产品定额成本：

直接材料定额成本= 57.60×10×48=27 648（元）
直接人工定额成本= 40×3×48=5 760（元）
制造费用定额成本= 40×3.50×48=6 720（元）

月末在产品定额成本：

直接材料定额成本= 57.60×10×12=6 912（元）
直接人工定额成本= 40×3×12×50%=720（元）
制造费用定额成本= 40×3.50×12×50%=840（元）

完工产品脱离定额差异：

直接材料脱离定额差异= 27 648×(－0.0318287)=－880（元）
直接人工脱离定额差异= 5 760×0.0625=360（元）
制造费用脱离定额差异= 6 720×(－0.05291)=－335.56（元）

月末在产品脱离定额差异：

直接材料脱离定额差异= 6 912×(－0.0318287)=－220（元）
直接人工脱离定额差异= 720×0.0625=45（元）
制造费用脱离定额差异= 840×(－0.0529)=－44.44（元）

练习题

一、单项选择题

1. 采用分类法的目的在于（　　）。

A. 分类计算产品成本　　　　B. 简化各种产品的成本计算工作

C. 简化各类产品的成本计算工作　　　D. 准确计算各种产品的成本

2. 分类法下，在计算同类产品内不同产品的成本时，对于类内产品发生的各项费用（　）。
   A. 只有直接费用才需直接计入各种产品成本
   B. 只有间接计入费用才需分配计入各种产品成本
   C. 无论直接计入费用还是间接计入费用，都需采用一定的方法分配计入各种产品成本
   D. 直接生产费用直接计入各种产品成本，间接生产费用分配计入各种产品成本
3. 使用同种原料，经过相同加工过程生产出来的品种相同，但质量不同的产品是（　）。
   A. 联产品　　B. 副产品　　C. 等级产品　　D. 主产品
4. 采用系数法时，被选定作为标准产品的应该是（　）。
   A. 盈利较多的产品　　B. 亏损较多的产品
   C. 成本计算工作量较大的产品
   D. 产量较大、生产比较稳定或规格适中的产品
5. 副产品是指（　）。
   A. 企业的一种主要产品　　B. 企业各车间的月末在产品
   C. 各车间的半成品
   D. 企业在主要产品生产过程中，附带生产的非主要产品
6. 某企业将A、B两种产品作为一类，采用分类法计算产品成本。A、B两种产品共同消耗丙种材料，消耗定额分别为16 kg和20 kg，每千克丙种材料的单位成本为5元。该企业将A产品作为标准产品，则B产品的原材料费用系数为（　）。
   A. 1.25　　B. 4　　C. 8　　D. 6.25
7. 联产品是指（　）。
   A. 一种原材料加工出来的不同质量产品
   B. 一种原材料加工出来的几种主要产品
   C. 一种原材料加工出来的主要产品和副产品
   D. 不同原材料加工出来的不同产品
8. 产品成本计算的定额法，在适应范围上（　）。
   A. 与生产类型直接相关　　B. 与生产类型无直接关系
   C. 适用于大量生产　　D. 适用于小批生产
9. 在脱离定额差异的核算中，与制造费用脱离定额核算方法相同的是（　）。
   A. 原材料　　B. 自制半成品
   C. 计时工资形式下的生产工人工资　　D. 计件工资形式下的生产工人工资
10. 由于修改旧定额而产生的新旧定额之间的差额称为（　）。
    A. 标准差异　　B. 材料成本差异
    C. 定额变动差异　　D. 脱离定额的差异
11. 在定额法下，如果月初在产品定额变动差异是负数，说明（　）。
    A. 定额提高了　　B. 定额降低了

C. 本月成本管理效率提高了　　D. 本月成本管理效率降低了

12. 定额法下的产品成本计算单中，在消耗定额降低时，月初在产品的定额成本调整和定额变动差异数（　　）。

A. 都是负数　　B. 都是正数

C. 前者是正数，后者是负数　　D. 前者是负数，后者是正数

二、多项选择题

1. 按照固定的系数分配同类产品内各种产品成本的方法（　　）。

A. 是分类法的一种　　B. 是一种简化的分类法

C. 也叫系数法　　D. 是一种单独的成本计算方法

E. 是一种间接计入费用的方法

2. 副产品成本可以（　　）。

A. 按实际成本确定　　B. 按计划成本确定

C. 不计算　　D. 按售价确定

E. 按售价扣除税金和销售费用后的余额确定

3. 等级产品主要是由于（　　）等原因造成的。

A. 技术不熟练　　B. 所耗原材料的质量

C. 废品　　D. 违规操作

E. 生产技术水平

4. 在定额法下，产品的实际成本是（　　）的代数和。

A. 按现行定额成本计算的产品定额成本　B. 脱离现行定额的差异

C. 材料成本差异　　D. 月初在产品定额变动差异

E. 按上期定额成本计算的产品定额成本

5. 采用定额法必须具备的基本条件是（　　）。

A. 企业规模较大　　B. 产品的生产已经定型

C. 各项消耗定额比较准确、稳定　　D. 企业的定额管理制度比较健全

E. 企业规模较小

6. 定额成本一般是在（　　）进行修订的。

A. 月初　　B. 季初　　C. 年初　　D. 年末　　E. 不定期

三、判断题

1. 分类法与生产类型有着密切的关系，因而，不是所有类型的企业都可以使用。（　　）

2. 为了简化成本计算工作，凡是品种、规格繁多的产品生产，都采用分类法计算成本。（　　）

3. 用分类法计算出来的类内各种产品的成本具有一定的假定性。（　　）

4. 等级产品是非合格品。（　　）

5. 联产品必然是同一类产品，可采用分类法计算和分配其联合成本。（　　）

6. 销售价值分配法适用于分离后还需进一步加工的联产品。（　　）

7. 定额法的优点在于其成本核算的工作量比其他成本计算方法要小。（　　）

8. 定额变动差异不会影响当月产品的实际总成本。（　　）

9. 完工产品成本中的定额差异是正数，一般说明本月成本管理工作做得不好。（　　）

10. 定额法应采用定额比例法或在产品按定额成本计价法，分配计算完工产品和月末在产品所应负担的成本差异。（　　）

四、计算分析题

1. 某企业生产 A、B 两大类产品，A 类产品有三种规格，以其中# 2 产品作为标准产品。材料在生产开始时一次投入。A 类产品 6 月份有关产品产量及定额和产品费用等资料如表 8-16 和表 8-17 所示。

表 8-16　A 类产品产量及定额资料

产品名称	单位定额成本/元	完工数量/件	月末在产品	
			数量/件	完工率/%
# 1	30	200	600	20
# 2	60	300	400	25
# 3	72	500	250	30

表 8-17　A 类产品费用资料

金额单位：元

项　　目	直接材料	直接人工	制造费用	合　　计
月初在产品成本	20 000	11 000	1 400	32 400
本月生产费用	30 000	30 000	3 600	63 600
生产费用合计	50 000	41 000	5 000	96 000

要求：根据上述资料，采用系数法编制系数计算表，计算 A 类内三种产品完工产品成本。

2. 某企业使用同一种原材料，经过同一生产过程，加工生产出甲、乙、丙三种联产品，用分类法计算联产品的共同成本，再采用单位产品定额成本为标准分配类内三种联产品的费用，其中甲产品为标准产品，乙产品为分离后需要再加工的产品。有关产品产量及定额和产品成本资料如表 8-18 和表 8-19 所示。

表 8-18　产量及定额资料表

金额单位：元

产品名称	产　　量	单位定额成本
甲产品（标准产品）	110	120
乙产品	80	144
丙产品	140	96

表 8-19　产品成本资料

金额单位：元

项　目	直接材料	直接人工	制造费用	合　计
分离前共同成本	39 800	17 600	24 400	81 800
乙产品加工成本	195	110	160	465

要求：采用系数法将联合成本在甲、乙、丙三种产品之间进行分配，并进一步计算乙产品加工后的总成本和单位成本。

3. 某企业 A 产品采用定额法计算成本。A 产品有关直接材料费用资料如下：月初在产品直接材料费用为 20 000 元，月初在产品直接材料脱离定额差异为- 600 元。月初在产品定额费用调整降低 1 500 元，定额变动差异全部计入完工产品成本中。本月定额直接材料费用为 50 000 元，本月直接材料脱离定额差异为+2 500 元，本月材料成本差异率为 5%，材料成本差异全部由完工产品负担，本月完工产品直接材料定额费用为 60 000 元。

要求：根据上述资料采用定额法计算完工产品和月末在产品的原材料成本（脱离定额的差异在完工产品和在产品之间进行分配）。

4. 某企业 9 月份生产情况如下。

（1）月初在产品 20 台，本月投入量 40 台，本月完工产量 50 台，月末在产品 10 台，在产品的完工率 50%，原材料在生产开始时一次投入。

（2）本企业原材料消耗定额从 4. 3 kg 降到 4 kg，材料的计划单价为 5 元，单位产品工时定额 5 h，计划小时人工费 2 元，计划小时制造费用 3. 2 元。

（3）月初在产品的脱离定额差异为 2 元，其中：原材料脱离定额差异为 20 元，人工费用脱离定额差异为 8 元，制造费用脱离定额差异为 10 元。本月生产费用的脱离定额差异为 98 元，其中：原材料脱离定额差异为 50 元，人工费用脱离定额差异为 14 元，制造费用脱离定额差异为 34 元。定额变动差异由完工产品负担。

要求：编制产品成本计算单，计算完工产品的实际成本。

第 9 章　标准成本制度

9.1　标准成本制度概述

9.1.1　标准成本制度的概念及适用范围

除了定额法以外，使产品成本核算与成本控制同步实现的方法就是标准成本制度，它是成本核算的一种辅助方法。

1. 标准成本制度的概念

标准成本制度是成本控制中应用最为广泛和有效的一种成本控制方法，也称为标准成本控制、标准成本会计或标准成本法。标准成本制度是西方管理会计的重要组成部分，是指以预先制定的标准成本为基础，用标准成本与实际成本进行比较，核算和分析成本差异的一种产品成本计算方法，也是加强成本控制、评价经济业绩的一种成本控制制度。它的核心是按标准成本记录和反映产品成本的形成过程和结果，并借以实现对成本的控制。

标准成本一词准确地讲有两种含义：一种是指“单位产品的标准成本”，它又被称为“成本标准”，是根据产品的标准消耗量和标准单价计算出来的。

$$单位产品标准成本=单位产品标准消耗量\times标准单价$$

另一种是指“实际产量的标准成本”，它是根据实际产品产量和成本标准计算出来的，即

$$标准成本=实际产量\times单位产品标准成本$$

2. 标准成本制度的特点

（1）标准成本可以起着事前成本控制的作用。由于制定的标准成本一般需要经过努力才能达到，这样，可以调动广大职工积极工作，使各自负责的成本达到标准的要求。因此，成本可以作为企业职工工作努力的目标，衡量实际成本节约或超支的尺度。

（2）标准成本可以加强成本的事中控制。标准成本制度的重要性在于可进行成本的事中控制。用标准成本与实际成本进行比较，可以及时检查差异及其差异产生的原因，并采取相应的措施加以改进，从而不断地减少不利差异，对有利差异不断加以巩固，从而有效地对成本进行控制。

（3）标准成本可以实现事后的成本控制。对于成本实际执行的结果，应进行分析和总

结。对于实际成本与标准成本产生的各种差异，要进行实事求是的分析，找出产生差异的各种因素。对于各种因素要分析具体情况，针对不同的情况采取不同的措施，在下一阶段的成本核算工作中使成本不断降低，实现成本的事后控制。

除此之外，标准成本制度只计算各种产品的标准成本，不计算各种产品的实际成本。

3. 标准成本制度的适用范围

为每一种产品事先制定标准成本，需要企业各部门的协调配合，因此，一般适用于产品品种较少的大批量生产的企业，而单件、批量小和试制性生产的企业比较少用。由于标准成本的采用还经常被用于简化存货的计价，这必然要求对存货品种变化不能太大。另外，标准成本制度的关键是标准成本的制定，而要使制定的标准成本达到多重目的，对企业管理水平提出了较高要求。从上述三个角度看，标准成本制度适用于管理水平较高的大批量生产企业。

9.1.2 标准成本的种类

1. 理想标准成本和正常标准成本

标准成本按其制定时所根据的生产技术和经营管理水平，分为理想标准成本和正常标准成本。

（1）理想标准成本。理想标准成本是指在最优的生产条件下，利用现有的规模和设备能够达到的最低成本。制定理想标准成本的依据是理论上的业绩标准、生产要素的理想价格和可能实现的最高生产经营能力利用水平。由于其提出的要求太高，因此不能作为考核的依据。

（2）正常标准成本。正常标准成本是指在合理工作效率、正常生产能力和有效经营条件下所能达到的成本。在制定这种标准成本时，把生产经营活动中一般难以避免的损耗和低效率等情况也计算在内，使之切合下期的实际情况，成为切实可行的控制标准。要达到这种标准是有困难，但它们是可能达到的，故该种标准成本可以调动职工的积极性，在标准成本系统中广泛使用。

2. 现行标准成本和基本标准成本

标准成本按照适用期，分为现行标准成本和基本标准成本。

（1）现行标准成本。现行标准成本是指根据其适用期间应该发生的价格、效率和生产经营能力利用程度等预计的标准成本。在这些决定因素变化时，需要按照改变了的情况加以修订。这种标准成本可以成为评价实际成本的依据，也可以用来对存货和销货成本计价。在经济形势变化不定的情况下，这种标准成本是最为适用的。

（2）基本标准成本。基本标准成本是指一经制定，只要生产的基本条件无重大变化，就不予变动的标准成本。基本标准成本与实际成本对比，可以反映成本的变动趋势。由于基本标准成本不按各期实际修订，因此不宜用来直接评价工作效率和成本控制的好坏。

3. 历史标准成本和预期标准成本

标准成本按其制定所依据的资料，可分为历史标准成本和预期标准成本。

（1）历史标准成本。历史标准成本是以某产品过去已实现的实际成本为标准确定的成本。历史标准成本可根据过去实际平均成本或历史最低成本计算。以历史成本作为标准成本，其主要特点是计算简单，资料容易取得，但是指标不够先进。

（2）预期标准成本。预期标准成本是根据现有生产技术条件，考虑到未来时期可能变化的因素制定的一种标准成本，是在短期内经过努力可以达到的成本目标。预期标准成本的特点是计算比较复杂，但可对成本的执行情况进行考核，比较先进。

9.1.3 实施标准成本制度的步骤

（1）制定单位标准成本；

（2）根据实际产量和成本标准计算产品的标准成本；

（3）汇总计算实际成本；

（4）计算标准成本与实际成本的差异；

（5）分析成本差异发生的原因，并进行标准成本及其成本差异的账务处理；

（6）向成本负责人提供成本控制报告。

标准成本制度的流程如图 9－1 所示。

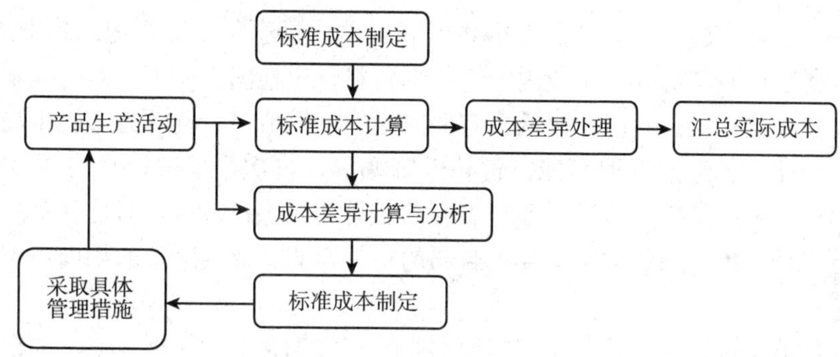

图 9-1 标准成本制度的流程图

9.1.4 标准成本制度的优缺点

标准成本制度自形成以来，被众多的企业所应用，经过长期的实践，它已趋于成熟并定型，并且至今仍然是实现成本控制的一种有效的方法。

1. 标准成本制度的优点

（1）有利于加强职工的成本意识。由于在标准成本会计制度下，要对各项标准成本指标进行分解，下达到各个部门及每个员工，作为各部门和人员工作的目标。这样，形成人人关心成本核算和成本控制，增强成本意识，通过自己的工作，努力达到标准成本的目标。

（2）有利于加强成本控制。成本控制分为事前、事中、事后控制三个环节。通过事前的成本控制，可以制定出相应的标准成本，对各种资源消耗和各项费用开支规定数量界限，可以事前限制各种消耗和费用的发生；通过事中的成本控制，及时揭示实际成本与标准成本是节约或超支，采取措施对成本核算工作加以改进，纠正不利差异，从而达到既定的成本控制目标；通过事后的成本分析，总结经验，找出差异，提出进一步改进的措施。

(3) 有利于价格决策。标准成本能提供及时、一致的成本信息，消除经营管理工作中由于低效率或浪费以及偶然因素对成本的影响，避免由于实际成本波动而造成价格波动的后果。以标准成本作为定价的基础更加接近实际情况，并能满足竞争时市场对定价的要求。

(4) 有利于简化会计核算工作。在标准成本制度下，在产品、产成品和销售成本均按标准成本计价，这样可以减少成本核算的工作量，简化日常会计核算工作。

(5) 有利于“责任会计”的实行，正确评价业绩。在实际成本会计制度下，通过本期的实际成本与上期的同一产品的实际成本相比较，以评估成本超降情况。然而，比较的成本和被比较的成本都是偶然性成本。所以，通过这样的比较不能做出正确的评价。在标准成本制度下，以标准成本作为评估业绩的尺度。由于标准成本通常是指在正常生产条件下制造产品应有的成本额，因此，以本期实际成本与标准成本相比较，就能正确评价企业的工作质量。此外，在实行责任会计制度下，各成本中心之间的半成品内部转移价的确定，也以标准成本或在标准成本基础上加一定比例的内部利润为依据。这样可以避免各成本中心的责任成本受外界因素的影响，从而有利于正确评价它们的业绩。

2. 标准成本制度的缺点

标准成本制度的实施，其关键是要建立标准成本。要建立一套合理的标准成本，首先，要做好大量准备工作，广泛收集企业内外的成本资料，包括国内外可借鉴的成本资料，然后加以整理研究，进行比较；其次，要调查有关产品的供需情况、资源分布、市场发展趋势以及企业现有生产能力、近期发展可能、价格升降幅等；再次，了解用户对本企业产品的质量、功能、价格、配件供应、售后服务等方面的意见和要求；最后，对这些资料进行分析研究，利用价值工程，消除某些多余的或不必要的功能，测算成本降低的幅度，据以确立目标成本。

具体地说，就是可以选择某一先进的成本水平作为本企业的目标成本。如根据国内同类企业同类产品的先进成本结合本企业实际情况加以调整后确定；或根据本企业历史上最好成本水平，结合近期变化因素加以调整确定；也可根据目前先进的计划或定额成本加以确定。因此，在实施标准成本过程中存在如下问题。

(1) 从标准成本系统实施的程序来看，标准成本从制定到实施，必须有一较长的操作时间，适合不断重复生产的产品。企业必须按照顾客的要求来生产产品，而如果顾客的需求是小批量多品种的，这样的情况下标准成本制度的实施就有一定的局限性或者说实施成本比较高。

(2) 从标准成本的制定来看，它是按直接材料、直接人工和制造费用分别制定的。而其中制造费用标准成本制定在多数情况下是不尽合理的，这是由于不能直接制定产品的制造费用消耗定额，而只能借助于工时消耗标准来制定标准成本。因此，制造费用标准成本的制定是假定制造费用的发生与工时耗用成正比。这就给标准成本的实施带来一定问题。

(3) 从标准成本系统中的差异分析来看，它采用的是寻找职工的负面行为的办法，而不是对他们进行正面引导，职工在此压力下，为了产生有利差异而造成企业的损失。如采购人员为了产生有利差异，其结果造成废料、不良品增加；为产生有利人工效率差异，鼓励工人大量生产，但有可能造成存货过多，结果与全面质量管理及零库存目标背道而驰；生产人员为避免不利的材料数量差异，可能将不良品转入后一过程，导致废品产生及生产中断；制造费用差异的分析，有可能导致为产生有利差异而减少机器设备的维护，致使设备故障引起生产中断。

9.2　标准成本的确定

制定标准成本，通常先确定直接材料和直接人工的标准成本，其次确定制造费用的标准成本，最后确定单位产品的标准成本。在制定时，无论是哪一个成本项目，都需要分别确定其用量标准和价格标准，两者相乘后得出成本标准。用量标准包括单位产品材料消耗量、单位产品直接人工工时等，主要由生产技术部门主持制定，吸收执行标准的部门和职工参加。价格标准包括原材料单价、小时工资率、小时制造费用分配率等，由会计部门和有关其他部门共同研究确定。采购部门是材料价格的责任部门，人力资源管理部门和生产部门对小时工资率负有责任，各生产车间对小时制造费用率承担责任，在制定有关价格标准时要与他们协商。

无论是价格标准还是用量标准，都可以是理想状态的或正常状态的，据此得出理想的标准成本或正常的标准成本。下面介绍正常标准成本的制定。

9.2.1　直接材料标准成本的确定

直接材料标准成本是由直接材料价格标准和直接材料用量标准决定的。

（1）直接材料价格标准的制定。直接材料标准价格由采购部门、质量管理部门和财会部门共同确定。标准价格可以考虑现行价格、正常价格或固定价格等多种标准，对于现行价格则还要预测材料的市场价格及未来走势、长期购料协议的签署情况、生产商报价和批量采购的优惠，以及材料的运费、采购验收、挑选整理费用等因素，是取得材料的完全成本。如果一种产品耗用多种材料，应分别制定这种产品耗用的各种材料的价格标准。

（2）直接材料用量标准的制定。直接材料用量标准是由产品设计部门、工艺技术部门和使用原材料的员工共同研究、测定后确定的。如果一种产品耗用多种材料，应分别制定这种产品耗用的各种材料的用量标准。

（3）直接材料标准成本的制定。直接材料标准成本的基本形式就是用量标准乘以价格标准，直接材料标准成本的计算公式如下：

直接材料标准成本= 单位产品的用量标准×材料的价格标准

【例 9-1】某企业生产甲产品需要 A、B、C 三种材料。甲产品的直接材料标准成本的计算如表 9－1 所示。

表 9-1 甲产品直接材料标准成本计算表

标　　准	A 材料	B 材料	C 材料
单位产品耗用量/kg	5	2.5	7.75
材料正常损耗/kg	0.75	0.35	0.25
废品预计耗用量/kg	0.25	0.15	—
用量标准（1）/kg	6	3	8
发票价格/（元/kg）	48	29	9.5
采购等相关费用/（元/kg）	2	1	0.5
价格标准（2）/（元/kg）	50	30	10
直接材料标准成本（1）×（2）/元	300	90	80
单位产品直接材料标准成本/元	470		

9.2.2 直接人工标准成本的制定

直接人工标准成本是由直接人工的价格标准和直接人工用量标准两项因素决定的。

1. 直接人工价格标准的制定

直接人工的价格标准就是标准工资率，通常由人力资源管理部门根据用工情况制定。它可能是预定工资率，也可能是正常的工资率。如果企业采用的是计件工资，其标准小时工资率是指单位产品的应付工资额，计件工资以外的各种奖金、津贴等作为制造费用处理；如果采用计时工资，则指单位工时的应付工资额；采用工资制，则标准工资率就是单位工时标准工资率，它是由标准工资总额除以标准总工时来计算的，即

标准工资率＝标准工资总额/标准总工时

2. 直接人工用量标准的制定

直接人工用量标准就是工时用量标准，也称工时消耗定额，是指企业在现有的生产技术条件、工艺方法和技术水平的基础上，考虑提高劳动生产率的要求，采用一定的方法，按照产品生产加工所经过的程序，确定的单位产品所需耗用的生产工人工时数。

3. 直接材料标准成本的制定

制定了直接人工的价格标准和用量标准后，就可以按照下面的公式来计算确定直接人工的标准成本：

单位产品直接人工标准成本＝标准工资率×工时用量标准

【例 9-2】某企业生产甲产品直接人工标准成本的计算如表 9－2 所示。

表 9-2　甲产品直接人工标准成本的计算表

项　　目	第一工序	第二工序
月标准总工时（1）	22 800 h	10 600 h
月标准工资总额（2）	182 400 元	127 200 元
单位小时标准工资率（3）＝（2）/（1）	8 元/h	12 元/h
单位产品直接耗用工时	4. 45 h	3 h
工间休息时间	0. 55 h	0. 15 h
设备调整停工时间		0. 35 h
单位产品标准工时（4）	5 h	3. 50 h
直接人工标准成本（5）＝（4）×（3）	40 元	42 元
单位产品直接人工标准成本	82 元	

9. 2. 3　制造费用标准成本的制定

制造费用标准成本是按部门分别编制，然后将同一产品涉及的各部门单位制造费用标准加以汇总，得出整个产品制造费用标准成本。各部门的制造费用标准成本分为变动制造费用标准成本和固定制造费用标准成本两部分。

1. 变动制造费用标准成本

变动制造费用的用量标准通常采用单位产品直接人工工时标准，它在直接人工标准成本制定时已经确定。有的企业采用机器工时或其他用量标准。作为用量标准的计量单位，应尽可能与变动制造费用保持较好的线性关系。变动制造费用的价格标准是每一工时变动制造费用的标准分配率，根据变动制造费用预算和直接人工总工时计算求得。变动制造费用标准成本的计算公式为：

$$\text{变动制造费用标准成本} = \text{单位产品直接人工标准工时} \times \text{变动制造费用标准分配率}$$

其中：

$$\text{变动制造费用标准分配率} = \frac{\text{变动制造费用预算总额}}{\text{直接人工标准总工时}}$$

在各车间变动制造费用标准成本确定之后，汇总出单位产品的变动制造费用标准成本。

【**例 9-3**】某公司生产甲产品的变动制造费用标准成本的计算如表 9－3 所示。

表 9-3 甲产品变动制造费用标准成本计算表

项　　目	第一工序	第二工序
变动制造费用预算：		
运输	3 200 元	600 元
电力	2 000 元	200 元
消耗材料	12 600 元	2 020 元
间接人工	22 600 元	8 600 元
燃料	3 000 元	700 元
其他	2 200 元	600 元
变动制造费用合计（1）	45 600 元	12 720 元
月标准总工时（2）	22 800 h	10 600 h
单位小时标准费用率（3）＝（1）/（2）	2 元/h	1. 20 元/h
单位产品直接人工用量标准（工时）（4）	5 h	3. 50 h
变动制造费用标准成本（5）＝（3）×（4）	10 元	4. 20 元
单位产品变动制造费用标准成本	14. 20 元	

2. 固定制造费用标准成本

固定制造费用的用量标准与变动制造费用的用量标准相同，包括直接人工工时、机器工时、其他用量标准等，并且两者要保持一致，以便进行差异分析。这个标准的数量在制定直接人工用量标准时已经确定。固定制造费用的价格标准是其每小时的标准分配率，根据固定制造费用预算和直接人工标准总工时来计算求得。固定制造费用标准成本的计算公式如下：

$$\text{固定制造费用标准成本}=\text{单位产品直接人工标准工时}\times\text{固定制造费用标准分配率}$$

其中：

$$\text{固定制造费用标准分配率}=\frac{\text{固定制造费用预算总额}}{\text{直接人工标准总工时}}$$

各车间固定制造费用的标准成本确定之后，可汇总出单位产品的固定制造费用标准成本。

【例 9-4】某公司生产甲产品的固定制造费用标准成本的计算如表 9－4 所示。

表 9-4 甲产品固定制造费用标准成本计算表

项　　目	第一工序	第二工序
固定制造费用预算：		
折旧费	800 元	400 元
管理人员工资	8 000 元	5 000 元
间接人工	2 000 元	800 元
保险费	400 元	100 元
其他	200 元	60 元

续表

项　　目	第一工序	第二工序
固定制造费用合计（1）	11 400 元	6 360 元
月标准总工时（2）	22 800 h	10 600 h
单位小时标准费用率（3）＝（1）/（2）	0. 50 元/h	0. 60 元/h
单位产品直接人工用量标准（工时）（4）	5 h	3. 50 h
固定制造费用标准成本（5）＝（3）×（4）	2. 50 元	2. 10 元
单位产品固定制造费用标准成本	4. 60 元	

9. 2. 4　单位产品标准成本的制定

单位产品标准成本是在直接材料标准成本、直接人工标准成本和制造费用标准成本的基础上汇总而成的。计算公式如下：

单位产品标准成本= 直接材料标准成本+直接人工标准成本+制造费用标准成本

单位产品标准成本的制定是通过编制单位产品标准成本单（卡）进行的。在每种产品生产之前，该产品的标准成本单（卡）要送达有关人员，包括各级生产部门负责人、会计部门、仓库等，作为领发料、分配员工和支出其他费用的依据。

【例 9-5】某企业生产甲产品的单位产品标准成本单（卡）的基本结构如表 9－5 所示。

表 9-5　甲产品单位产品标准成本单（卡）

成本项目	用量标准	价格标准	标准成本
直接材料：			
A 材料	6 kg	50 元/kg	300 元
B 材料	3 kg	30 元/kg	90 元
C 材料	8 kg	10 元/kg	80 元
直接材料标准成本			470 元
直接人工：			
第一工序	5 h	8 元/h	40 元
第二工序	3. 50 h	12 元/h	42 元
直接人工标准成本			82 元
变动制造费用：			
第一工序	5 h	2 元/h	10 元
第二工序	3. 50 h	1 20 元/h	4. 20 元
变动制造费用标准成本			14. 20 元
固定制造费用：			

续表

成本项目	用量标准	价格标准	标准成本
第一工序	5 h	0.50 元/h	2.50 元
第二工序	3.50 h	0.60 元/h	2.10 元
固定制造费用标准成本			4.60 元
单位产品标准成本合计			570.80 元

9.3 标准成本差异的计算与分析

成本差异是指产品的实际成本与标准成本的差额。按差异的性质可将成本差异分为有利差异和不利差异两种。有利差异即标准成本超过实际成本的差异，通常用 F 表示，用负数表示；不利差异指实际成本超过标准成本的差异，通常用 U 表示，用正数表示。按成本项目可将成本差异分解为直接材料差异、直接人工差异和制造费用差异，其中制造费用差异又分为变动制造费用差异和固定制造费用差异。按差异的内容可将成本差异大致地分为“价格差异”和“用量差异”两类。计算成本差异，具体地分析差异形成的原因和责任，进而采取相应的措施，发现有利差异，消除不利差异，以实现有效的成本控制之全过程，即为成本差异分析。

9.3.1 标准成本差异计算的通用模式

1. 标准成本差异总额计算的通用模式

标准成本差异总额计算的通用模式可表示如下：

成本差异总额= 实际制造成本-标准制造成本
= ∑各成本项目实际成本-∑各成本项目标准成本
= ∑（各成本项目实际成本-各成本项目标准成本）
= ∑各成本项目成本差异

2. 各成本项目成本差异分析的基本方法

各成本项目成本差异分析的基本方法可推导如下：

标准成本= 标准用量×标准价格
实际成本= 实际用量×实际价格
成本差异= 实际用量×实际价格-标准用量×标准价格
实际用量= 标准用量+用量差异
实际价格= 标准价格+价格差异

成本差异= （标准用量+用量差异）×（标准价格+价格差异）- 标准用量×标准价格

= 用量差异×标准价格+价格差异×标准用量+用量差异×价格差异

上述计算公式即标准成本差异的通用模式如图 9－2 所示。

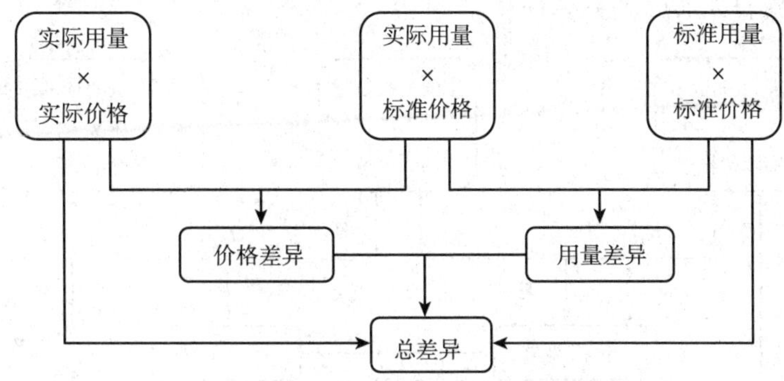

图 9-2 标准成本差异的通用模式

显然，成本差异由三部分构成，第一部分为纯粹的用量差异，第二部分为纯粹的价格差异，第三部分为用量差异与价格差异的混合差异。在现实企业管理活动中，价格差异通常表现为不可控因素，而用量差异则是成本控制的重点，因此，混合差异常被包括在价格差异之中，这样，价格差异就是实际用量水平上的价格变动的结果。也就是说，成本差异分析对象可以归纳为用量与价格两个因素。计算公式是：

成本差异= （实际用量－标准用量）×标准价格+价格差异×（标准用量+用量差异）

= （实际用量－标准用量）×标准价格+（实际价格－标准价格）×实际用量

9.3.2 直接材料标准成本差异的计算与分析

直接材料标准成本差异是指直接材料的实际成本与直接材料的标准成本之间的差异额，其计算公式如下：

直接材料成本差异= 直接材料实际成本 － 直接材料标准成本

上式中的直接材料标准成本可按下式计算：

直接材料的标准成本= 单位产品直接材料标准成本×产品的实际产量

在进行材料成本差异分析时将直接材料标准成本差异分为材料价格差异和材料用量差异两个因素进行分析。这两个因素对差异影响程度可按下式计算：

材料价格差异= 某种材料实际成本 － 该种材料实际用量×材料标准单价

= （材料实际单价 － 材料标准单价）×材料实际用量

在计算材料价格差异时，材料的用量一般采用本月实际购入的数量。其计算公式如下：

材料价格差异=（材料实际单价 － 材料标准单价）×材料实际购入量

材料的用量差异= 材料的实际用量×材料标准单价 － 材料标准成本

= （材料实际用量 － 材料标准用量）×材料标准单价

材料的价格差异是针对所采购的数量而言的，而材料的用量差异是针对所使用的材料而言的，通常情况下采购数量与使用数量并不相同，因此就有了图 9－3 和图 9－4 所示的两种模式。图 9－3 表示采购材料数量与使用材料数量相等时的差异计算，图 9－4 表示采购材料数量与使用材料数量不等时的差异计算。

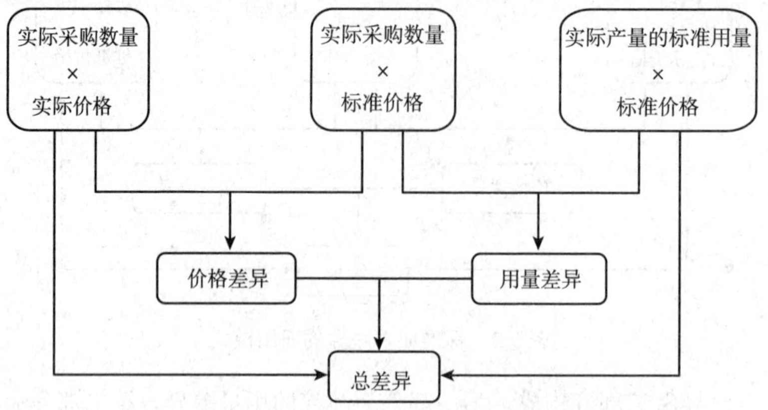

图 9-3　直接材料成本差异计算模式（采购量= 使用量）

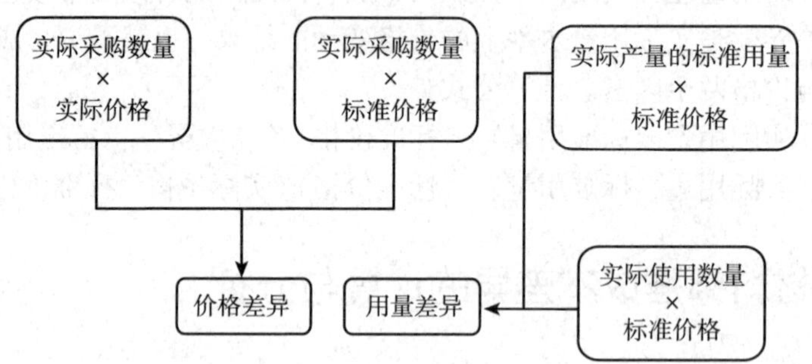

图 9-4　直接材料成本差异计算模式（采购量≠使用量）

从图 9-4 看出，由于材料的采购量与使用量不相等，所以直接材料的总差异就不会等于材料的价格差异与用量差异之和，但这并不影响我们进行差异的分析。

【例 9-6】某公司生产 A 产品的直接材料标准用量为 3 kg，标准单价为 4 元/kg，则其单位标准成本为 12 元。根据如下两种情况计算直接材料差异如下。

（1）若本期实际生产 A 产品 2 000 件，实际采购并领用 6 500 kg，实际总价为 24 700元。

直接材料的价格差异= 24 700－6 500×4 = －1 300（元）（有利差异）

直接材料的用量差异= 6 500×4－(2 000×3）×4 = 2 000（元）（不利差异）

直接材料的总差异= 24 700－(2 000×3）×4 = 700（元）（不利差异）

= －1 300+2 000 = 700（元）（不利差异）

（2）若本期实际生产 A 产品 2 000 件，实际采购并领用 6 500 kg，实际总价为 24 700 元，实际领用材料 6 300 kg。

直接材料的价格差异= 24 700 - 6 500×4 = - 1 300（元）（有利差异）

直接材料的用量差异= 6 300×4 -（2 000×3）×4 = 1 200（元）（不利差异）

直接材料的总差异= 24 700 -（2 000×3）×4 = 700（元）（不利差异）

根据上述计算结果编制直接材料成本差异计算表如表 9 - 6 所示。

表 9-6　直接材料成本差异计算表

金额单位：元

标准成本			实际成本			成本差异		
耗用量	单价	金额	耗用量	单价	金额	用量差异	价格差异	总差异
①= 2 000×单位标准用量	②	③= ①×②	④	⑤= ⑥÷④	⑥	⑦=（④-①）×②	⑧=（⑤-②）×④	⑨=⑥-③
6 000	4	24 000	6 500	3. 80	24 700	2 000	- 1 300	700

2. 直接材料成本差异的分析

材料价格差异是在采购过程中形成的，采购部门未能按标准价格进货的原因主要有：供应厂家价格变动、未按经济采购批量进货、未能及时订货造成的紧急订货、采购时舍近求远使运费和途中损耗增加、不必要的快速运输方式、违反合同被罚款、承接紧急订货造成额外采购，等等。

材料用量差异是在材料耗用过程中形成的，形成的具体原因有：操作疏忽造成废品和废料增加、工人用料不精心、操作技术改进而节省材料、新工人上岗造成多用料、机器或工具不适用造成用料增加等。有时多用料并非生产部门责任，如购入材料质量低劣、规格不符也会使用料超过标准；又如加工工艺变更、检验过严也会使数量差异加大。

小贴士

如果直接材料有期初期末余额，会影响材料成本的差异分析，因为价格差异是建立在购入数量基础上的，而用量差异是建立在标准价格基础上的。

9. 3. 3　直接人工标准成本差异的计算与分析

直接人工标准成本差异是指直接人工的实际成本与直接人工标准成本之间的差额，其计算公式如下：

直接人工标准成本差异= 实际直接人工 - 标准直接人工

= 实际工时×实际小时工资率 - 标准工时×标准小时工资率

上式中的标准直接人工按下式计算：

标准直接人工= 单位产品标准直接人工×实际产量

标准工时= 单位产品标准工时×实际产量

1. 两因素分析法

在进行直接人工成本差异分析时将直接标准人工差异分为工资率差异和效率差异两部分进行分析计算，其计算公式如下：

直接人工的工资率差异=（实际小时工资率 − 标准小时工资率）×实际工时

上式中的实际小时工资率，是用实际直接支付的工资除以实际工时计算求得的。

直接人工效率差异=（实际工时 − 标准工时）×标准小时工资率

上式中的标准工时，是指实际产量的标准工时，即用实际产量乘以单位标准工时计算求得的。直接人工成本差异计算模式如图 9 − 5 所示。

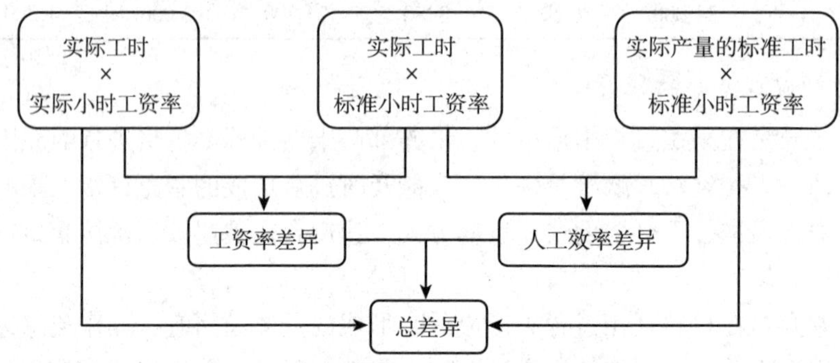

图 9-5　直接人工成本差异计算模式

【例 9-7】某公司生产 A 产品的直接人工标准工时为 2. 5 h，标准小时工资率为 14 元/h，则其单位标准成本为 35 元。本期实际生产 A 产品 2 000 件，实际工时为 5 400 h，实际小时工资率为 13. 75 元/h。计算直接人工差异如下：

直接人工工资率差异 =（13. 75 − 14）×5 400 = − 1 350（元）（有利差异）

直接人工效率差异 =（5 400 − 2 000×2. 50）×14 = 5 600（元）（不利差异）

直接人工总差异 = 5 400×13. 75 − 2 000×2. 50×14 = 4 250（元）（不利差异）

= 5 600 − 1 350 = 4 250（元）（不利差异）

根据上述计算结果编制直接人工成本差异计算表如表 9 − 7 所示。

表 9-7　直接人工成本差异计算表

金额单位：元

标准成本			实际成本			成本差异		
耗用工时	小时工资率	金额	耗用工时	小时工资率	金额	效率差异	工资率差异	总差异
①= 2 000×单位标准工时	②	③= ①×②	④	⑤	⑥= ④×⑤	⑦=（④−①）×②	⑧=（⑤−②）×④	⑨= ⑥−③
5 000	14	70 000	5 400	13. 75	74 250	5 600	− 1 350	4 250

2. 直接人工成本差异的分析

直接人工工资率差异形成的原因，包括直接生产工人升级或降级使用、奖励制度未产生实效、工资率调整、加班或使用临时工、出勤率变化等。

直接人工效率差异形成的原因，包括工作环境不良、工人经验不足、劳动情绪不佳、新工人上岗太多、机器或工具选用不当、设备故障较多、作业计划安排不当、产量太少无法发挥批量节约优势等。

9.3.4 制造费用标准成本差异的计算与分析

制造费用标准成本差异是指制造费用实际成本与标准成本之间的差异额，制造费用可分为变动制造费用和固定制造费用两部分，由此，制造费用标准成本差异的分析可分为变动制造费用差异和固定制造费用差异两部分进行。

1. 变动制造费用标准成本差异的计算

变动制造费用标准成本差异= 变动制造费用实际成本 - 变动制造费用标准成本

上式中的变动制造费用标准成本按下式计算：

变动制造费用的标准成本= 单位产品变动制造费用的标准成本×实际产量

变动制造费用标准成本差异是由耗费（支出）差异和效率差异两部分组成的，其计算公式如下：

$$\text{变动制造费用耗费差异}=\left(\text{变动制造费用实际分配率}-\text{变动制造费用标准分配率}\right)\times\text{实际工时}$$

上式中变动制造费用实际分配率是用实际发生的变动制造费用总额除以实际总工时计算求得的。

变动制造费用效率差异=（实际工时 - 标准工时）×变动制造费用标准分配率

变动制造费用成本差异计算模式如图 9 - 6 所示。

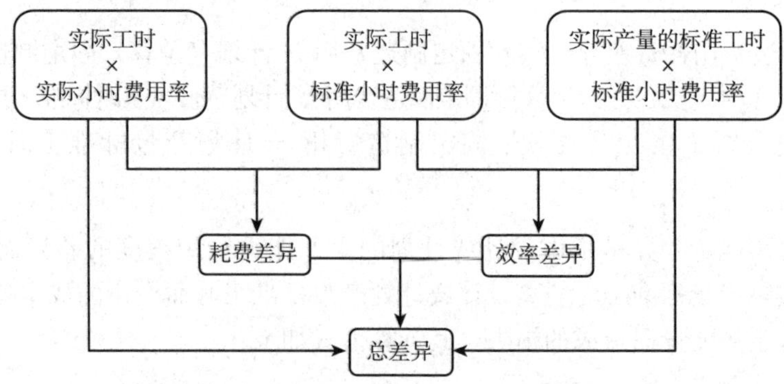

图 9 6 变动制造费用成本差异计算模式

【例 9-8】某公司生产 A 产品的标准工时为 2. 5 h，标准小时变动制造费用率为 3 元/h，则其单位标准成本为 7. 50 元。本期实际生产 A 产品 2 000 件，实际工时为 5 400 h，实际发生变动制造费用为 15 390 元。计算变动制造费用差异如下：

$$实际小时变动制造费用率=\frac{15\ 390}{5\ 400}=2.85（元/h）$$

变动制造费用耗费差异=（2.85－3）×5 400＝－810（元）（有利差异）

变动制造费用效率差异=（5 400－2 000×2.50）×3＝1 200（元）（不利差异）

变动制造费用总差异=15 390－2 000×2.5×3＝390（元）（不利差异）

＝－810+1 200＝390（元）（不利差异）

根据上述计算结果编制变动制造费用成本差异计算表如表 9－8 所示。

表 9-8　变动制造费用成本差异计算表

金额单位：元

标准成本			实际成本			成本差异		
耗用工时	小时费用率	金额	耗用工时	小时费用率	金额	效率差异	耗费差异	总差异
①= 2 000×单位标准工时	②	③= ①×②	④	⑤= ⑥÷④	⑥	⑦=（④−①）×②	⑧=（⑤−②）×④	⑨=⑥−③
5 000	3	15 000	5 400	2.85	15 390	1 200	－810	390

2. 固定制造费用标准成本差异的计算

固定制造费用成本差异是指实际固定制造费用与标准固定制造费用之间的差异。由于固定制造费用总额不受产量变动的影响，产量变动只是对单位产品所负担的固定制造费用产生影响。也就是说，实际产量与设计生产能力规定的产量或预算规定的产量的差异会对产品应负担的固定制造费用产生影响。固定制造费用成本差异的分析主要有“两因素分析”和“三因素分析”两种方式。

（1）两因素分析法。两因素分析将固定制造费用成本差异分为固定制造费用耗费差异和能量差异两种。

固定制造费用耗费差异是指实际固定制造费用与计划（预算）固定制造费用之间的差异。其计算公式如下：

固定制造费用耗费差异= 实际固定制造费用 − 计划（预算）固定制造费用

= 实际固定制造费用 − 计划产量×工时标准×标准费用分配率

= 实际固定制造费用 − 计划产量标准工时×标准费用分配率

固定制造费用能量差异是指由设计或计划的生产能力利用程度的差异而导致的成本差异，也就是由实际产量标准工时脱离设计或计划产量标准工时而产生的成本差异，反映了未能充分使用现有生产能量而造成的损失。其计算公式如下：

固定制造费用能量差异= 固定制造费用计划（预算）额 − 固定制造费用标准成本

$$=\frac{固定制造费用}{计划（预算）额}-\frac{固定制造费用}{标准分配率}\times\frac{实际产量}{标准工时}$$

=（计划产量标准工时 − 实际产量标准工时）×标准费用分配率

【例 9-9】某公司生产 A 产品的标准工时为 2. 5 h，固定制造费用率为 2 元/h，则其单位标准成本为 5 元。本期实际生产 A 产品 2 000 件，预计生产能力 2 500 件，实际工时为 5 400 h，实际发生固定制造费用为 13 000 元。计算固定制造费用差异如下：

固定制造费用耗费差异= 13 000－2 500×2. 50×2＝500（元）（不利差异）

固定制造费用能量差异= （2 500－2 000）×2. 50×2＝2 500（元）（不利差异）

固定制造费用总差异= 13 000－2 000×2. 50×2＝3 000（元）（不利差异）

＝ 500 +2 500＝3 000（元）（不利差异）

根据上述计算结果编制固定制造费用成本差异计算表如表 9－9 所示。

表 9-9 固定制造费用成本差异计算表

金额单位：元

标准成本			实际成本			计划成本			成本差异	
耗用工时	小时费用率	金额	耗用工时	小时费用率	金额	计划产量标准工时	金额	能量差异	耗费差异	总差异
①=2 000×单位标准工时	②	③=①×②	④	⑤=⑥/④	⑥	⑦=2 500×单位标准工时	⑧=⑦×②	⑨=⑧－③	⑩=⑥－⑧	⑪=⑥－③
5 000	2	10 000	5 400	2. 41	13 000	6 250	12 500	2 500	500	3 000

（2）三因素分析法。三因素分析将固定制造费用成本差异分为耗费差异、效率差异和能力差异三部分。耗费差异的计算与两因素分析法相同，不同的是要将两因素分析法中的“能量差异”进一步分为两部分：一部分是实际工时脱离标准工时而形成的效率差异；另一部分是实际工时下的实际产量脱离标准工时下的计划产量而引起的未达到生产能量而形成的能力差异。其计算公式如下：

固定制造费用耗费差异= 实际固定制造费用 － 计划（预算）固定制造费用

固定制造费用效率差异= 实际工时标准固定制造费用 － 标准工时标准固定制造费用

＝（实际产量实际工时 － 实际产量标准工时）×标准费用分配率

固定制造费用能力差异= 固定制造费用预算额 － 实际产量实际工时的固定制造费用

＝（计划产量标准工时 － 实际产量实际工时）×标准费用分配率

【例 9-10】仍依例 9-9 资料，固定制造费用的差异计算如下：

固定制造费用耗费差异= 13 000－2 500×2. 50×2＝500（元）（不利差异）

固定制造费用效率差异= （5 400－2 000×2. 50）×2＝800（元）（不利差异）

固定制造费用能力差异= （2 500×2. 50－5 400）×2＝1 700（元）（不利差异）

固定制造费用总差异= 13 000－2 000×2. 50×2＝3 000（元）（不利差异）

＝500＋800+1 700＝3 000（元）（不利差异）

三因素分析法的能力差异（1 700 元）与效率差异（800 元）之和为 2 500 元，与两因素分析法中的“能量差异”数额相同。

根据上述计算结果编制固定制造费用成本差异计算表如表 9－10 所示。

表 9-10 固定制造费用成本差异计算表

金额单位：元

标准成本			实际成本			计划成本		成本差异			
耗用工时	小时费用率	金额	耗用工时	小时费用率	金额	计划产量标准工时	金额	效率差异	能力差异	耗费差异	总差异
①= 2 000×单位标准工时	②	③=①×②	④	⑤=⑥/④	⑥	⑦= 2 500×单位标准工时	⑧=⑦×②	⑨=(④－①)×②	⑩=(⑦－④)×②	⑪=⑥－⑧	⑫=⑥－③
5 000	2	10 000	5 400	2. 41	13 000	6 250	12 500	800	1 700	500	3 000

3. 制造费用成本差异的分析

（1）变动制造费用成本差异分析。变动制造费用耗费差异的原因是多方面的，例如，构成变动性制造费用的各要素价格上涨；间接材料和间接人工的使用浪费；动力和设备使用的浪费等。变动制造费用能量差异是由于实际工时脱离标准工时造成的，反映的是产出过程中的工时利用情况，其形成原因与人工效率差异相同。

（2）固定制造费用成本差异分析。固定制造费用耗费差异的形成主要是内部原因，如研发费、培训费的变动，超额雇用生产管理人员，临时购建固定资产等。固定制造费用的效率差异产生的原因与引起直接人工效率差异的原因相同，即主要是工时利用效率。固定制造费用能力差异反映企业未能充分利用现有生产能力而造成的损失，它主要是由可以避免的机器故障、劳动力不足、临时停工待料、生产组织不善和工人技术水平不够等因素造成的，也有诸如季节变动、停电和生产任务不饱和等不可控因素。

根据上述各成本项目的成本差异计算，可以编制 A 产品标准成本差异分析汇总表如表9－11 所示。

表 9-11 A 产品标准成本差异分析汇总表

金额单位：元

成本项目	标准成本	实际成本	成本差异	成本差异分析
直接材料	24 000	24 700	700	用量差异：2 000
				价格差异：－1 300
直接人工	70 000	74 250	4 250	效率差异：5 600
				工资率差异：－1 350
变动制造费用	15 000	15 390	390	效率差异：1 200
				耗费差异：－810
固定制造费用	10 000	13 000	3 000	效率差异：800
				能力差异：1 700
				耗费差异：500
合　　计	119 000	127 340	8 340	8 340

从表9-11可知，A产品实际成本比标准成本超支了8 340元，其中直接材料成本超支700元，主要原因是材料采购价格的提高造成的；直接人工成本超支4 250元，主要原因是工作效率降低，实际工时超标造成的；变动制造费用超支390元，固定制造费用超支3 000元，原因也是效率下降，生产利用能力低造成的。

小贴士

标准成本制度在全世界的应用很普遍，例如，标准成本法广泛应用在日本、英国、德国和美国，弹性标准成本法被用于成本规划和控制。"以弹性标准成本法为基础的报告系统由每个成本中心的实际和计划的资源需求、实际成本、标准成本以及不同类型的差异月报组成"。

9.4　标准成本计算举例

【例9-11】某企业生产A产品，本月预计生产220件，实际生产200件，本月投产，本月全部完工，并于当月销售150件。每件售价为20 000元。A产品的标准成本资料如下。

单件产品耗用甲材料17 kg，标准单价为4. 50元/kg；耗用乙材料28 kg，单价9. 64元/kg。单位产品的标准工时为380 h，标准工资率为38元/h，固定费用制造预算率为1. 30元/h，标准变动制造费用率为2. 80元/h。

本月份发生的其他有关资料如下。

（1）本月份实际耗用甲材料3 600 kg，单价4. 40元/kg，乙材料5 800 kg，单价10. 20元/kg。

（2）本月份生产工人的工资总额为3 200 000元，生产工时为80 000 h。

（3）本月实际发生变动制造费用216 000元，固定制造费用96 000元，固定制造费用采用三因素分析法。

采用标准成本制度计算的结果如下。

1. 单位标准成本的计算

单位产品直接材料标准成本 = 17×4. 50+28×9. 64 = 346. 42（元）

单位产品直接人工标准成本 = 380×38 = 14 440（元）

单位产品标准固定制造费用 = 380×1. 30 = 494（元）

单位产品标准变动制造费用 = 380 ×2. 80 = 1 064（元）

单位产品的标准成本 = 346. 42 + 14 440 + 494 + 1 064 = 16 344. 42（元）

2. 直接材料成本差异的计算

直接材料标准成本差异= 75 000 − 69 284 = 5 716（元），直接材料标准成本差异的计算如

表 9－12 所示。

表 9-12　直接材料标准成本差异的计算表

金额单位：元

材料名称	标准成本			实际成本			成本差异		
	耗用量	单　价	金　额	耗用量	单　价	金　额	用量差异	价格差异	总差异
甲材料	3 400	4. 50	15 300	3 600	4. 40	15 840	900	－360	540
乙材料	5 600	9. 64	53 984	5 800	10. 20	59 160	1 928	3 248	5 176
合　计	—	—	69 284	—	—	75 000	2 828	2 888	5 716

注：甲材料标准用量= 17×200 = 3 400（kg）

乙材料标准用量= 28×200 = 5 600（kg）

3. 直接人工标准成本差异的计算

直接人工标准成本差异= 3 200 000－2 888 000 = 312 000（元），直接人工标准成本差异的计算如表 9－13 所示。

表 9-13　直接人工成本差异计算表

金额单位：元

标准成本			实际成本			成本差异		
耗用工时	小时工资率	金额	耗用工时	小时工资率	金额	效率差异	工资率差异	总差异
76 000	38	2 888 000	80 000	40	3 200 000	152 000	160 000	312 000

注：标准耗用工时= 380×200 = 76 000（h）

实际小时工资率= $\frac{3\ 200\ 000}{80\ 000}$ = 40(元 /h)

4. 变动制造费用标准成本差异的计算

变动制造费用标准成本差异= 216 000－212 800 = 3 200（元），变动制造费用标准成本差异的计算如表 9－14 所示。

表 9-14　变动制造费用标准成本差异计算表

金额单位：元

标准成本			实际成本			成本差异		
耗用工时	小时费用率	金额	耗用工时	小时费用率	金额	效率差异	耗费差异	总差异
76 000	2. 80	212 800	80 000	2. 70	216 000	11 200	－8 000	13 200

注：实际小时费用率= $\frac{216\ 000}{80\ 000}$ = 2. 70(元 /h)

5. 固定制造费用标准成本差异的计算

固定制造费用标准成本差异= 96 000－98 800= －2 800（元），固定制造费用标准成本差异的计算如表 9－15 所示。

表 9-15　固定制造费用标准成本差异计算表

金额单位：元

标准成本			实际成本			计划成本		成本差异			
耗用工时	小时费用率	金额	耗用工时	小时费用率	金额	计划产量标准工时	金额	效率差异	能力差异	耗费差异	总差异
76 000	1. 30	98 800	80 000	1. 20	96 000	83 600	108 680	5 200	4 680	－12 680	－2 800

6. 编制的完工产品标准成本计算表

完工产品标准成本如表 9－16 所示。

表 9-16　完工产品标准成本计算表

产品名称	单位标准成本	完工产品标准成本		销售产品标准成本	
		数量/件	总成本/元	数量/件	总成本/元
A产品	16 344. 42	200	3 268 884	150	2 451 663

练习题

一、单项选择题

1. 某公司某年度标准工资率为 6 元/h，实际工资率为 5. 80 元/h，标准工时为 20 000 h，实际工时为 21 000 h，直接人工工资率差异为 4 200 元（有利差异），则该公司的直接人工实际总成本是（　　）元。

A. 11 600　　B. 11 760　　C. 120 000　　D. 121 800

2. 在最佳的经营条件下可能达到的最低成本标准是（　　）。

A. 理想标准成本　B. 正常标准成本　C. 现实标准成本　D. 基本标准成本

3. 如果材料的实际耗用量超过标准耗用量，但实际成本小于标准成本，则材料的价格差异和用量差异的性质是（　　）。

A. 用量差异有利，价格差异不利　　B. 用量差异不利，价格差异有利

C. 用量差异有利，价格差异有利　　D. 用量差异不利，价格差异不利

4. 在制造费用分为变动制造费用和固定制造费用的情况下，能力差异的计算公式是（　　）。

A. （实际工时　预算工时）×固定制造费用预算分配率

B. （预算工时 － 实际工时）×固定制造费用预算分配率

C. （实际工时 - 标准工时）×固定制造费用预算分配率

D. （标准工时 - 实际工时）×固定制造费用预算分配率

二、多项选择题

1. 标准成本制度的优点是（　　）。

A. 有利于成本控制　　B. 有利于成本核算

C. 有利于简化会计工作　　D. 有利于正确评价业绩

E. 有利于价格决策

2. 标准成本差异是实际成本与标准成本之间的差额，具体包括（　　）。

A. 直接材料用量差异　　B. 固定制造费用能力差异

C. 固定制造费用耗费差异　　D. 直接材料分配率差异

E. 直接人工效率差异

3. 工资率差异产生的原因可能是（　　）。

A. 工资计算方法改变　　B. 材料质量和制造方法改变

C. 劳动态度　　D. 工人熟练程度

E. 工人级别结构的变化

4. 一般而言，材料的价格差异产生的原因主要是（　　）。

A. 供应价格的变化　　B. 废品率的变化

C. 运输方式和运输路线的变化　　D. 违反合同被罚款

E. 操作技术改进

5. 计算变动制造费用的效率差异需要的数据有（　　）。

A. 实际工时　　B. 标准工时

C. 标准小时费用率　　D. 实际小时费用率

E. 实际变动制造费用总额

三、判断题

1. 有利差异越大越好，不利差异越小越好。（　　）

2. 产品的标准成本应该等于直接材料标准成本加上直接人工标准成本，再加上变动制造费用标准成本。（　　）

3. 实际成本超过标准成本所形成的差异，称为不利差异，表示成本超支，用正数表示。（　　）

4. 一般而言，材料的价格差异应由采购部门负责，材料的用量差异应由控制用料的生产部门负责。（　　）

5. 固定制造费用差异等于固定制造费用耗费差异加上固定制造费用能力差异，再加上固定制造费用效率差异。（　　）

四、计算分析题

1. 某公司8月份生产甲产品19 200件，实际消耗材料39 000 kg，实际单价为5.05元/kg，每件产品标准耗用量为2 kg，标准单价为5元/kg；本月支付实际工资341 600元，实际工时为56 000 h，每件产品标准工时为3 h，标准工资率为6元/h。

要求：（1）计算直接材料的用量差异和价格差异；

（2）计算直接人工的效率差异和工资率差异。

2. 某公司6月份生产乙产品8 000件，实际工时为17 000 h，实际制造费用为470 000元，其中变动制造费用为165 000元，固定制造费用为305 000元。每件乙产品的标准工时为2 h，该公司每月预算产量为10 000件，制造费用预算为500 000元，其中变动制造费用为200 000元，固定制造费用为300 000元。

要求：(1) 计算变动制造费用的效率差异和耗费差异；

(2) 计算固定制造费用的能量差异和耗费差异；

(3) 计算固定制造费用的效率差异、能力差异和耗费差异。

第 10 章　期间费用的核算

10.1　期间费用概述

10.1.1　期间费用的概念及构成

期间费用也称为期间成本，是企业在生产经营过程中发生的，与产品生产无直接联系，属于某一时期发生的直接计入当期损益的费用。它随着时间推移而发生，容易确定其发生的期间，却难以判别其所应归属的产品，因而是不能列入各产品的成本，应在发生的当期从损益中扣除，从而不会影响下一个会计期间。通过期间费用的核算可以划清产品成本和期间费用的界限，防止乱挤成本和盈亏不实现象的发生，从而正确计算各产品成本，保证生产经营耗费的补偿。

工业企业的期间费用一般包括销售费用、管理费用和财务费用三个项目。销售费用是企业为了销售本企业产品而发生的各种耗费；管理费用是企业行政管理部门为组织和管理生产经营活动而发生的各种耗费；财务费用是企业为筹集生产经营所需资金而发生的各项筹资费用。

10.1.2　期间费用的特点

与计入成本的费用相比，期间费用通常具有下列特点。

(1) 期间费用与产品生产活动没有直接关系，可以确定其发生的期间，而难以确定其应归属的成本计算对象，因此不计入产品成本。

(2) 与当期的营业收入相配比，全额列入利润表。而计入产品成本的费用，如产品耗用的直接材料、发生的直接人工及制造费用等，在尚未销售之前，计入产品成本，列入资产负债表，递延到下一期。只有在产品销售出去以后，其实现销售的成本，才能以“主营业务”的形式转入费用从当期销售收入中抵减。

(3) 期间费用在一定范围内与产品产量的增减无关，而与期间有关。

10.2　销售费用的核算

10.2.1　销售费用的概念及内容

销售费用是指企业在销售商品、自制半成品、材料和提供劳务等过程中发生的各种费用，以及为销售本企业产品而专设销售机构的各项费用。销售费用是发生在流通领域为实现产品价值而发生的各项费用。包括由企业负担的在销售过程中发生的运输费、装卸费、包装费、保险费、广告费、展览费、经营租赁费、委托代销手续费和专设销售机构（含销售网点、售后服务网点等）的职工薪酬、类似工资性质的费用、业务费、固定资产修理费及折旧费等经营费用。销售费用的具体内容如下。

1. 运杂费

运杂费是指企业在销售商品过程中发生的应由本企业负担的运输装卸费用。应由购买单位负担的运杂费不包括在内。

2. 包装费

包装费包括自行包装费用和委托包装费用两种。自行包装费用是指企业为包装产品而耗用的包装材料（如纸、绳、铁皮、箱、桶等），及包装部门的经费。委托包装费用是指企业委托外单位包装本企业产品所发生的劳务费用。上述包装费用包括随同产品出售不单独计价包装物费用，出借包装物的摊销、出借包装物的毁损等。没收逾期未退回的出借包装物的押金，作为出借包装物费用的减除数。

3. 保险费

保险费是指为销售产品而发生的保险支出。

4. 广告费

广告费是指企业通过广播、电视、报纸、杂志、路牌等媒体为其商品做市场宣传而支付的各种费用。自设广告部门的企业，应包括广告部门的一切费用。

5. 展览费

展览费是指企业为参加各种产品展览会而发生的各种会务经费。

6. 委托代销手续费

委托代销手续费是指支付给代理销售本企业产品的机构和个人的手续费。

7. 租赁费

租赁费是指为销售产品而租用柜台、门市部等场所而发生的经营性租赁费用。

8. 产品质量保证费

产品质量保证费是指企业期末根据本期销售情况预计的产品质量保证费用。如果企业不能合理地预计产品质量保证费用，也可以在产品质量保证费用发生时计入销售费用。

9. 专设销售机构经费

专设销售机构经费是指企业设立的专门从事产品销售的网络、门市部等机构所发生的职工薪酬、折旧费、差旅费、办公费、修理费、物料消耗、低值易耗品摊销和其他费用等。

10. 其他费用

其他费用是指一切未归入上述各项费用的其他销售费用。

正确进行销售费用的核算十分重要，原因如下。

（1）销售费用是制定产品价格时必须考虑的因素。产品价格的制定是建立在产品制造成本以及全部期间费用的基础上的，如果只重视制造成本，而忽视销售费用，必然使价格制定的客观依据不足。

（2）计算销售费用是确定企业产品销售利润的前提。企业产品销售利润是以产品销售收入减除成本、销售费用、税金等因素而得的。所以，只有在计算本期销售费用的基础上，才能确定销售利润。

（3）通过销售费用的计算，可以进行比较、分析，从而积极地控制和降低销售费用，力求以最少的销售费用获取最大的经济效益。

10.2.2 销售费用的账务处理

为了核算销售费用并考核其预算执行情况，应设置“销售费用”科目，它是损益类科目，当企业发生各种销售费用时，借记“销售费用”账户，贷记“包装物”“低值易耗品”“应付职工薪酬”“累计折旧”“辅助生产成本”“银行存款”“其他应付款”等账户。各期期末应将本期发生的销售费用结转记入“本年利润”账户，结转后“销售费用”账户应无余额。

为了计算确定企业在一定时期内各种产品的销售利润，便于控制分析销售费用，应当在“销售费用”账户下，按照企业所销售产品的种类设置销售费用明细账，并按具体的费用项目开设专栏。如果企业专门设有销售机构，则也应按专设机构分别设置销售费用明细账，按其具体业务经费项目开设专栏。

【例 10-1】某企业 8 月发生如下业务。

（1）以银行存款支付广告费 900 元。

借：销售费用　　900

　　贷：银行存款　　900

（2）产品展览，发生展览场所布置费 1 900 元，其中领用材料 1 000 元，其余现金支付。

借：销售费用　　1 900

　　贷：原材料　　1 000

　　　　库存现金　　900

（3）企业专设销售机构职工工资 8 000 元，福利费 1 120 元。

借：销售费用　　9 120
　　贷：应付职工薪酬——应付工资　　8 000
　　　　　　　　　——应付福利费　　1 120

(4) 月末，将“销售费用”转入“本年利润”。

借：本年利润　　11 920
　　贷：销售费用　　11 920

小贴士

在确认费用的归属期时，应依据该费用的发生是否与本期的营业收入相联系，即为获得本会计期间的营业收入发生的费用，应当作为本期费用予以确认。销售费用的发生一般均与当期营业收入相关联，所以应计入当期损益。但也有人认为，有些费用计入当期损益不妥，如广告费，它的受益期很有可能就不是当期，或不仅仅是当期，应该递延。

10.3 管理费用的核算

10.3.1 管理费用的概念及内容

管理费用是指企业为管理和组织生产经营活动而发生的各项费用，包括企业的董事会和行政管理部门在企业的经营管理中发生的费用，或者应由企业统一负担的公司经费、工会经费、职工教育经费、劳动保险费、待业保险费、董事会费、咨询费、聘请中介机构费、诉讼费、排污费、税金、矿产资源补偿费、业务招待费、技术转让费、研究费用、存货盘亏、毁损和报废与其他管理费用等。以上各项管理费用的具体内容如下。

1. 公司经费

公司经费包括行政管理部门人员工资、职工福利费、差旅费、办公费、折旧费、修理费、物料消耗、低值易耗品摊销及其他公司经费。

2. 董事会费

董事会费是指企业最高权力机构（如董事会）的成员为执行职能而发生的各项费用，包括董事会成员津贴、差旅费、会议费等。

3. 咨询费

咨询费是指企业向有关咨询机构进行科学技术经营管理咨询所支付的费用，包括聘请经济技术顾问、法律顾问等支付的费用。

4. 聘请中介机构费

聘请中介机构费是指企业聘请中国注册会计师进行查账验资以及进行资产评估等发生的各项费用。

5. 诉讼费

诉讼费是指企业因起诉或应诉而发生的各项费用。

6. 排污费

排污费是指企业按规定缴纳的排污费用。

7. 技术转让费

技术转让费是指企业使用非专利技术而支付的费用。

8. 研究费

研究费是指企业研究开发新产品、新技术、新工艺所发生的新产品设计费，工艺规程制定费，设备调试费，原材料和半成品的试验费，技术图书资料费，未纳入国家计划的中间试验费，研究人员的工资，研究设备的折旧，与新产品试制、技术研究有关的其他经费，委托其他单位进行的科研试制的费用以及试制失败损失等。

9. 无形资产摊销

无形资产摊销是指专利权、商标权、著作权、土地使用权、非专利技术等无形资产的摊销。

10. 业务招待费

业务招待费是指企业为业务经营的合理需要而支付的应酬费用。

11. 存货盘亏、毁损和报废

存货盘亏、毁损和报废是指盘亏、毁损和报废的存货成本，在扣除过失人员或者保险公司赔款和残料之后的余额，再减除盘盈存货的成本后计入管理费用的净损失，但不包括因非常原因所引起的计入营业外支出的损失部分。

12. 其他管理费用

其他管理费用是指上述各项费用项目所不包括的管理费用。

10.3.2 管理费用的账务处理

为了总括地反映企业在一定期间内管理费用的发生及结转情况，企业应当设置“管理费用”账户。当企业发生各项管理费用时，按实际发生数额借记“管理费用”账户，贷记“原材料”“低值易耗品”“应付职工薪酬”“辅助生产成本”“其他应付款”“其他应交款”“库存现金”“银行存款”“待摊费用”“无形资产”“累计折旧”等账户。期末应当将当期发生的管理费用结转“本年利润”账户，结转后“管理费用”账户应无余额。

为了加强管理的需要，以利于对管理费用进行预算、控制和考核，分析费用增减变动的原因以寻求降低费用的途径和方法，应当在“管理费用”总分类账户下，按照管理费用的各项费用项目设置明细分类账。一般来说，企业应根据自身的具体实际情况选择、设置管理费用的费用项目。例如，对管理费用中发生数额较大，发生次数较多，需要加强管理、控制的项目，设置专栏累计其发生额；对于数额不大的费用项目，可适当归并设栏。

【例 10-2】某公司 10 月发生如下业务。

（1）按企业职工工资总额的 2% 提取工会经费 500 元。

借：管理费用——工会经费　　500

　　贷：其他应付款　　500

（2）企业本月发生新产品设计费共 800 元，以银行存款支付。

借：管理费用——研究费用　　800

　　贷：银行存款　　800

（3）本月企业共支付业务招待费 1 200 元，以现金支付。

借：管理费用——业务招待费　　1 200

　　贷：库存现金　　1 200

（4）月末，将管理费用结转损益。

借：本年利润　　2 500

　　贷：管理费用　　2 500

10.4　财务费用的核算

10.4.1　财务费用的概念及内容

财务费用是指企业在筹集生产经营资金等财务活动中发生的各项费用，它包括企业在经营期间发生的利息支出（减利息收入）、汇兑损失（减汇兑收益）、银行及其他金融机构手续费，以及因筹集资金而发生的其他财务费用。这些费用项目具体说明如下。

1. 利息支出

利息支出是指利息支出减去银行存款等的利息收入后的净额。利息支出包括短期借款利息、应付票据利息、票据贴现利息、长期借款利息和应付债券利息等。

2. 汇兑损失

汇兑损失是指企业向银行结售或购入外汇时，因银行买入价或卖出价与记账所采用的汇率不同而产生的汇兑差额，以及月度终了，各种外币账户的外币期末余额，按照期末汇率折合的记账本位币金额与原账面记账本位币金额之间的差额等。发生的汇兑损失增加财务费用，汇兑收益冲减财务费用。

3. 金融机构相关的手续费

金融机构相关的手续费是指企业开出汇票时支付的银行手续费、调剂外汇手续费等。

4. 其他财务费用

其他财务费用是指企业因筹集生产经营资金而发生的其他费用，如融资租入固定资产发生的融资租赁费、发生的现金折扣等。

财务费用是企业理财过程中发生的费用，为了加强对资金的筹措和使用，必须在事前确定财务费用预算，事后加以核算和分析，促使企业花费较少的财务费用支出，保证资金的正常运转。

10.4.2 财务费用的账务处理

为了核算财务费用并考核财务费用预算的执行情况，应设置“财务费用”科目，它是损益类科目。该科目借方登记发生的各项财务费用，贷方登记发生的应冲减财务费用的利息收入、汇兑收益，以及期末余额转入“本年利润”科目的数额，本科目期末结转后无余额。

需要注意的是，企业为购建或生产满足资本化条件的资产发生的应予资本化的利息支出、汇兑损失、手续费等借款费用，在“在建工程”“制造费用”等科目核算，不在“财务费用”科目核算。

企业发生的财务费用应按费用项目设置明细账进行明细分类核算，以加强对财务费用的控制，揭示财务费用增减的原因。

【例 10-3】某企业于 2017 年 2 月 1 日向银行借入生产经营用短期借款 480 000 元，期限 6 个月，年利率 5%，该借款本金到期后一次归还，利息分月预提，按季支付。2 月份获得利息收入 400 元。假定所有利息均不符合利息资本化的条件。2 月份相关利息的会计分录如下：

2 月份末，预提当月应计利息 2 000 元（480 000×5%/12）

借：财务费用　　2 000

　　贷：应付利息　　2 000

同时，当月取得的利息收入 400 元应作为冲减财务费用处理，分录如下：

借：银行存款　　400

　　贷：财务费用　　400

【例 10-4】某企业于 2017 年 1 月 1 日平价发行公司债券，面值 25 000 万元，期限 2 年，年利率 6%，到期后本息一次归还。债券发行过程中，发生手续费 150 万元。有关手续费的会计分录如下：

借：财务费用　　1 500 000

　　贷：银行存款　　1 500 000

【例 10-5】期末，将“财务费用”账户归集的本期发生的全部财务费用结转“本年利润”账户。会计分录如下：

借：本年利润　　1 501 600

　　贷：财务费用　　1 501 600

练习题

一、单项选择题

1. 下列各项费用中，应计入管理费用的项目是（　　）。
   A. 技术转让费　B. 银行贷款利息　C. 展览费　D. 发行债券手续费
2. 下列各项费用中，应计入产品销售费用的项目是（　　）。
   A. 工会经费　B. 绿化费　C. 坏账损失　D. 广告费
3. 下列各项费用中，应计入财务费用的项目是（　　）。
   A. 业务招待费　B. 金融机构手续费　C. 审计费　D. 包装费
4. 汇兑损失应记入的会计科目是（　　）。
   A. 汇兑损益　B. 管理费用　C. 财务费用　D. 销售费用
5. 企业在商品销售过程中，实际给予购货方的现金折扣应记入（　　）。
   A. 管理费用科目　B. 销售费用科目　C. 财务费用科目　D. 制造费用科目

二、多项选择题

1. 下列各项费用中，应计入管理费用的项目是（　　）。
   A. 技术转让费　B. 广告费　C. 无形资产摊销
   D. 短期借款利息　E. 职工教育经费
2. 下列各项费用中，应计入销售费用的项目是（　　）。
   A. 工会经费　B. 广告费　C. 运输费
   D. 专设销售机构办公费　E. 公司经费
3. 下列各项费用中，应计入财务费用的项目是（　　）。
   A. 金融机构手续费　B. 汇兑损失　C. 银行存款利息收入
   D. 现金折扣　E. 商业折扣
4. 期间费用的特点是（　　）。
   A. 期间费用与生产过程紧密相连
   B. 期间费用与产品生产没有直接联系
   C. 期间费用应在发生时确认为当期费用
   D. 期间费用应计入当期利润表
   E. 期间费用应与生产成本一样反映在资产负债表中

三、判断题

1. 管理费用与销售费用及财务费用，都属于期间费用。因此，应将其计入当期损益。（　　）
2. 企业专设销售机构发生的经常费用应计入管理费用。（　　）
3. 期间费用与产品生产活动没有直接联系，因此，不能将其计入产品生产成本。（　　）
4. 从某种程度上说，业务招待费的多少与企业产品市场开发与销售有关。因此，应将企业发生的业务招待费计入销售费用中进行核算。（　　）

5. 管理费用与制造费用不同，本期发生的管理费用直接影响本期损益，而本期发生的制造费用不一定影响本期损益。（ ）

四、计算分析题

某公司 2010 年 10 月发生的有关期间费用的主要业务如下：

（1）本月发生研发支出 120 000 元，其中资本化支出 65 000 元。

（2）本期行政管理部门和销售机构分别发生固定资产修理费等不应资本化的后续支出 5 000 元、4 000 元（均用银行存款支付）。

（3）本期应付行政管理部门和销售机构人员工资分别为 800 000 元、300 000 元，并分别按应付工资的 2%、2% 和 1.5% 计提福利费、工会经费和教育经费。

（4）企业用银行存款支付绿化费、排污费和技术转让费分别为 120 000 元、143 000 元、164 000 元。

（5）月末预提应收票据利息 8 000 元。

（6）期末调整外币账户余额前，"银行存款——美元户"的借方余额为 764 000 元（美元约为 90 000 美元）；期末汇率为 1 美元= 7.01 元人民币。计算并确认汇兑损益。

（7）期末，将各期间费用余额结转至"本年利润"科目。

要求：根据上述资料，编制有关会计分录。

第 11 章　成本报表与成本分析

11.1　成本报表

11.1.1　成本报表概述

1. 成本报表的概念

成本报表是根据产品成本和期间费用的核算资料以及其他有关资料编制的，用以反映和监督企业一定时期内产品成本和期间费用水平及其构成情况的报告性文件。成本报表可向企业经营管理者提供成本信息的内部会计报表，编制和分析成本报表是成本会计工作的一项重要内容。

2. 成本报表的特点

从实质上看，成本报表是企业内部成本管理的报表。它与现行会计制度规定的对外报表（财务报表）相比，具有以下特点。

（1）编制的目的主要是满足企业内部经营管理者的需要，因而内容更具有针对性。企业对外提供的会计报表，如资产负债表、利润表、现金流量表等，是为政府部门、企业投资者和债权人以及企业内部经营管理者等不同目的的需求者服务的，以反映企业的财务状况和经营成果。成本报表主要为企业内部管理服务，满足企业管理者、成本责任者对成本信息的需求。

（2）成本报表的种类、内容和格式由企业自行决定，更具有灵活性。现行制度中的财务报表，其种类、内容、格式以及报送对象等均由国家统一规定，企业不能随意改动。对内成本报表主要是围绕着成本管理需要反映的内容，没有明确统一的内容和范围，不强调成本报告内容的完整，往往从管理出发对某一问题或某一侧面进行重点反映，揭示差异，找出原因，分清责任。

（3）成本报表作为对内报表更注重时效。对外报表（财务报表）一般都是定期编制和报送，而作为对内报表的成本报表，除了为满足定期考核和分析成本计划的完成情况定期编制一些报表外，为了及时反馈成本信息，及时揭示成本工作中存在的问题和技术经济指标变动对成本的影响，还可以采用日报、周报或旬报等适时地、不定期地进行编制，并报送有关部门和人员，以及时采取措施，改进工作，提高服务效率，控制成本费用，达到节约的目的。

3. 成本报表的作用

成本报表是为服务于企业内部管理的需要而编制的，对加强成本管理与提高经济效益有着重要的作用，主要表现如下。

（1）综合反映报告期内的产品成本水平。产品成本是反映企业生产经营各方面工作情况的一项综合性指标，也就是说，成本是企业一系列行为的后果，是企业供、产、销各个环节经营管理水平的最终体现。因此，成本报表是在描述企业在生产、技术、质量和管理等方面的状况、成绩和存在的问题。

（2）评价和考核各成本环节的成本管理业绩。利用成本报表所提供的资料，经过一定的分析方法，可以明确各有关部门和人员在执行成本计划、费用预算过程中的成绩和差距，以便总结工作的经验和教训，奖励先进，鞭策落后，调动广大职工的积极性，以全面促进企业成本费用计划预算的完成。

（3）利用成本资料进行成本分析。通过对成本报表资料的分析，可以揭示成本差异对产品成本升降的影响程度以及发现产生差异的原因和责任，从而可以有针对性地采取措施，把注意力放在解决那些属于不正常的、对成本有重要影响的关键性差异上，这样对于加强日常成本的控制和管理就有了明确的目标。

（4）成本报表资料为制订成本计划提供依据。企业要制订成本计划，必须明确成本计划目标，而目标是建立在报告年度产品成本实际水平基础上的，所以说本期成本报表所提供的成本资料是制订下期成本计划的重要参考资料。

（5）成本报表有助于加强企业的成本管理工作。成本报表数据的报送不仅有利于主管部门了解所属企业整体的成本水平，还有利于同行业间各企业的交流对比。

4. 成本报表的种类

成本报表的内容、种类和格式不是由国家统一规定的，而是由企业根据内部经营管理的需要自行决定的。一般来说，成本报表可以按照不同的划分标准分类如下。

（1）按报表的报送对象划分。按报表的报送对象，成本报表可以分为对内成本报表和对外成本报表。对内成本报表是指为了企业本单位内部经营管理需要而编制的各种成本报表。对外成本报表是指企业向外部单位报送的成本报表。这里的外部单位特指有权限、有必要阅览该报表的上级主管部门、联营主管单位等集团内部单位。其实质上是集团内部的相对外部报表，属于广义内部报表的范畴。

（2）按报表反映的内容划分。按报表反映的内容，成本报表可以分为反映成本情况的报表、反映费用支出情况的报表和反映专项管理的报表。反映成本情况的报表主要有商品产品成本表、主要产品单位成本表和制造费用明细表等；反映费用支出情况的报表主要有销售费用明细表、管理费用明细表和财务费用明细表等；反映专项管理的报表主要有责任成本表和质量成本表。

（3）按报表编制的时间划分。按报表编制的时间，成本报表可以分为定期成本报表和不定期成本报表。定期成本报表是按规定期限报送的成本报表。按照报送期限的长短，定期报表可分为年报、季报、月报、旬报、周报和日报。不定期成本报表是为满足临时、特殊任务等的需要而编制报送的成本报表，目的在于及时反馈某些重要的成本信息，方便管理部门采取相应的对策。成本报表根据管理上的要求一般按月、季、年来编制。

（4）按报表编制的范围不同划分。按报表编制的范围不同，成本报表可分为全厂成本报表、车间成本报表、班组成本报表和个人成本报表。一般地，商品产品成本报表、主要产品单位成本表等是全厂成本表，而制造费用明细表、责任成本表、质量成本表等，既可以是全厂成本报表，也可以是车间（或班组、个人）成本报表。

11.1.2　成本报表的编制

1. 商品产品成本表的编制

商品产品生产成本表是反映工业企业在报告期内生产的全部产品总成本以及各种主要商品产品的单位成本和总成本的报表。该表一般分为两种：一种是按成本项目反映；另一种按产品种类反映。两种报表各有不同的结构、作用和编制方法。

（1）按成本项目反映的商品产品生产成本表的编制。按成本项目反映的商品产品生产成本表是按成本项目汇总反映工业企业在报告期内发生的全部生产费用以及产品生产成本合计数的报表。该表一般由生产费用和产品生产成本两部分构成。生产费用部分按成本项目反映报告期内发生的各种生产费用及其合计数，在此基础上加上在产品和自制半成品的期初余额，减去在产品和自制半成品的期末余额，计算出产品生产成本的合计数。这些费用和成本，可按上年实际数、本年计划数、本月实际数和本年累计实际数，分栏反映。商品产品生产成本表按成本项目反映的格式如表 11－1 所示。

表 11-1　商品产品生产成本表（按成本项目反映）

项　目	上年实际	本年计划	本月实际	本年累计实际
生产费用				
直接材料				
直接人工				
制造费用				
生产费用合计				
加：在产品、自制半成品期初余额				
减：在产品、自制半成品期末余额				
商品产品生产成本合计				

商品产品生产成本表按成本项目反映可以反映报告期内全部产品生产费用的支出情况和各种费用的构成情况，将本表本年累计实际生产费用及产品生产成本与本年计划数和上年实际数相比较，可以考核和分析年度生产费用及产品生产成本计划执行情况及本年比上年生产费用及产品生产成本的升降情况。

该表的填列过程如下。

①“上年实际”应根据上年 12 月份本表的本年累计实际数填列。

②“本年计划”应根据成本计划的有关资料填列。

③“本月实际”按成本项目反映的各项的生产费用数，应根据各种产品成本明细账所记本月生产费用合计数，按照成本项目分别汇总填列。

④“本年累计实际”应根据本月实际数，加上上月本表的本年累计实际数计算填列。

⑤“期初、期末在产品与自制半成品的余额”应根据各种产品成本明细账的期初、期末在产品成本和各种自制半成品明细账的期初、期末余额分别汇总填列。

⑥“商品产品生产成本合计”应根据表中的生产费用合计，加上在产品和自制半成品的

期初余额，减去在产品和自制半成品的期末余额求得。

（2）按产品品种反映的商品产品生产成本表的编制。按产品品种反映的商品产品生产成本表，是将全部商品产品划分为可比产品和不可比产品两大类，并分别列出它们的单位成本、本月总成本、本年累计总成本。通过本表，可以了解全部商品产品成本的计划执行情况，以及可比产品成本降低任务的完成情况。商品产品生产成本按产品品种反映的格式如表11－2所示。

小贴士

> 所谓可比产品，是指去年或者以前年度正式生产过，具有较完备成本资料的产品；不可比产品，是指去年或者以前年度未正式生产过的产品，因而没有成本资料。对于去年试制成功，今年正式投产的产品，也应作为不可比产品。

该表的填列过程如下。

（1）“产品名称”应填列主要的“可比产品”与“不可比产品”的名称。

（2）“实际产量”应根据“产品成本明细账”所记录的本月和从年初到本月末止的各种主要产品实际产量填列。

（3）“单位成本”。

①“上年实际平均单位成本”项目应根据上年度本表所列各种可比产品的全年累计实际平均单位成本填列。

②“本年计划单位成本”应根据年度成本计划的有关资料填列。

③“本月实际单位成本”应根据有关产品成本明细账中的资料，按下述公式计算填列：

某产品本月实际单位成本= 该产品本月实际总成本/该产品本月实际产量

④“本年累计实际平均单位成本”应根据有关产品成本明细账资料计算填列。计算方法为：

某产品本年累计实际平均单位成本= 该产品本年累计实际总成本/该产品本年累计实际产量

（4）“本月总成本”项目。

①“按上年实际平均单位成本计算”是本月实际产量与上年实际平均单位成本之积。

②“按本年计划单位成本计算”是本月实际产量与本年计划单位成本之积。

表 11-2　商品产品生产成本表（按产品品种反映）

金额单位：万元

	产品名称		可比产品：	甲产品 乙产品	不可比产品	丙产品	全部产品 成本产品
	计量单位		—	件 件	—	件	—
实际产量	本月	（1）	—	3 4	—	2	—
	本月累计	（2）	—	30 35	—	20	—
单位成本	上年实际平均	（3）	—	70 90	—	—	—
	本年计划	（4）	—	69 85	—	40	—
	本月实际	（5）=（9）/（1）	—	68 83	—	46	—
	本月累积实际平均	（6）=（12）/（2）	—	68.5 83.5	—	45	—
本月总成本	按上年实际平均单位成本计算	（7）=（1）×（3）	570	210 360	—	—	—
	按本年计划单位成本计算	（8）=（1）×（4）	547	207 340	800	800	1 347
	本月实际	（9）	536	204 332	92	92	628
本年累计总成本	按上年实际平均单位成本计算	（10）=（2）×（3）	5 250	2 100 3 150	—	—	—
	按本年计划单位成本计算	（11）=（2）×（4）	5 045	2 070 2 975	800	800	5 845
	本年实际	（12）	4 977.5	2 055 2 922.5	900	900	5 877.5

补充资料：（1）可比产品降低额 2 72.5 万元；

（2）可比产品降低率 5.19 %；

（3）计划成本降低额-32.5 万元；

（4）计划成本降低率-0.56 %。

③“本月实际”应根据本月有关产品成本明细账的记录填列。

（5）“本年累计总成本”各项目。

①“按上年实际平均单位成本计算”是本年累计实际产量与上年实际平均单位成本之积。

②“按本年计划单位成本计算”是本年累计实际产量与本年计划单位成本之积。

③“本年实际成本”应根据有关的产品成本明细账资料填列。

（6）补充资料中，可比产品成本降低额和降低率，可按下列公式计算后填列：

$$\text{可比产品成本降低额}=\text{按上年实际平均单位成本计算的可比产品总成本}-\text{本年可比产品实际累计总成本}$$

$$\text{可比产品成本降低率}=\frac{\text{可比产品成本降低额}}{\text{按上年实际平均单位成本计算的可比产品总成本}}$$

根据表 11-2 中的数据可计算如下：

$$\text{可比产品成本降低额}=52\ 500-49\ 775=272.5\text{（万元）}$$

$$\text{可比产品成本降低率}=\frac{2\ 725}{52\ 500}=5.19\%$$

产品计划成本降低额和降低率，可按下列公式计算：

$$\text{产品计划成本降低额}=\text{按本年计划单位成本计算的本年累计总成本}-\text{本年实际总成本}$$

$$\text{产品计划成本降低率}=\frac{\text{产品计划成本降低额}}{\text{按本年计划单位成本计算的本年累计总成本}}$$

根据表 11-2 中的数据可计算如下：

$$\text{产品计划成本降低额}=58\ 450-58\ 775=-32.5\text{（万元）}$$

$$\text{产品计划成本降低率}=\frac{-325}{58\ 450}=-0.56\%$$

上述计算结果若为负数，表示可比产品成本的超支额和超支率。

2. 主要产品单位成本表的编制

主要产品单位成本表是反映企业在报告期内生产的各种主要产品单位成本的构成情况和各项主要技术经济指标执行情况的报表。

主要产品单位成本表是对商品产品成本表的有关单位成本资料所做的进一步补充说明，因为商品产品成本表从成本总额的角度揭示了主要商品产品的成本状况，但不能提供成本构成情况的信息，不便于成本分析。也可以认为，商品产品成本表提供了企业产品生产的结果，而主要产品单位成本表是对成本结果的一种细化，目的是具体判断不同成本项目的影响程度，进而找到成本控制实现或未实现的原因，从这个角度说主要产品单位成本表是成本结果的一种原因分析。这样看来，主要产品单位成本表的作用在于：一方面，根据该表可以考核各种主要产品单位成本计划的执行情况，分析各成本项目变化的原因；另一方面，根据该表可以考核主要产品主要经济技术指标的执行情况，分析成本构成的变化趋势；此外，根据该表还可以在生产同种产品的不同企业之间进行成本对比。

主要产品单位成本表由三部分构成，即产量、单位成本和主要经济技术指标三部分，应分别根据主要产品品种列示。主要产品单位成本表的格式如表 11-3 所示。

表 11-3 主要产品单位成本表

编制单位：××公司　　20××年 12 月　　金额单位：元

产品名称：甲产品 产品规格： 计量单位：件 销售单价：157 元			本月计划产量：500 件 本月实际产量：500 件 本年累计计划产量：5 200 件 本年累计实际产量：5 500 件		
成本项目	历史先进水平	上年实际平均	本年计划	本月实际	本年累计实际平均
直接材料	37	40. 75	40	39	39. 50
直接人工	10	12. 58	12	13	12
制造费用	25	29. 17	29	26. 23	28. 41
产品单位成本	72	82. 50	81	78. 23	79. 91
主要技术经济指标	单耗量	单耗量	单耗量	单耗量	单耗量
1. 主要材料/kg					
A 材料	4	6	5. 50	4. 90	5
B 材料	4. 50	5. 50	5	4. 90	5
2. 生产工人工时/h	4	5. 20	5	4. 50	4. 50

主要产品单位成本表各项目的填列方法如下。

产量部分主要包括产品名称、规格、计量单位、销售单价、本月计划产量、本月实际产量、本年累计计划产量和本年累计实际产量。

(1)“本月计划产量”和“本年累计计划产量”应分别根据本月和本年产品产量计划填列。

(2)“本月实际产量”和“本年累计实际产量”应根据统计提供的产品产量资料或产品入库单填列。

(3)“成本项目”各项目应按规定填列。

单位成本部分分别按历史先进水平、上年实际平均、本年计划、本月实际和本年累计实际平均列示直接材料、直接人工、制造费用等成本项目的金额及合计数。

(4)“历史先进水平”是反映本企业历史上该种产品成本最低年度的实际平均单位成本和实际单位用量，根据有关年份成本资料填列。

(5)“上年实际平均”是反映上年实际平均单位成本和单位用量，根据上年度本表的“本年累计实际平均”单位成本和单位用量的资料填列。

(6)“本年计划”是反映本年计划单位成本和单位用量，根据年度成本计划资料填列。

(7)“本月实际”是反映本月实际单位成本和单位用量，根据本月产品成本明细账等有关资料填列。

(8)“本年累计实际平均”栏各项目：反映本年年初至本月月末该种产品的平均实际单位成本和单位用量，根据本年年初至本月月末为止的累计总成本与累计产量相除的商数填列。

按成本项目反映的“上年实际平均”“本年计划”“本月实际”“本年累计实际平均”的单位成本合计，应与商品产品生产成本表中的各该产品单位成本金额分别相等。不可比产品则不需要填列“历史先进水平”“上年实际平均”的单位成本和单位用量。

主要经济技术指标部分主要反映各种主要材料及工时的情况，分别列示了历史先进水平、上年实际平均、本年计划、本月实际和本年累计实际平均的单位耗用量和金额。

（9）“主要技术经济指标”是反映主要产品每一单位产量所消耗的主要原材料、燃料、工时等的数量，根据有关业务技术核算资料填列。

3. 制造费用与期间费用明细表的编制

（1）制造费用明细表的编制。制造费用明细表是反映企业在报告期内发生的各项制造费用项目及其总额的报表。不同行业的制造费用的明细项目并不完全一致，因此，制造费用明细表的设置和内容可由企业或主管部门自行规定，比如制造费用明细表可以按制造费用项目编制，也可以将制造费用按成本性态划分为变动制造成本与固定制造成本分别列示。

通过制造费用明细表，可以了解企业报告期内制造费用的实际支出水平，考核制造费用计划的执行情况，评价制造费用的变化趋势，加强制造费用的控制与管理。

制造费用明细表根据制造费用的明细项目，分别列示“上年实际数”“本年计划数”“本月实际数”“本年累计实际数”四栏资料。制造费用明细表的格式如表 11－4 和表11－5所示。

表 11-4　制造费用明细表（按制造费用项目反映）

费用项目	上年实际数	本年计划数	本月实际数	本年累计实际数
职工薪酬				
折旧费				
租赁费				
修理费				
机物料消耗				
低值易耗品				
取暖费				
水电费				
办公费				
差旅费				
劳动保护费				
其　他				
……				
制造费用合计				

表 11-5　制造费用明细表（按成本性态反映）

费用项目	上年实际数	本年计划数	本月实际数	本年累计实际数
变动费用：				
水电费				
修理费				
……				
小　计				
固定费用：				
职工薪酬				
……				
小　计				
制造费用合计				

制造费用明细表各项目的填列方法如下。

①“上年实际数”应根据上年度同期本表“本年累计实际数”栏的相应数字填列。如果本年度本表所列费用项目与上年度的费用项目在名称或内容上有不一致的，应对上年度的各项目数字按本年度表内项目的规定进行调整。

②“本年计划数”应根据本年制造费用计划数填列。

③“本月实际数”应根据本月各制造费用明细账合计数汇总填列。

④“本年累计实际数”应根据本年制造费用明细账中各费用项目的本年累计实际发生额填列。

(2) 期间费用明细表的编制。期间费用明细表包括销售费用明细表、管理费用明细表和财务费用明细表，是反映企业在报告期内发生的各种期间费用情况的报表。

根据期间费用明细表，可以了解企业报告期内各项期间费用的实际支出水平，考核各种期间费用计划（或预算）的执行情况，评价各种期间费用的变化趋势，以便于加强对期间费用的控制与管理。

各种期间费用明细表中分别具体费用项目列示“上年实际数”“本年计划数”“本月实际数”“本年累计实际数”四栏资料。销售费用明细表、管理费用明细表和财务费用明细表的格式分别如表 11－6 至表 11－8 所示。

表 11-6　销售费用明细表

费用项目	上年实际数	本年计划数	本月实际数	本年累计实际数
职工薪酬				
保险费				
包装费				
运杂费				
展览费				
广告费				
办公费				
差旅费				
折旧费				
其　他				
……				
销售费用合计				

表 11-7　管理费用明细表

费用项目	上年实际数	本年计划数	本月实际数	本年累计实际数
职工薪酬				
折旧费				
办公费				
差旅费				
修理费				
劳动保护费				
机物料消耗				
低值易耗品				
其　他				
……				
管理费用合计				

表 11-8　财务费用明细表

费用项目	上年实际数	本年计划数	本月实际数	本年累计实际数
利息支出				
减：利息收入				
汇兑损失				
金融机构手续费				
其他筹资费				
财务费用合计				

11.2　成本分析

11.2.1　成本分析概述

1. 成本分析的概念及作用

成本分析是企业利用成本核算及其他有关资料，对企业成本费用水平及其构成情况进行分析研究，查明影响成本费用升降的具体原因，寻找降低成本、节约费用的途径的一项管理活动。成本分析是企业成本管理工作的最后环节，为事后总结分析以及成本预测和成本决策提供重要信息。

成本分析在以下方面发挥着重要的作用。

（1）揭示成本差异原因，掌握成本变动规律。通过成本分析，可以明确成本计划和费用预算的完成情况，找出影响计划（预算）完成的原因，进一步分析影响各项成本、费用变动的因素以及影响程度，从而掌握成本变动的规律。

（2）合理评价成本计划完成情况，正确考核成本责任单位的工作业绩。通过责任成本分析，找出成本差异的责任归属，并提出有针对性的改进措施。

（3）检查企业是否贯彻国家有关方针、政策和财经规律。成本会计中成本费用的计量具有很强的政策性，要求符合有关法规的规定；同时，对于特殊的行业，有关成本费用投入也要达到国家的相关标准。

（4）挖掘降低成本的潜力，不断提高企业的经济效益。在揭示影响成本和费用项目的变动因素、查明差异原因的基础上，从生产技术、生产组织和经营管理等各个方面挖掘节约费用支出和降低产品成本的潜力，以提高经济效益。

2. 成本分析的内容与评价标准

(1) 成本分析的内容。成本分析贯穿于成本管理工作的始终，包括事前成本分析、事中成本控制分析和事后成本分析。

事前成本分析，是指事前预计和测算有关因素对成本的影响程度，主要包括两个方面内容，即成本预测分析和成本决策分析。事中成本控制分析，是指以计划、定额成本为依据，通过分析实际成本与计划成本或定额成本差异，对成本进行分析控制。事后成本分析，是指产品生产过程中发生的实际成本与计划成本的比较，对产生的差异进行分析，找出成本升降原因。本章主要讲述根据成本报表和成本计划等资料进行的成本事后分析，包括：①全部产品成本计划完成情况分析；②可比产品（主要产品）成本计划完成情况分析；③主要产品单位成本分析；④期间费用预算执行情况分析；⑤主要技术经济指标对产品成本影响分析。

(2) 成本分析的评价标准。任何分析都是在进行比较，成本分析也是如此，就是在分析之前先要设定评价标准，并使之与分析对象进行相应的比较以找到现实差距，而找到现实差距也就确定了分析的起点，再分析产生差距的原因，最后找到降低成本的措施和方案，这样就完成了成本分析的基本过程。成本分析评价标准是成本分析的最为关键的基础工作，其评价标准主要包括历史标准、行业标准与目标标准等。

①历史标准。历史标准是以企业过去某一时间的实际业绩作为评价标准。在分析实践中，历史标准也有着多种选择，比如可以是企业上年同期的成本水平，还可以是企业以前正常条件下的某一时间段内的平均成本水平或该时间段内的最高水平。采用历史标准的优势在于所用成本资料比较可靠，而且具有较高的可比性，并由此可以看出自身发展的变动趋势；其不足在于不能全面评价企业在同行业中的地位与竞争能力。

②行业标准。行业标准是指将企业所处行业的某些成本指标作为评价标准。通过将企业自身指标与相对应的行业标准进行对照，可以有效评价企业在同行业中的地位与竞争能力。当然要注意两个方面的问题：其一是行业的准确界定；其二是同一行业内部的具体分类。只有较为准确地把握了这两个方面，才可能使分析具有较强的对应性。

③目标标准。目标标准是指企业根据自身经营条件或状况制定的预期标准。预期目标通常意味着企业在成本耗费上的行为导向，因为一旦目标标准确定，其就会被细化为一系列特定具体目标或关键结果用以指导企业行为，同时也就成为企业内部进行成本业绩考核的参照。当然，在制定目标标准时不能忽视客观存在的各种不确定性，即事实的可调整性，因此目标标准不能被完全地固化。

3. 成本分析的基本方法

对成本报表进行分析的方法很多，企业可根据分析的目的、分析对象的特点、掌握的资料等情况确定应采用哪种方法进行成本分析。在实际工作中，通常采用的分析方法有比较分析法、比率分析法和因素分析法。主要的成本分析方法如图 11-1 所示。

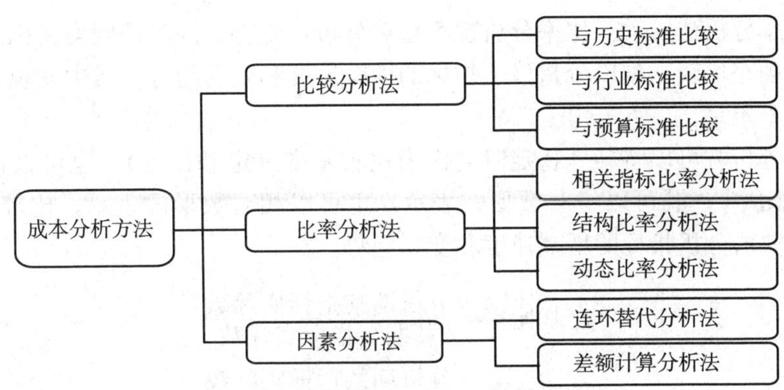

图 11 -1　主要的成本分析方法图

（1）比较分析法。比较分析法是指通过指标对比，从数量上确定差异的一种分析方法。其主要作用在于揭示客观上存在的差距，并为进一步分析指出方向。对比分析的基数由于分析的目的不同而有所不同。实际工作中通常有以下几种形式。①与历史标准比较。以本期实际成本指标与前期（上期、上年同期或历史最高水平）的实际成本指标对比，观察企业成本指标的变动情况和变动趋势，了解企业生产经营工作的改进情况。②与行业标准比较。以本企业实际成本指标（或某项技术经济指标）与国内外同行业先进指标对比，可以在更大范围内找出差距，推动企业改进经营管理的水平。③与预算标准比较。以成本的实际指标与成本的计划或定额指标对比，分析成本计划或定额的完成情况。

比较分析法只适用于同质指标的数量对比。因此，应用此法时要注意对比指标的可比性。

比较分析法是经济分析中广泛应用的一种分析方法。对比的范围越广泛，就越能发现差距，越有利于企业挖掘潜力，学习和推广先进经验。

（2）比率分析法。比率分析法是指通过计算和对比经济指标的比率，进行数量分析的一种分析方法。采用这种方法，先要把对比的数值变成相对数，求出比率，然后再进行对比分析。具体形式有以下几种。

①相关指标比率分析法。将两个性质不同但又相关的指标对比求出比率，然后再以实际数与计划（或前期实际）数进行对比分析，以便从经济活动的客观联系中，更深入地认识企业的生产经营状况。比如，将成本指标与反映生产、销售等生产经营成果的产值、销售收入、利润等指标对比求出产值成本率、销售成本率和成本利润率指标，就可据以分析和比较生产耗费的经济效益。

②结构比率分析法。所谓结构比率，是指某项经济指标的各个组成部分占总体的比重。如将构成产品成本的各个成本项目同产品成本总额相比，计算每一个成本项目占成本的比重，确定成本的结构比率，然后将不同时期的成本结构比率相比较，通过观察产品成本构成的变动，掌握经济活动的变动情况，了解企业改进生产技术和经营管理对产品成本的影响。例如：

直接材料费用比率=（直接材料费用/产品总成本）×100%

直接人工费用比率=（直接人工费用/产品总成本）×100%

制造费用比率=（制造费用/产品总成本）×100%

③动态比率分析法。动态比率分析也称趋势分析，是将不同时期同类指标的数值对比求出比率，进行动态比较，据以分析该项指标的增减速度和变动趋势，从中发现企业在生产经营方面的成绩和不足。

动态比率分析既可以将某一特定时期作为比较基准（定基比率），也可以将上期作为比较基准（环比比率）；既可以绝对数形式表示，也可以相对数形式表示。比较的期数越多，就越能准确反映所分析指标的增减速度和变动趋势。

$$定基比率=\frac{分析期某指标实际数}{基期某指标实际数}$$

$$环比比率=\frac{分析期某指标实际数}{上期某指标实际数}$$

（3）因素分析法。因素分析法是用来计算几个相互联系的因素对综合经济指标变动影响程度的一种分析方法。由于在因素分析中，各构成因素之间相互关系的复杂性不同，因素分析法又可分为连环替代分析法和差额计算分析法。

①连环替代分析法。是指顺序用各项因素的实际数替换基数，借以计算各项因素影响程度的一种分析方法。如果只采用比较分析法和比率分析法只能揭示实际数与基数之间的差异，但是不能反映产生差异的因素及其影响程度。所以，可以采用连环替代分析法克服这一问题。它的计算步骤如下。

步骤一　根据指标的计算公式确定影响指标变动的各项因素。

步骤二　排列各项因素的顺序。

步骤三　按排定的各因素顺序和各项因素的基数进行计算。

步骤四　按顺序将前面一项的基数替代为实际数，将每次替换后的计算结果与其前一次替换后的计算结果进行对比，按顺序算清楚每一项因素的影响程度，有几项因素就要替换几次。

步骤五　将各项因素的影响程度的代数和与指标变动的差异总额核对。

连环替代分析法其计算原理如表 11－9 所示。

表 11-9　连环替代分析法的计算原理表

替代次数	影响因素			乘积编号	每次替代	产生差异
	第 1 项	第 2 项	第 3 项			
基数	基数	基数	基数	1		
第 1 次	实际数	基数	基数	2	2-1	第 1 项因素
第 2 次	实际数	实际数	基数	3	3-2	第 2 项因素
第 3 次	实际数	实际数	实际数	4	4-3	第 3 项因素
	各项因素影响合计				差异总额	各项因素

需要注意的是，连环替代分析法具有以下特点。

第一，计算程序的连环性。计算过程中需要按照各影响因素的排列顺序，逐次以一个因素的实际数替换其基数。除第一次替换外，每个因素的替换都是在前一个因素替换的基础上进行的。

第二，因素替换的顺序性。连环替代的一个重要问题，就是要正确确定各个因素的替换顺序（即排列顺序），另外，在分析相同问题时一定要按照同一替换顺序进行，这样的计算结果才具有可比性。

通常确定各因素替换顺序的做法是：在所分析的影响因素中，如果既有数量指标又有质量指标，应分析数量指标变动的影响，然后再分析质量指标变动的影响；如果既有实物量指标又有价值量指标，一般先替换实物量指标，再替换价值量指标。如果有几个数量指标和质量指标，要分清哪个是主要因素，哪个是次要因素，然后根据指标的相互依存关系确定替换顺序。

第三，计算结果的假定性。运用这一方法在测定某一因素变动影响时，是以假定其他因素不变为条件的。因此，计算结果只能说明是在某种条件下计算的结果。

【例 11-1】假定 A 产品的直接材料费用定额为 800 000 元，实际为 851 400 元。有关资料如表 11－10 所示。

表 11-10　产品材料费用资料表

项目	产品数量/件	单位产品材料消耗量/千克	单价/元	材料费用/元
定额	1 000	20	40	800 000
实际	1 100	18	43	851 400
差异	+100	－2	+3	+51 400

采用连环替代分析法计算产品产量、单位产品材料消耗量和材料单价三项因素对产品直接材料费用的影响程度如下：

材料费用总额定额指标：　1 000×20×40 = 800 000（元）　①

第一次替代：　1 100×20×40 = 880 000（元）　②

第二次替代：　1 100×18×40 = 792 000（元）　③

第三次替代（实际指标）：　1 100×18×43 = 851 400（元）　④

②－①＝880 000－800 000 = 80 000（元）　产量增加的影响

③－②＝792 000－880 000 = －88 000（元）　材料单位消耗的节约的影响

④－③＝851 400－792 000 = 59 400（元）　材料单价提高的影响

80 000－88 000+59 400 = 51 400（元）　全部因素的综合影响

②差额计算分析法。这种分析方法是连环替代分析法的一种简化形式，它是利用各个因素的实际数与基数之间的差额，直接计算各个因素对经济指标差异的影响数值。这一方法的特点在于运用数学提出因数的原理，来简化连环替代分析法的计算程序。应用这种方法与应用连环替代分析法的要求相同，只是在计算上简化一些。所以，在实际工作中应用比较广泛。

这种分析方法的计算程序如下。

第一，确定各因素的实际数与基数的差额。

第二，以各因素的差额，乘上计算公式中该因素前面的各因素的实际数，以及列在该因素后面的其余因素的基数，就可求得各因素的影响值。

第三，将各个因素的影响值相加，其代数和应同该项经济指标的实际数与基数之差相符。

【例 11-2】仍依例 11-1 资料，采用差额计算分析法计算各因素影响程度如下：

产量增加对材料费用的影响：　（1 100－1 000）×20×40 = 80 000（元）

材料单位消耗的节约对材料费用的影响：　（18－20）×1 100×40 = －88 000（元）

材料单价提高对材料费用的影响：　（43－40）×1 100×18 = 59 400（元）

全部因素对材料费用的综合影响：　　　　　80 000－88 000+59 400= 51 400（元）

11.2.2 全部商品产品成本分析

全部商品产品成本分析，是将全部商品产品本年实际总成本与按本年实际产量调整的计划总成本进行比较，计算出全部商品产品总成本降低额和降低率，借以分析全部商品产品成本的升降情况。由于全部商品产品计划总成本是按照各种商品的计划产量与计划单位成本的乘积加总而得的，这与本年实际总成本的比较基础不一致。为了排除产品产量的影响，单纯地考核成本水平变动对成本降低情况的影响，要先按实际产量调整计算计划总成本。全部商品产品包括可比产品和不可比产品。可比产品既有上年的成本资料，也有计划期的成本资料，而不可比产品只有计划期的成本资料。因此，全部商品产品成本分析只能用实际成本和计划成本比较进行分析。

全部商品产品成本分析具体分析可按产品品种分析和按成本项目分析两方面进行。

1. 按产品品种分析全部商品产品成本

【例 11-3】假设某企业本年全部商品产品成本报表如表 11－11 所示。

表 11-11　全部商品产品成本报表

金额单位：元

产品名称	计量单位	实际产量	单位成本			总成本		
			上年实际	本年计划	本年实际	按上年实际成本计算	按本年计划成本计算	按本年实际成本计算
可比产品						138 900	130 500	129 600
A 产品	件	90	530	450	480	47 700	40 500	43 200
B 产品	件	120	760	750	720	91 200	90 000	86 400
不可比产品							24 000	24 800
C 产品	件	80		300	310		24 000	24 800
合　计						138 900	154 500	154 400

根据表 11－11，按产品品种分析全部产品成本计划完成情况，如表 11－12 所示。

表 11-12　全部商品产品成本分析表（按产品品种）

金额单位：元

产品名称	实际产量按计划成本计算总成本	实际产量按实际成本计算总成本	实际比计划降低额	实际比计划降低率
可比产品	130 500	129 600	－900	－0. 69%
A 产品	40 500	43 200	+2 700	+6. 67%
B 产品	90 000	86 400	－3 600	－4%
不可比产品	24 000	24 800	+800	+3. 33%
C 产品	24 000	24 800	+800	+3. 33%
合　计	154 500	154 400	－100	－0. 06%

通过按产品品种进行全部商品产品成本分析，不仅能说明全部商品产品成本计划执行情

况，而且还反映出了各种产品成本完成计划的情况。该企业全部商品产品实际比计划降低了100元，降低率为0.06%，其中，可比产品实际成本比计划降低了900元，降低率为0.69%，而不可比产品实际成本比计划提高了800元，成本上升率为3.33%。这表明，该企业可能在不可比产品成本管理方面存在问题，也可能是因为不可比产品没有上年成本资料可供参考，本年计划成本制订得不够合理，所以企业难以将成本降低到计划水平。虽然可比产品总成本比计划降低了，但由于A产品实际成本比计划上升了2 700元，上升率为6.67%，因而可比产品总成本只降低了900元。通过分析，可以发现尽管总成本是降低了，但该企业生产的三种产品中就有两种产品成本是上升的，应该引起企业足够重视，仍需加强成本控制和管理。

2. 按成本项目分析全部商品产品成本

按产品品种进行分析固然能清晰地了解各种产品成本的升降情况，但究竟哪些成本项目超支，哪些成本项目节约还不清楚，因而有必要将全部商品产品成本按成本项目进行分析，确定实际产品成本与计划产品成本的差异主要是哪些成本项目变动的结果，从而进一步抓住重点项目来研究成本升降的原因。

为了消除产量因素的影响，在编制按成本项目反映的成本资料时，需要把产量固定在本年实际水平。

【例11-4】假设某企业根据成本计划和本年有关成本资料，按成本项目进行全部商品产品成本分析，如表11-13所示。

表11-13 全部商品产品成本分析表（按成本项目）

金额单位：元

产品名称	实际产量按计划成本计算	实际产量按实际成本计算	实际比计划降低额	实际比计划降低率	各项目变动对总成本影响
直接材料	124 500	123 600	-900	-0.72%	-0.58%
直接人工	10 000	12 600	+2 600	+26%	+1.68%
制造费用	20 000	18 200	-1 800	-9%	-1.17%
合 计	154 500	154 400	-100	-0.06%	-0.06%

分析结果表明，该企业全部商品产品实际成本比计划成本降低的原因是原材料成本降低了900元，降低率为0.72%，制造费用降低了1 800元，降低率为9%，两项成本降低使全部产品成本降低率为1.75%；但直接人工项目上升了2 600元，上升率为26%，使全部商品产品成本上升了1.68%。材料费用和制造费用的下降使成本节约，这显然是企业成本管理工作的成绩，至于人工项目上升的原因应做具体分析。

11.2.3 可比产品成本分析

1. 可比产品成本降低任务及其完成情况的计算

(1) 可比产品成本降低任务指标。可比产品成本降低任务指标是指可比产品的计划成本比上年全年平均成本降低的数额和幅度，即可比产品成本计划降低额和计划降低率两项指标。它们是在编制成本计划时确定的，主要反映企业本年计划成本与上年成本的差异。其计算公式如下：

$$可比产品成本计划降低额 = \sum\left[计划产量 \times (上年实际单位成本-本年计划单位成本)\right]$$

$$可比产品成本计划降低率 = \frac{可比产品成本计划降低额}{\sum(计划产量 \times 上年实际单位成本)}$$

【例 11-5】 某公司主要生产 A、B 两种产品，为了控制成本、提高效益，该公司制定了一套较为完善的成本分析机制。20××年年初该公司根据上年实际和本年计划成本资料编制的可比产品成本计划降低任务指标计算，如表 11－14 所示。

表 11-14 可比产品成本计划降低任务指标

金额单位：元

产品名称	计划产量	单位成本		总成本		成本降低指标	
		上年实际	本年计划	按上年成本计算	按计划成本计算	降低额	降低率
A 产品	200	500	495	100 000	99 000	1 000	1%
B 产品	300	750	740	225 000	222 000	3 000	1. 33%
合　计				325 000	321 000	4 000	1. 23%

(2) 可比产品成本实际降低指标。可比产品成本实际完成情况是指可比产品成本实际降低额和降低率两项指标。它通过实际核算资料来确定，主要反映企业本年实际成本与上年实际成本的差异。其计算公式如下：

$$可比产品成本实际降低额= \sum\left[实际产量 \times (上年实际单位成本 - 本年实际单位成本)\right]$$

$$可比产品成本实际降低率= \frac{可比产品成本实际降低额}{\sum(计划产量 \times 上年实际单位成本)}$$

【例 11-6】 仍依例 11－5 资料，该公司 20××年年末可比产品成本实际执行情况计算如表 11－15 所示。

表 11-15　可比产品成本实际执行情况

金额单位：元

产品名称	实际产量	单位成本			总成本		
		上年实际	本年计划	本年实际	按上年成本计算	按计划成本计算	按实际成本计算
A产品	250	500	495	490	125 000	123 750	122 500
B产品	320	750	740	742	240 000	236 800	237 440
合　计					365 000	360 550	359 940

A 产品实际成本降低率= $\frac{500-490}{500}=2\%$

B 产品实际成本降低率= $\frac{750-742}{750}=1.07\%$

可比产品成本实际降低额= 365 000－359 940＝ 5 060（元）

可比产品成本实际降低率= $\frac{5\ 060}{365\ 000}=1.386\%$

（3）可比产品成本降低任务完成情况。可比产品成本降低任务完成情况是指可比产品成本实际降低指标与其计划降低指标比较所形成的差异，即超计划降低额和超计划降低率。

【例 11-7】仍依例 11－5 和例 11－6 资料，该公司根据年初的计划指标和年末实际成本对两种产品的计划完成情况进行分析如下：

超计划降低额= 实际降低额－计划降低额= 5 060－4 000＝ 1 060（元）

超计划降低率= 实际降低率－计划降低率= 1.386%－1.23%＝ 0.156%

由上述分析可见，该企业本年度不仅达到了计划成本降低指标的要求，而且超额完成了任务，反映其成本管理情况良好。

2. 影响可比产品成本降低任务完成情况的因素

通过可比产品成本的实际完成情况与计划降低任务的差异计算，发现可比产品成本降低任务的完成情况，在此基础上，企业应进一步分析产生差异的原因，区分有利因素和不利因素、主观因素和客观因素，挖掘降低成本的潜力。影响可比产品成本降低额的因素一般有三个，即产品产量、产品结构和单位产品成本。影响可比产品成本降低率的只有产品结构和单位产品成本两个因素。

（1）产量因素。可比产品成本计划降低任务是根据各种产品计划产量指定的，而实际成本降低额和降低率是根据各种产品的实际产量计算的。因此，在产品品种结构和单位产品成本不变条件下，产量变动只会引起可比产品成本降低额的同比例变化，而不会影响成本降低率变化。

【例 11-8】仍依例 11－6 资料，假设表 11－15 的各产品计划产量均增加 20%，其结构和单位成本均不发生变化，则可比产品成本降低额的变动情况计算如下：

产量变动后可比产品成本降低额

$$=200\times(1+20\%)\times(500-495)+300\times(1+20\%)\times(750-740)$$
$$=(1+20\%)\times[200\times(500-495)+300\times(750-740)]$$

= （1+20%）×4 000

= 4 800（元）

产量变动后可比产品成本降低率

$$=\frac{4\ 000\times(1+20\%)}{200\times(1+20\%)\times 500+300\times(1+20\%)\times 750}=1.23\%$$

根据计算可以看出，当各种产品产量均增加 20% 时，可比产品成本降低额也增加 20%，而对可比产品成本降低率无影响。

（2）产品结构因素。由于各种不同产品的实物不能简单相加，所以，在分析可比产品成本时，应将各种产品的产量及总产量以价值反映，即借助于上年单位成本这个货币量指标来计算。可见，产品结构是指各种产品的产量（按上年单位成本计算的成本）占总产量（按上年单位成本计算的总成本）的比重。其计算公式如下：

$$某产品结构=\frac{某产品产量\times 该产品上年单位成本}{\sum(某产品产量\times 该产品上年单位成本)}\times 100\%$$

【例 11-9】根据该公式计算分析例 11－5 中 A、B 产品的产品结构如下：

$$A产品计划结构=\frac{200\times 500}{200\times 500+300\times 750}=30.77\%$$

$$B产品计划结构=\frac{300\times 750}{200\times 500+300\times 750}=69.23\%$$

$$A产品实际结构=\frac{250\times 500}{250\times 500+320\times 750}=34.25\%$$

$$B产品实际结构=\frac{320\times 750}{250\times 500+320\times 750}=65.75\%$$

可比产品成本计划降低率= 30. 77% ×1% +69. 23% ×1. 33% = 1. 23%

可比产品成本实际降低率= 34. 25% ×2% +65. 75% ×1. 07% = 1. 389%

（3）单位产品成本因素。可比产品成本降低任务和实际降低情况分别是以计划成本与上年成本、实际成本与上年成本比较的结果，即都是以上年单位成本为比较的基础。这样，产品实际单位成本比计划单位成本低，则会使可比产品成本降低额增大、降低率提高；反之，则会使可比产品成本降低额减少、降低率下降。

在上述影响可比产品成本降低任务的三个因素中，产品成本降低是主要因素，企业应该在完成产品品种计划的条件下，根据市场需要增加产量，努力降低产品单位成本，才是完成成本降低计划的正确途径。

3. 各因素变动对可比产品成本降低任务的影响分析

根据连环替代分析法的原理，可以得出计算各因素变动对可比产品成本降低任务完成情况影响公式。

【例 11-10】仍依例 11 -5 和例 11 -8 中的资料，分析各因素变动对可比产品成本降低任务的影响如下。

（1）产量变动影响可比产品成本降低额。

$$\left[\sum(实际产量\times 上年单位成本)-\sum(计划产量\times 上年单位成本)\right]\times$$

可比产品成本计划降低率=（365 000 - 325 000）×1.23% = 492（元）

或者：

可比产品成本计划降低额×（综合产量完成率- 1）

= 4 000×（365 000/325 000 - 1）= 492（元）

（2）产品结构变动影响可比产品成本降低额。

$\sum$（实际产量×上年单位成本）- $\sum$（实际产量×计划单位成本）-

可比产品成本计划降低额×综合产量完成率

= 365 000 - 360 550 - 4 000×（365 000/325 000）= - 42（元）

或者：

[$\sum$（实际结构 - 计划结构）×个别产品成本计划降低率]×

$\sum$（实际产量×上年单位成本）

= [（34.25% - 30.77%）×1% +（65.75% - 69.23%）×1.33%]×365 000 = - 42（元）

（3）产品结构变动影响可比产品成本降低率。

$$\frac{\text{产品结构变动影响可比产品成本降低额}}{\sum(\text{实际产量}\times\text{上年单位产品成本})}\times 100\%$$

$$=\frac{-42}{365\ 000}=-0.011\%$$

（4）单位成本变动影响可比产品成本降低额。

$\sum$[实际产量×（计划单位成本 - 实际单位成本）]

= 250×（495 - 490）+320×（740 - 742）= 610（元）

（5）单位成本变动影响可比产品成本降低率。

$$\frac{\text{单位成本变动影响可比产品成本降低额}}{\sum(\text{实际产量}\times\text{上年单位产品成本})}\times 100\%$$

$$=\frac{610}{365\ 000}=0.167\%$$

汇总计算结果：

492 - 42+610 = 1 060（元）

- 0.011% +0.167% = 0.156%

分析结果表明，由于综合产品产量完成率达 112.3%，超计划完成 12.3%，使可比产品成本降低额增加了 492 元。该企业不仅综合产量完成率超过了 10%，而且每种产品的产量都超过了计划。如果产品销售不成问题的话，产量超额完成任务不仅使可比产品成本降低额增加，而且也会引起利润总额增加。显然，这应该是企业取得的成绩。

该企业由于产品品种结构变动使可比产品成本降低额减少 42 元，可比产品成本降低率下降了 0.011%。根据前面计算的结构指标可以看出，A 产品由计划结构 30.77% 上升到实际结构 34.25%；B 产品由计划结构 69.23% 下降到实际结构 65.75%。由于 A 产品的计划成本降低率 1% 低于 B 产品的计划成本降低率 1.33%，企业成本降低率高的产品比重下降，成本降低率低的产品比重上升，对可比产品成本降低额和降低率产生了不利影响。显然，产品结构的这种变动是有问题的，应根据市场情况来进一步分析。

该企业产品单位成本变动使可比产品成本降低额增加了 610 元，可比产品成本降低率提高了 0.167%，这是一种有利的变动，但其中也存在问题。A 产品单位成本实际比计划节约了 5 元，但 B 产品单位成本实际比计划上升了 2 元。因此，企业应进一步分析 B 产品单位成本上升的具体原因。

11.2.4 主要产品单位成本分析

全部商品产品成本分析和可比产品成本分析都是概括性的，只能在总体上说明企业成本计划的完成情况，对完成或未完成计划的原因做出综合性的分析。由于单位产品成本是影响可比产品成本降低任务的主要因素，企业应进一步对各主要产品的单位成本进行分析，寻找影响单位产品成本水平变动的具体原因。

1. 主要产品单位成本计划完成情况总体分析

主要产品单位成本计划完成情况总体分析主要是应用比较分析法与因素分析法。采用比较分析法，通过计算单位成本实际比本年计划、上期实际、历史先进水平的升降情况，可以确定下一步要重点分析的成本项目，进而查明影响单位成本升降的原因；采用因素分析法，可以从总量角度判断企业总成本与总产量两个因素的外部直接影响。分析的主要依据是主要产品单位成本表。

【例 11-11】某企业 2008 年 12 月编制的甲产品单位成本表，如表 11－16所示。

根据表 11－16 的资料，编制的主要产品单位成本计划完成情况总体分析表，如表 11－17 所示。

表 11－17 显示，甲产品本年实际单位成本虽然没有达到历史先进水平，但完成了本年计划，并且较上年实际平均单位成本下降了 6.32%。这表明该产品单位成本总体上呈现下降趋势。从具体成本项目来看，直接人工与制造费用都较本年计划有所下降，直接材料有小幅上升。对于具体成本项目变动的原因，还需要做深入分析。

表 11-16 主要产品单位成本表

编制单位：某公司　　2008 年 12 月　　金额单位：元

<table>
<tr><td colspan="3">产品名称：甲产品
产品规格：
计量单位：件
销售单价：160 元</td><td colspan="3">本月计划产量：200 件
本月实际产量：210 件
本年累计计划产量：2 500 件
本年累计实际产量：2 300 件</td></tr>
<tr><td>成本项目</td><td>历史先进水平</td><td>上年实际平均</td><td>本年计划</td><td>本月实际</td><td>本年累计实际平均</td></tr>
<tr><td>直接材料</td><td>45</td><td>52</td><td>50</td><td>50</td><td>51</td></tr>
<tr><td>直接人工</td><td>22</td><td>25</td><td>23</td><td>22</td><td>22</td></tr>
<tr><td>制造费用</td><td>15</td><td>18</td><td>17</td><td>16</td><td>16</td></tr>
</table>

续表

成本项目	历史先进水平		上年实际平均		本年计划		本月实际		本年累计实际平均	
产品单位成本	82		95		90		88		89	
主要技术经济指标	单耗	金额	单耗	金额	单耗	金额	单耗	金额	单耗	金额
1. 主要材料										
A材料	15	2	14	2. 50	15	2. 40	15	2. 20	15	2
B材料	10	1. 50	10	1. 70	10	1. 40	10	1. 70	10	2. 10
2. 生产工人工时	20	—	25	—	25	—	23	—	20	—

表 11-17 主要产品单位成本计划完成情况总体分析表

2008 年 12 月 金额单位：元

成本项目	本年实际	与历史先进水平比较		与上年实际水平比较		与本年计划水平比较	
		升降额	升降率	升降额	升降率	升降额	升降率
直接材料	51	6	13. 33%	－1	－1. 92%	1	2%
直接人工	22	0	0	－3	－12%	－1	－4. 35%
制造费用	16	1	6. 67%	－2	－11. 11%	－1	5. 88%
合　计	89	7	8. 54%	－6	－6. 32%	－1	1. 11%

2. 主要产品单位成本具体成本项目分析

一定时期内主要产品单位成本的高低，尽管直观地表现为每一成本项目在金额上的增减变化，但更在于这些金额发生增减变化的原因探究，而且生产工艺特点及产品管理要求等又使得产品成本项目间具有一定的结构比例关系，生产方式（包括生产技术、生产组织及管理形式等）发生任何变动都会最终体现在产品成本水平的变化上。因此，还要从生产方式层面来看影响主要产品单位成本变动的影响因素。

（1）直接材料费用的分析。单位产品直接材料费用主要受到单位产品材料消耗量和材料单价两个因素的影响，其表达式为：

单位产品直接材料费用= 单位产品材料消耗量×材料单价

根据该表达式，采用差额计算法，两个因素对直接人工费用的影响程度可按如下公式进行计算：

$$\text{材料用量变动对单位成本的影响}=\sum\left[\left(\begin{matrix}\text{材料实际}\\\text{单位用量}\end{matrix}-\begin{matrix}\text{材料计划}\\\text{单位用量}\end{matrix}\right)\times\text{材料计划单价}\right]$$

$$\text{材料价格变动对单位成本的影响}=\sum\left[\left(\begin{matrix}\text{材料实际}\\\text{单价}\end{matrix}-\begin{matrix}\text{材料计划}\\\text{单价}\end{matrix}\right)\times\text{材料实际单位用量}\right]$$

根据表 11－16 的有关数据，直接材料费用分析过程如下：

甲产品直接材料费用的变动情况= 51－50－ 1（元）（超支）

其中：材料用量变动对单位成本的影响=（15－15）×2. 40＋（10－10）×1. 40 = 0（元）

材料价格变动对单位成本的影响=（2－2. 40）×15+（2. 10－1. 40）×10 = 1（元）

显然，甲产品单位产品直接材料费用完全受到材料价格变动的影响，材料价格的变动多属于外界因素，需要结合市场供求及材料价格变动情况做具体分析，比如材料买价的变化、运费的变动、运输途中合理损耗的变动、材料加工费用的变动、材料采购批量的大小等。对于材料耗用量变动对单位成本的影响，也要找出具体的原因，通常包括了诸如产品设计的变化、投料和生产工艺方法的改变，材料质量的变化，废料、边角余料回收利用程度的变化，以及废品数量的变化等。此外，生产工人操作水平、机器设备性能良好程度及加工搬运中的毁损等都会影响到材料费用的变化。

（2）直接人工费用的分析。分析直接人工费用需要考虑工资制度与工资费用计入产品成本的方式两种因素。计件工资制度下计价单价通常是固定不变的，因此单位成本中的工资费用一般也不变。计时工资制度下受益产品应承担的工资费用通常是按其所耗用工时的比例来计算的，这样，产品单位成本中直接人工费用就取决于单位产品工时耗用及每小时工资两个因素，其表达式为：

单位产品直接人工成本= 单位产品工时消耗量×小时工资额或小时工资率

根据该表达式，采用差额计算法，两个因素对直接人工费用的影响程度可按如下公式进行计算：

$$\text{工资效率差异对单位成本的影响}=\left(\begin{matrix}\text{单位产品}\\\text{实际工时}\end{matrix}-\begin{matrix}\text{单位产品}\\\text{计划工时}\end{matrix}\right)\times\text{计划小时工资率}$$

$$\text{工资分配率差异对单位成本的影响}=\left(\begin{matrix}\text{实际小时}\\\text{工资率}\end{matrix}-\begin{matrix}\text{计划小时}\\\text{工资率}\end{matrix}\right)\times\text{单位产品实际工时}$$

根据表 11－16 的有关数据，直接人工费用分析过程如下：

甲产品直接人工费用变动情况= 22－23＝－1（元）（节约）

其中：工资效率差异对单位成本的影响=（20－25）×23/25＝－4. 60（元）

工资分配率差异对单位成本的影响=（22/20－23/25）×20＝ 3. 60（元）

分析结果显示，直接人工费用的节约是工时消耗节约程度大于实际小时工资率的超支程度，单位产品工时消耗的变动一般包括机器设备性能及保养、材料质量、生产工艺及产品设计改变、生产组织等客观因素，也可能是工人技术熟练程度、劳动纪律和劳动态度等主观因素。工资分配率受直接人工费用总额与耗用生产工时总额的影响，因此应该从企业工资制度与奖励制度、企业产品特点、出勤率、工时利用率等具体角度分析变动的原因。

（3）制造费用的分析。制造费用在多产品生产中通常是间接计入费用，分配标准一般是受益产品所耗用工时，因此，产品单位成本中制造费用就取决于单位产品工时消耗量及每小时制造费用两个因素，其表达式是：

单位产品制造费用= 单位产品工时消耗量×小时制造费用额或小时制造费用率

根据该表达式，采用差额计算法，两个因素对制造费用的影响程度可按如下公式进行计算：

$$\begin{matrix}\text{制造费用效率差异}\\\text{对单位成本的影响}\end{matrix}=\left(\begin{matrix}\text{单位产品}\\\text{实际工时}\end{matrix}-\begin{matrix}\text{单位产品}\\\text{计划工时}\end{matrix}\right)\times\text{计划制造费用分配率}$$

$$\begin{matrix}\text{制造费用分配率差异}\\\text{对单位成本的影响}\end{matrix}=\left(\begin{matrix}\text{实际制造}\\\text{费用分配率}\end{matrix}-\begin{matrix}\text{计划制造}\\\text{费用分配率}\end{matrix}\right)\times\text{单位产品实际工时}$$

根据表 11－16 的有关数据，制造费用分析过程如下：

甲产品制造费用变动情况= 16－17= －1（元）（节约）

其中：制造费用效率差异对单位成本的影响= （20－25）×17/25= －3. 40（元）

制造费用分配率差异对单位成本的影响= （16/20－17/25）×20= 2. 40（元）

分析结果显示，制造费用的节约是工时消耗节约程度大于实际制造费用分配率的超支程度，分析工时消耗的影响因素和直接人工费用相同；制造费用分配率差异取决于制造费用总额与耗用生产工时总额的影响，因此重点是对制造费用发生额进行深入分析。

3. 主要技术经济指标变动对产品成本的影响分析

产品成本是企业一系列行为的结果，尽管单位产品成本表现为直接材料、直接人工、制造费用等成本项目的总和，如果深入分析就会发现，任何成本项目的变动都是受一系列因素影响的，这些影响因素来自于企业经营活动的各个方面，它们直接或间接影响着企业成本的变动。从抽象角度看，产品生产过程就是活劳动利用劳动手段使劳动对象产生新使用价值并借此实现经济价值的过程，而产品成本也就是这一抽象的投入产出过程中所发生耗费的归集与汇总的结果，由此与产品成本相关的技术经济指标就可以按产品生产流程划分为如下几个方面，即：与投入有关的劳动生产率、原材料利用程度、与投入转化有关的生产设备利用情况。实际上，这些技术经济指标还是通过各自的内在联系与产品成本中的对应成本项目相联结的。

（1）劳动生产率对成本影响的分析。劳动生产率的提高意味着单位产品生产工时消耗量的下降，进而降低了单位产品的工资费用，但单位产品的工资费用又受到平均工资增长率的影响，而平均工资率的增长与否又主要参照劳动生产率的变化。这就是说，劳动生产率的提高与平均工资增长具有同步关系，而只有职工平均工资增长幅度低于劳动生产率增长速度，单位产品成本才能下降。计算公式如下：

$$\text{劳动生产率对成本的影响}=\left[\frac{1-(1+\text{平均工资率增长率})}{1+\text{劳动生产率增长率}}\right]\times\text{上年实际（本年计划）直接人工占产品成本比重}$$

$$=\left[\left(\text{劳动生产率增长率}-\text{平均工资率增长率}\right)/\left(1+\text{劳动生产率增长率}\right)\right]\times\text{上年实际（本年计划）直接人工占产品成本比重}$$

其中：

$$\text{平均工资率增长率}=\frac{\text{本年实际小时工资率}-\text{本年计划（上年实际）小时工资率}}{\text{本年计划（上年实际）小时工资率}}$$

$$\text{劳动生产率增长率}=\frac{\text{单位产品本年计划（上年实际）工时}-\text{单位产品本年实际工时}}{\text{单位产品本年实际工时}}$$

（2）材料利用率对成本影响的分析。材料投入产品生产要经过一系列处理和加工过程，其间会发生各种损耗，如金属材料在切割过程中的边角余料、切削下来的废料及切割损坏等，这些损耗越少就表明材料利用得越充分，提高材料利用程度就意味着能生产出更多的该种产品，进而使该种产品承担更少的材料耗用。材料利用率通常用原材料在生产中实际利用数量占总耗用数量的比例来表示，实际利用数量有合格产品产量与合格产品所含材料数量两种表达方式。材料利用率及其对成本影响的计算公式如下：

材料利用率= 生产中利用数量/生产该种产品的材料消耗总量

$$\text{材料利用率变动的影响}=\frac{\text{本年实际材料利用率}-\text{上年实际（本年计划）材料利用率}}{\text{本年实际材料利用率}}\times\text{上年实际（本年计划）直接材料占产品本重}$$

（3）生产设备利用情况对成本影响的分析。不同企业拥有不同的技术装备，因而反映生产设备利用情况的技术经济指标也是不同的，比如机械企业以单位台时产量来表示，纺织企业以棉纱千锭小时产量来表示，而冶金企业则以高炉（平炉）利用系数来表示。这些技术经济指标与总产量有着直接关系，因为产品成本中包括固定费用，当产量增加时，单位产量的固定费用就降低；反之，则增加。以机械厂为例，生产设备利用情况对产品总产量的影响的计算公式如下：

$$\begin{aligned}\text{总产量}&=\text{设备总台时}\times\text{台时产量}\\&=\text{实际使用设备量}\times\text{单台设备运转时间}\times\text{台时产量}\\&=\text{安装设备量}\times\text{设备使用率}\times\text{单台设备计划台时}\times\text{计划台时利用率}\times\text{台时产量}\end{aligned}$$

上式中，设备使用率是指实际使用设备量占安装设备量的比例，计划台时利用率是指设备实际运转台时与计划台时的比例，台时产量是指设备每小时的实际产量。

显然，生产设备利用情况是通过设备使用率与台时利用率影响产品总产量的，进而通过总产量的提高来降低产品单位成本中的固定成本。

$$\begin{aligned}\text{总产量增长率}&=\frac{\text{实际总产量}}{\text{计划总产量}}-1\\&=\frac{\text{实际设备使用率}\times\text{实际台时利用率}\times\text{实际台时产量}}{\text{计划设备使用率}\times\text{计划台时利用率}\times\text{计划台时产量}}-1\\&=\left(1+\text{设备使用率增长率}\right)\times\left(1+\text{台时利用率增长率}\right)\times\left(1+\text{台时产量增长率}\right)-1\end{aligned}$$

这样，生产设备利用情况对成本影响的计算公式是：

$$\begin{aligned}\text{生产设备利用情况对成本的影响}&=\left(\frac{1}{1+\text{总产量增长率}}-1\right)\times\text{本年计划固定成本占产品成本比重}\\&=\left[\frac{1}{(1+\text{设备使用率增长率})}\times\left(1+\text{台时利用率增长率}\right)\times\left(1+\text{台时产量增长率}\right)-1\right]\times\text{本年计划固定成本占产品成本比重}\end{aligned}$$

练习题

一、单项选择题

1. 下列报表中不属于成本报表的是（　　）。

A. 商品产品成本表　　　　B. 制造费用明细表

C. 期间费用明细表　　D. 资产负债表

2. 编制成本报表是（　　）。

A. 国家统一会计制度的要求　　B. 满足企业内部经营管理的需要

C. 社会中介机构的要求　　D. 潜在投资者和债权人的要求

3. 在其他因素不变的情况下，会使单位产品成本降低的情形是（　　）。

A. 劳动生产率提高速度慢于平均工资增长速度

B. 劳动生产率提高速度快于平均工资增长速度

C. 劳动生产率提高速度等于平均工资增长速度

D. 劳动生产率提高速度不等于平均工资增长速度

4. 单位产品成本随产量提高而降低的原因是（　　）。

A. 单位产品耗费的变动费用随产量提高而降低

B. 变动费用总额随产量提高而降低

C. 单位产品负担的固定费用随产量提高而降低

D. 固定费用总额随产量提高而降低

5. 可比产品成本降低额与降低率之间的关系是（　　）。

A. 成反比　　B. 成正比

C. 同方向变动　　D. 无直接关系

6. 技术经济指标变动对产品成本的影响主要表现在对（　　）指标的影响。

A. 产品总成本　　B. 产品单位成本

C. 产品产量　　D. 产品总成本和产品产量

7. 对可比产品成本降低额产生影响，但不影响可比产品成本降低率的因素是（　　）。

A. 产品品种比重　　B. 产品产量

C. 产品单位成本　　D. 脱离定额差异

8. 可比产品成本实际降低额是指（　　）。

A. Σ（计划产量×上年实际单位成本）－Σ（计划产量×本年实际单位成本）

B. Σ（实际产量×本年计划单位成本）－Σ（实际产量×本年实际单位成本）

C. Σ（实际产量×上年实际单位成本）－Σ（实际产量×本年实际单位成本）

D. Σ（实际产量×上年实际单位成本）－Σ（实际产量×本年计划单位成本）

9. 某产品单位材料计划耗用量 10 kg，实际耗用量 9. 5 kg，计划价格 50 元/kg，实际价格 55 元，则该产品单位成本的量差影响额是（　　）。

A. 25 元　　B. －25 元　　C. 27. 5 元　　D. －27. 5 元

10. 采用连环替代法，可以揭示（　　）。

A. 产生差异的因素

B. 实际数与计划数之间的差异

C. 产生差异的因素和各因素的影响程度

D. 产生差异的因素和各因素的变动原因

二、多项选择题

1. 商品产品成本表按产品品种反映分为（　　）三部分。

A. 可比产品　　B. 不可比产品

C. 耗用量　　　　　　　　　　　D. 补充资料

E. 主要技术经济指标

2. 成本报表具有（　）作用。

A. 评价和考核各成本环节的成本管理业绩

B. 反映资产、负债情况

C. 成本分析

D. 反映收入、费用和利润的情况

E. 为制订成本计划提供依据

3. 主要产品单位成本表反映的单位成本包括（　）。

A. 本月实际　　　　　　　　　　B. 同行业同类产品实际

C. 本年计划　　　　　　　　　　D. 上年实际平均

E. 历史先进水平

4. 在分析可比产品成本降低任务完成情况时，单纯产量变动可能会使（　）。

A. 成本降低额增加　　　　　　　B. 成本降低额减少

C. 成本降低率增加　　　　　　　D. 成本降低率减少

E. 成本降低率不变

5. 生产多品种情况下．影响可比产品成本降低额变动的因素有（　）。

A. 产品产量　　　　　　　　　　B. 产品单位成本

C. 产品价格　　　　　　　　　　D. 产品品种结构

E. 产品质量

6. 成本报表分析常用的方法有（　）。

A. 比较分析法　　　　　　　　　B. 比率分析法

C. 因素分析法　　　　　　　　　D. 定额分析法

E. 差量分析法

7. 在可比产品成本降低任务完成情况分析中，既影响降低额又影响降低率的因素是（　）。

A. 产品产量　　　　　　　　　　B. 产品单位成本

C. 产品品种结构　　　　　　　　D. 材料单耗

E. 单位工时消耗

三、判断题

1. 成本报表只包括反映企业成本情况的报表，不包括各项费用报表。（　）

2. 商品产品成本表中本月实际单位成本应根据表中本月实际总成本除以本月实际产量计算填列。（　）

3. 主要产品单位成本表的单位成本只列示上年实际平均、本年计划、本月实际和本年累计实际平均的单位成本。（　）

4. 产品产量的增加，会使产品成本中的固定成本相对节约，从而使产品单位成本下降。（　）

5. 如果劳动生产率提高，这意味着单位产品成本一定下降。（　）

6. 对可比产品来说，在产品品种比重和产品单位成本不变的情况下，产量增减会使成

本降低率发生同比例增减。 （ ）

7. 产品产量的变动，只会使成本降低额同比例、同方向增减．而不会影响成本降低率。 （ ）

8. 某企业可比产品成本计划上升率为2%，实际降低率为0.5%，因此该企业的可比产品成本计划降低任务没有完成。 （ ）

9. 影响可比产品成本降低率指标变动的因素有产品品种构成和产品单位成本。 （ ）

10. 采用连环替代法进行产品成本分析时，替代顺序确定的一般原则是：先数量因素后质量因素。 （ ）

四、计算分析题

1. 某企业12月份有关商品产品产量及单位成本资料如表11-18所示。

表11-18 产品产量及单位成本资料

金额单位：元

产品名称	单位	产量		单位成本			
		本月	本年累计	上年实际	本年计划	本月实际	本年实际
可比产品							
甲产品	件	100	1 100	163	162	161	161.50
乙产品	件	200	2 450	134	135	136	135.50
不可比产品							
丙产品	件	300	3 500		108	106	107

要求：编制商品产品成本报表。

2. 某公司某年度生产甲、乙两种可比产品，其有关成本资料如表11-19所示。

表11-19 可比产品成本表

金额单位：元

产品名称	产量		单位成本			总成本		
	本年计划	本年实际	上年实际	本年计划	本年实际	按上年实际成本计算	按本年计划成本计算	按本年实际成本计算
可比产品								
甲产品	32	30	700	690	685			
乙产品	30	35	900	850	835			

要求：（1）计划确定可比产品成本降低任务完成情况；

（2）采用因素分析法分析各因素变动对成本降低任务完成情况的影响。

3. 某公司生产的乙产品的有关资料如表11-20所示。

表 11-20 乙产品单位成本资料表

金额单位：元

项目		计划		实际	
直接材料		700		560	
直接人工		60		40	
制造费用		200		200	
合计		960		800	
明细项目	单位	计划		实际	
原材料		单耗	金额	单耗	金额
A材料	千克	50	500	45	360
B材料	千克	10	200	10	200
工时		100		80	

要求：（1）确定单耗和单价变动对直接材料项目的影响；

（2）确定效率和工资分配率变动对直接人工项目的影响；

（3）确定效率和费用分配率变动对制造费用项目的影响。

第 12 章　作业成本法

12.1　作业成本法概述

12.1.1　作业成本法的产生

1. 作业成本法产生的时代背景

1971 年美国的斯托布斯教授出版了《作业成本计算和投入产出会计》一书，提出了“作业”“作业会计”“作业投入产出系统”等概念，他指出成本计算的对象应该是作业，而不是完工产品；作业是与各类组织决策相关的一系列活动；作业成本计算就是要建立一套作业账户，以此来计算作业成本。但由于当时人们已习惯于传统成本会计系统，难以接受新的概念与方法，作业成本法没有得到进一步的发展。20 世纪 80 年代，高新制造技术蓬勃发展并广泛应用于各类制造企业，各国的企业为了促进产品的升级，采用了各种提高企业生产能力的自动化方案和管理方法，以降低产品成本、改变产品品质及增加弹性。这使得传统成本会计的缺陷已暴露无遗，传统成本会计所反映的信息只能用于对外的财务报表，而难以作为企业管理层作决策的可靠依据。这时实务界大力呼吁建立一种新的能够正确地反映产品成本信息的成本会计系统。1984 年，美国的罗宾・库珀和罗伯特・卡普兰两位教授在前人的基础上，对作业成本法的现实意义、动作程序、成本动因选择、成本库的建立等重要问题进行了全面、深入的分析，系统地提出了作业成本法。从此，作业成本法得到了理论界的大力推崇，实务上的应用也日益广泛，从而，使得作业成本法日趋完善。

作业成本法的产生，标志着成本管理告别了传统的成本管理模式，向现代成本管理模式迈出了关键性的一步。作业成本法创立之后，得到了实务界的大力推广，不仅用于成本核算，还应用于企业管理中的其他领域。许多企业应用作业成本法进行库存估价、产品定价、制造或采购决策、预算、产品设计、业绩评价及客户营利性分析等方面。

2. 传统成本计算方法的缺陷

产品生产成本包括直接材料、直接人工、制造费用三个部分。直接材料、直接人工统称为直接费用，可以直接计入有关产品的成本。制造费用是一种间接费用，是直接费用以外的所有的生产费用，被称为制造费用。

传统的成本计算方法中，制造费用必须按照一定的标准将其分配计入有关产品的成本。传统成本计算中普遍采用与产量相关联的分摊基础，例如以直接人工成本、直接人工小时、机器小时等作为制造费用的分配标准。这就是所谓的“以数量为基础”的成本计算方法。

采用直接人工分配制造费用的方法在几十年前是合理的，因为当时大多数企业只生产少数几种产品，构成产品成本最重要的因素是直接材料费用和直接人工费用，而制造费用数额较小，制造费用的发生与直接人工成本有一定的相关性，直接人工费用的数据又很容易取得，因此直接人工费用便成为制造费用的分配标准。然而，如前所述，20 世纪 70 年代以后，科学技术的发展使得自动化程度不断提高，产品成本的结构随之发生改变，直接人工成本比例大大下降，制造费用的比例大幅度上升。倘若企业仍以日趋减少的直接人工费用作为分配标准来分配这些日趋增大的制造费用，其结果往往是使得高产量、低技术含量的产品成本偏高，而低产量、高技术含量的产品成本则会偏低，从而造成产品成本信息的严重失实，进而引起成本控制失效，甚至导致经营决策失误。

如果采用与制造费用不存在因果关系的直接人工工时作为标准去分配这些费用，与工时无关的制造费用的增加必定会产生虚假的成本信息。例如，设备的调整准备费用、设备维护费用、工模具费用等，如果把这些与产品生产工时无关的费用采用人工工时分配制造费用，并计入产品成本，必然造成扭曲的分配结果。例如，某一种产品需要很多的工具模具费用，但对它加工的时间很短，在传统成本计算方法下，分配到该产品成本中的工具模具费用就会很少。

正是在这些因素的共同作用下，以作业量为成本分配的基础，以作业为成本计算的基本对象，旨在为企业管理者提供更为相关、相对准确的成本信息的成本计算方法——作业成本法就应运而生了。

12.1.2 作业成本法及相关概念

作业成本法，即基于作业的成本计算法，是指以作业为制造费用的归集对象，通过资源动因的确认、计量，归集资源费用到作业上，再通过作业动因的确认计量，归集作业成本到产品上去的制造费用分配方法。作业成本法为作业、经营过程、产品、服务、客户等提供了一个更精确的分配制造费用和辅助资源的分配方法。作业成本法的目标就是把所有为不同产品提供作业所耗费的资源价值测量和计算出来，并恰当地把它们分配给每种产品。

作业成本法有别于传统成本法，其涉及的相关概念主要有：作业、成本动因、成本库、作业中心等。

1. 资源

资源是成本的源泉，是指支持作业的成本和费用的来源，是企业生产耗费的最原始状态。如果把整个企业看成是一个与外界进行物质交换的投入产出系统，则所有进入该系统的人力、物力、财力等都属于资源范畴。一个企业的资源包括有原材料、辅助材料、燃料及动力费用、工资及福利费、折旧费、修理费、运输费等。如果某一项资源耗费可以直接确认是哪一项作业耗费的，则直接将其计入该作业；如果某项资源从最初消耗上呈混合性耗费状态，即支持多种作业的发生，则需要选择合适的量化依据将资源消耗分解到各作业，这个量化依据就是资源动因。

2. 作业、作业链和价值链

作业成本法的首要工作就是作业的认定。作业是企业为了提供一定产量的产品或劳务所消耗的人力、技术、原材料、方法和环境的集合体。通俗地说，作业也就是为了达到某种目的而消耗资源的各种活动或行为。企业的生产经营过程无不是一系列资源投入和效果产出的实实在在的过程，而作业则构成了沟通企业资源与企业产出（最终产品）的桥梁，它贯穿于企业生产经营的全过程。下面介绍作业具有的三个方面的特征。

（1）作业的本质是交易。在经营过程中的每次活动或行为，都是一种资源的投入和另一种结果的产出，投入与产出的因果关系本质上是一种交易。比如，对销货收款行为，所销售的货物是投入的一种资源，收到的货款是一种产出。再比如，人操纵机器，人的操纵行为投入的是人力资源，机器生产的产品就是产出的结果。

（2）作业贯穿于经营过程的全部，包括企业内部和企业外部。投入产出的交易贯穿于经营过程的全部，包括企业内部的交易关系，如投入材料、加工、检验等，以及企业外部的交易关系，如购买原材料、销售、运输等。

（3）作业可以量化。作业作为一种成本分配的基准或尺度，一定具备量的属性。按照计量作业发生数量的方法不同，可以将作业分为以下四类。

① 单位作业，即每生产一单位产品都要发生的作业，此类作业是重复性的，每生产一单位产品就需要执行一次，而且各个单位所消耗的资源数量基本相同。这种作业的成本一般与产品的产量成比例变动，如产品的机器加工、人工操作等。

② 批别作业，即每生产一批产品都要发生的作业。批量作业的发生同产品的生产批次成正比例关系，而与每一批次的产量无关，如生产准备、处理清单、发运货物等。

③ 产品别作业，即品种别作业，它是使某种产品的每个单位都受益的作业。这种作业的成本与产品的产量及批次无关，但与产品种类数成比例变动，如产品设计、市场开发等。

④ 管理（维持性）作业，即为了支持和管理生产经营活动而进行的作业。它与产量、批次、品种数无关，而取决于组织规模与结构，该类作业在某种水平上有益于整个企业，但并不针对任何具体产品，如工厂管理、工人培训等。

与作业相关联的概念是作业链和价值链。作业成本法认为，企业管理深入到作业层次后，现代企业实质上是一个为最终满足顾客需要而设计的一系列作业的集合体，这个有序的集合体就是作业链。在这条作业链上存在着这样一种关系："资源—作业—产品"，其含义为：作业耗用资源，产品耗用作业。企业每完成一项作业，就会有一定量的资源被消耗，同时又有一定价值量的产出转移到下一项作业，如此逐步结转下去，形成企业的最终产品。最终产品作为企业内部各作业链的最后一环，凝结了各作业链所形成并最终提供给客户的价值，作业耗费与作业产出配比的结果就是企业的盈利，因此，作业链同时表现为价值链。价值链是从开发、生产、营销和向顾客交付产品或劳务所必需的一系列作业价值的集合，是伴随着作业转移的价值转移过程中全部价值的集合。作业链的形成过程也就是价值链的形成过程。

3. 作业中心和作业成本库

作业中心是一系列相互联系、能够实现某种特定功能的作业集合。例如，原材料采购作业中，材料采购、材料检验、材料入库、材料仓储保管等都是相互联系的，并且都可以归类于材料处理作业中心。把相关的一系列作业消耗的资源费用归集到作业中心，构成各该作业中心的作业成本库。作业成本库是作业中心的货币表现形式。

4. 成本动因

成本动因又称成本驱动因素，是引起成本发生的那些重要的业务活动或事件的特征。它可以是一个事件、一项活动或作业。如前所述，作业是企业生产经营活动中消耗资源的某种活动。作业是由产品引起的，而作业又引起了资源的耗用。这种资源和作业的耗用是由隐藏其后的某种推动力所引起的，这种隐藏着的推动力就是成本动因。成本动因支配着成本行为，决定着成本的产生，是成本分配的标准。所以要把制造费用分配到各产品中去，必须要了解成本行为，识别恰当的成本动因。根据成本动因在资源流动中所处的位置，通常可将其分为资源动因和作业动因两类。

(1) 资源动因。作业量的多少决定着资源的耗用量，资源耗用量与作业量的这种关系称为资源动因。资源动因作为衡量资源消耗量与作业量关系的计量标准，它是资源被各种作业消耗的方式和原因，反映了消耗资源的起因和作业对资源的耗费情况，是资源成本分配到作业的依据。资源动因联系着资源和作业，它把总分类账上的资源成本分配到作业。对工资、租金、设备折旧和公用事业费等一般资源动因，如表 12－1 所示。

表 12-1　一般资源动因

资　　源	资源动因
工　　资	$\dfrac{\text{作业上所消耗人工小时的百分比}}{\text{作业上耗用的小时数}}$
租　　金	作业使用设施占用的面积
设备折旧	作业消耗的机器
公用事业费——电费	$\dfrac{\text{作业消耗的千瓦时}}{\text{作业使用设施占用的面积}}$

(2) 作业动因。作业动因是作业发生的原因，是将作业成本分配到最终产品或劳务的方式和原因，它反映了产品消耗作业的情况，是沟通资源耗费与最终产品的中介因素。例如，当“检验外购材料”被定义为一个作业时，则“检验小时”或“检验次数”就可成为一个作业动因。如果检验外购材料 A 所花的时间占总数的 30%，则作业“检验外购材料”成本的 30% 就应归集到外购材料 A。典型的作业与作业动因的对应，如表 12－2 所示。

表 12-2　各层次作业及其对应的作业动因

作业层次	代表性作业	作业动因
单位作业	每件产品质量检验	产品数量
	直接人工操作	直接人工工时
	机器运行	机器小时

续表

作业层次	代表性作业	作业动因
批别作业	每批产品质量检验	检查次数或小时
	机器调整准备	准备次数
	材料整理	卸货次数
	材料采购	采购次数
产品别作业	产品设计	产品种类
	零部件管理	零部件数量
	生产程序	产品种类
管理作业	厂务管理	厂房面积
	会计与人事	员工数量

从上面的介绍中可以看出，资源动因连接着资源和作业，而作业动因连接着作业和产品。把资源分配到作业用的动因是资源动因；把作业成本分配到产品用的动因是作业动因。比如说，工资是企业的一种资源，把工资分配到作业“质量检验”的依据是质量检验部门的员工数，这个员工数就是资源动因；把作业“质量检验”的全部成本按产品检验的次数分配到产品，则检验的次数就是作业动因。

12.1.3　作业成本法的基本原理

传统的管理会计对成本习性的划分主要是以产品成本与产品业务量的关系，将其划分为变动成本和固定成本。这种划分在产品成本与产品业务量之间存在依存关系的条件下是合理的，但在其他的条件下是不完全合理的。从长期的角度看，企业所有的生产成本都是变动的，因此作业成本法将成本划分为短期变动成本和长期变动成本。其中，随产品产量直接变动的是短期变动成本，如直接材料、直接人工。而制造费用则属于长期变动成本，它与企业的生产、管理、服务等部门的作业量有关，而与产量变化没有关系。因此，作业成本法提出了“成本驱动因素论”，即企业制造费用发生的直接原因是企业因生产产品所必需的各种作业所驱动的，其发生多少与企业产品产量无关，而与驱动其发生的作业数量相关。作业成本法的基本原理是“成本驱动因素论”，这种理论提出分配制造费用应着眼于成本的来源，把制造费用的分配与产生这些费用的原因联系起来，如对动力成本的产生可以追溯到产品耗用的机器小时，因为是机器小时驱动了动力消耗，所以用机器小时去分配动力费是合理的。

由于短期变动成本随产量直接变动，对短期变动成本应该利用“数量相关成本驱动因素”，如直接人工工时、机器小时、直接人工成本、产量等，而对于长期变动成本中的绝大部分，采用数量相关成本驱动因素却是不适宜的。因为这些成本是由各种各样复杂得多的因素所“驱动”，而并非由数量因素所驱动。如果用数量相关成本驱动因素对这些成本进行分配，计算出的产品成本势必发生扭曲。

例如，某企业生产甲、乙、丙 3 种产品共 100 万单位，其中甲产品 800 单位，乙产品 10 万单位，其余均为丙产品。如果按照产量比例，甲产品只分配到 0. 08% 的制造费用，乙产品则要负担10%的制造费用，这样的分配结果是不合理的，因为产量低的甲产品同样要驱使各类作业的发生，因此，按“数量相关成本驱动因素”分配制造费用将低于其实际耗费，而产量高的乙产品则与之相反。产生这种情况的根本原因就在于许多制造费用是被各种作业所驱动的，这些作业主要表现为各部门为产品提供的劳务，而某种产品所需要的劳务与其产量并不成正比例，有时差别很大。再如，某种产品具有专门用途，虽然产量低，但对某些制造费用耗费却较大。在数量基础分配体系下，就会分配给较少的制造费用，而将低于实际耗费的那部分差额转嫁到产量高的产品负担，从而造成成本信息的扭曲，不利于管理层做出决策。

根据以上对作业成本法基本原理的分析可知，所谓“成本驱动因素”的着眼点就在于研究成本产生的原因。作业成本法根据原因把成本驱动因素分为两类：①数量相关成本驱动因素，或称数量基础成本驱动因素，它们导致了短期变动成本的发生，因此也是短期变动成本的分配基础；②作业量基础成本驱动因素，它们导致了长期变动成本的发生。因此也应成为长期变动成本的分配依据。

在“成本驱动因素论”中，将决定成本发生的作业作为分配制造费用的标准。其基本思想是在资源和产品之间引入一个中介——作业，其基本原理阐述为：作业消耗资源，产品消耗作业；生产导致作业的发生，而作业导致成本费用的发生。作业成本分配原理如图 12－1 所示。

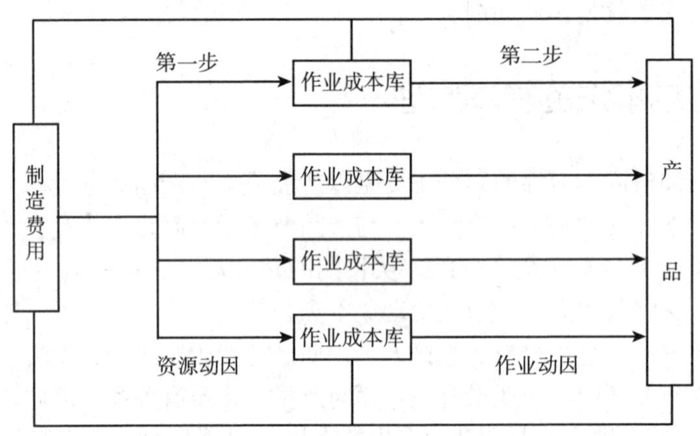

图 12-1　作业成本分配原理图

☞ 小贴士

作业成本法在于尽量根据成本发生的因果关系，将资源耗费分配到产品上。为此，可大致将成本分为三种类型，并采取不同的方式进行处理。①成本的发生直接是由生产某种产品所引起的，可以直接追溯到特定的产品，一般称之为直接成本，应以经济可行的方式直接计入有关产品成本。②成本虽然不能直接追溯到某种产品，却可以追溯到有关作业，由此得到作业成本，可根据作业动因将作业成本分配到各产品中。③某些成本既不能直接追溯到某种产品，也不能追溯到有关作业，通常称为不可追溯成本，可以选用某种标准将其分配到各有关成本对象上。

12.2 作业成本法的基本程序及应用

12.2.1 作业成本法的基本程序

作业成本法把直接成本直接归入产品，而把制造费用按成本动因的不同分为数量驱动的制造费用和作业量驱动的制造费用两类。对于数量驱动的制造费用，按数量基础分配到产品中去，而对于作业量驱动的制造费用，则根据“作业消耗资源，产品消耗作业”的基本思想，进行两阶段成本分配。

1. 确认主要作业

作业的确认十分简单，仅仅需要询问经理人员或基层员工“你做的是什么工作”便可获知。最终作业的确定需要通过会计师的专业判断。国外成功运行的作业成本系统的作业主要有采购、客户订单处理、质量控制、生产控制、生产准备、加工制造、材料处理、维修等。一个企业的作业可能有几百种，甚至几千种，如果把所有作业都用来设计作业成本法系统，系统将会复杂庞大，相应地，就会大大增加信息收集工作的成本。因此，要根据管理对成本信息的准确要求，对用于系统设计的作业数量进行决策。以采购作业为例，如果管理需要高度准确的成本信息，那么可以把采购作业划分为市场调查、了解供应商、谈判、催促发货、检查需求、申请、批准、准备合同；如果管理要求比较准确的成本信息，可把采购作业划分为联系供应商和内部采购单处理两种作业；如果管理只要求一般准确的成本信息，那么就可把采购作业单独当作一种作业。根据管理的需要，采购作业的划分情况，如表12－3所示。

表12-3 采购作业划分情况表

<table>
<tr><th colspan="3">采 购 作 业</th></tr>
<tr><th>管理要求高</th><th>管理要求较高</th><th>管理要求一般</th></tr>
<tr><td>市场调查</td><td rowspan="4">联系供应商</td><td rowspan="8">采购</td></tr>
<tr><td>了解供应商</td></tr>
<tr><td>谈判</td></tr>
<tr><td>催促发货</td></tr>
<tr><td>检查需求</td><td rowspan="4">内部采购单处理</td></tr>
<tr><td>申请</td></tr>
<tr><td>批准</td></tr>
<tr><td>准备合同</td></tr>
</table>

2. 将资源成本分配给作业

资源成本可以通过直接分配或估计的方法分配给作业。

所谓直接分配，即按客观、真实的尺度来对资源进行计量。具体而言就是，测算作业所消耗的经营资源实际数额。例如，机器运转所耗用的电费可以通过查电表，将其直接分配到机器运转作业中，搬运作业的人工成本可按工人的劳动时间加以分配。

在缺乏或很难获取直接分配基准的情况下，往往采用调查和询问的方式来估计作业所消耗的经营资源成本。例如，假定质量检验部门有两大资源消耗，100 000 元的工资和 20 000 元的原材料，并且质量检验部门设有“外购材料检验”、“在产品检验”和“产成品检验”三项作业。会计部门通过估计各作业消耗的人力把工资分配到各作业。这个估计的人力就是工资的资源动因。

假定人力的估计是由分配到每一作业的人数及每人在该作业上所花费的时间来决定。如果该部门 2/10 的人员把他们 50% 的时间花费在对外购材料进行检验上，那么人力的 10% [（2/10）×50%] 的工资，也就是 10 000 元（100 000×10%）就应分配到“外购材料检验”作业上。资源动因作为一种分配基础，它反映了作业对资源的耗费情况，是将资源成本分配到作业的标准。

3. 将作业成本分配给最终产品

以作业动因为基础将作业成本库的成本分配到最终产品，作业动因是各项作业被最终产品消耗的方式和原因。例如，起动准备作业的作业动因是起动准备次数，质量检验作业的成本动因是检验小时。明确了作业动因，就可以将归集在各个作业成本库中的制造费用按各最终产品消耗的作业动因的比例进行分配，计算出产品的各项作业成本，进而明确最终产品的成本。

4. 计算产品成本

作业成本法的目标最终是要计算出产品的成本。将分配给某产品的各作业成本库分摊成本、数量驱动的制造费用和直接成本（直接人工及直接材料）合并汇总，计算该产品的总成本，再将总成本与产品数量相比，计算该产品的单位成本。即：某产品成本= 直接成本+数量驱动的制造费用+∑成本动因成本。作业成本法的计算程序如图 12－2 所示。

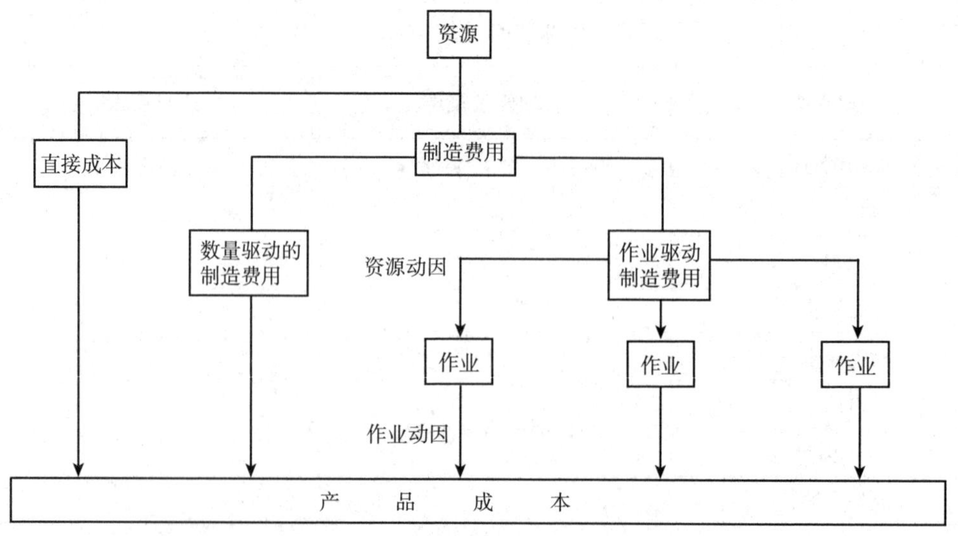

图 12-2 作业成本法的计算程序图

12.2.2 作业成本法的应用

【例 12-1】某企业同时生产 A、B、C 三种产品。其中，A 产品技术含量不高，每批大量生产 10 000 件，年产 A 产品 120 000 件，共分 12 批生产；B 产品每批生产 100 件，年产 B 产品 60 000 件，共分 600 批生产；C 产品是高科技产品，每批生产 40 件，年产 C 产品12 000 件，共分 300 批生产。三种产品的生产成本资料如表 12－4 所示。

表 12-4 产品的生产成本资料及工时表

成本项目	A 产品	B 产品	C 产品
直接材料/元	600 000	360 000	96 000
直接人工/元	240 000	120 000	36 000
单位产品生产工时/h	1	1. 50	3. 50
制造费用/元	3 780 000		

根据作业成本法，依据不同的成本库归集的制造费用如表 12－5 所示。

表 12-5 不同的成本库归集的制造费用表

制造费用项目	金额/元
间接人工：	
准备工作	319 200
材料处理	280 000
检验人员	1 200 000
采购人员	230 000
工厂管理人员	360 000
其他制造费用：	
供热	260 000
厂部折旧	435 400
材料处理设备折旧	81 800
机器维修	453 600
供应商（检验）	60 000
供应商（购买）	100 000
合　计	3 780 000

假设有关的成本动因资料如下。

（1）每批次需要一次标准的准备工作。

（2）每批的标准检验单位为：A 产品每批 50 件，B 产品每批 5 件，C 产品每批 2 件。

（3）A、B、C 三种产品每批材料移动次数分别为：25 次、50 次和 100 次。

（4）A、B、C 三种产品的订单数分别为：900 份、850 份和 550 份。

（5）生产 A、B、C 三种产品的厂房面积分别为 43 575 m²、35 500 m²、36 600 m²，厂房总面积为 115 675 m²。

根据上述资料，按照单位作业、批别作业、产品批别作业和管理作业 4 个作业层次分配制造费用如下。

1. 单位作业层次

机器维修费用按一定比例分配到各产品，计算过程如表 12－6 所示。

表 12-6 机器维修费用分配表

产品名称	数量/件	单位产品生产工时/h	产品生产总工时/h	分配率①	分配金额/元
A 产品	120 000	1	120 000		216 000
B 产品	60 000	1. 50	90 000		162 000
C 产品	12 000	3. 50	42 000		75 600
合　计			252 000	1. 80	453 600

注：①分配率= 453 600/252 000 = 1. 80（元/h）。

2. 批别作业层次

（1）检验成本按检验次数分配到各产品，计算过程如表 12－7 所示。

表 12-7 检验成本① 分配表

产品名称	批量/批	每批检验单位/件	检验总单位/件	分配率②	分配金额/元
A 产品	12	50	600		180 000
B 产品	600	5	3 000		900 000
C 产品	300	2	600		180 000
合　计			4 200	286	1 260 000

注：① 检验成本 = 检验人员工资+供应商（检验） = 1 200 000 +60 000 = 1 260 000（元）。

② 分配率 = 1 200 000/4 200 = 286（元/件）。

（2）材料处理成本以材料移动次数为基础分配，计算过程如表 12－8 所示。

表 12-8 材料处理成本① 分配表

产品名称	批量/批	每批移动次数/次	移动总次数/次	分配率②	分配金额/元
A产品	12	25	300		1 800
B产品	600	50	30 000		180 000
C产品	300	100	30 000		180 000
合 计			60 300	6	361 800

注：① 材料处理成本 = 材料处理人员工资+材料处理设备折旧= 280 000 + 81 800 = 361 800（元）。
② 分配率 = 361 800/60 300 = 6（元/次）。

（3）准备成本以每批的准备次数为基础进行分配，计算过程如表 12－9 所示。

表 12-9 准备成本分配表

产品名称	每批准备次数/次	分配率①	分配金额/元
A产品	12		4 200
B产品	600		210 000
C产品	300		105 000
合 计	912	350	319 200

注：①分配率= 319 200/912 = 350（元/次）。

3. 产品批别作业层次

购买成本以购货订单为基础分配，计算过程如表 12－10 所示。

表 12-10 购买成本① 分配表

产品名称	购货订单数量/份	分配率②	分配金额/元
A产品	900		180 000
B产品	850		170 000
C产品	550		110 000
合 计	2 300	200	460 000

注：①购买成本= 采购人员工资+供应商（购买） = 360 000 + 100 000 = 460 000（元）。
②分配率= 460 000/2 300 = 200（元/次）。

4. 管理作业层次

管理作业层次以厂房面积为基础进行分配，计算过程如表 12－11 所示。

表 12-11 管理作业成本[①]分配表

产品名称	厂房面积/m²	分配率[②]	分配金额/元
A产品	43 575		348 600
B产品	35 500		284 000
C产品	36 600		292 800
合　计	115 675	8	925 400

注：①管理作业成本= 工厂管理人员工资+供热费用+厂部折旧
= 230 000+260 000+435 400= 925 400（元）。
②分配率= 925 400/115 675= 8（元/m²）。

综合上述计算结果，根据作业成本法，各种产品的总成本和单位成本汇总如表 12－12 所示。

表 12-12 产品生产成本表

金额单位：元

项　目	A产品（120 000件）		B产品（60 000件）		C产品（12 000件）	
	单位成本	总成本	单位成本	总成本	单位成本	总成本
1. 单位作业层次						
直接材料	5	600 000	6	360 000	8	96 000
直接人工	2	240 000	2	120 000	3	36 000
维修费	1. 80	216 000	2. 70	162 000	6. 30	75 600
小　计	8. 80	1 056 000	10. 70	642 000	17. 30	207 600
2. 批别作业层次						
检验成本	1. 50	180 000	15	900 000	15	180 000
材料处理成本	0. 015	1 800	3	180 000	15	180 000
准备成本	0. 035	4 200	3. 50	210 000	8. 75	105 000
小　计	1. 55	186 000	21. 50	1 290 000	38. 75	465 000
3. 产品批别作业层次						
购买成本	1. 50	180 000	2. 83	170 000	9. 17	110 000
小　计	1. 50	180 000	2. 83	170 000	9. 17	110 000
4. 管理作业层次	2. 905	348 600	4. 73	284 000	24. 40	292 800
小　计	2. 905	348 600	4. 73	284 000	24. 40	292 800
合　计	14. 755	1 770 600	39. 76	2 386 000	89. 62	1 075 400

依据上述资料按照传统成本计算方法，该企业的 A、B、C 三种产品的单位成本计算过

程如下：

A 产品的生产总工时= 120 000×1 = 120 000（h）

B 产品的生产总工时= 60 000×1. 5 = 90 000（h）

C 产品的生产总工时= 12 000×3. 5 = 42 000（h）

制造费用分配率= $\frac{3780\ 000}{120\ 000+90\ 000+42\ 000}$ = 15（元/h）

A 产品应分配的制造费用= 15×120 000 = 1 800 000（元）

单位 A 产品应分配的制造费用= 1 800 000/120 000 = 15（元）

B 产品应分配的制造费用= 15×90 000 = 1 350 000（元）

单位 B 产品应分配的制造费用= 1 350 000/60 000 = 22. 50（元）

C 产品应分配的制造费用= 15×42 000 = 630 000（元）

单位 C 产品应分配的制造费用= 630 000/12 000 = 52. 50（元）

依据上述计算结果，根据传统成本计算方法，各种产品的总成本和单位成本汇总如表 12 - 13所示。

表 12-13　产品生产成本表

金额单位：元

项　目	A 产品（120 000 件）		B 产品（60 000 件）		C 产品（12 000 件）	
	单位成本	总成本	单位成本	总成本	单位成本	总成本
直接材料	5	600 000	6	360 000	8	96 000
直接人工	2	240 000	2	120 000	3	36 000
制造费用	15	1 800 000	22. 50	1 350 000	52. 50	630 000
合　　计	22	2 640 000	30. 50	1 830 000	63. 50	762 000

表 12 -12 与表 12 -13 的计算结果显示了传统成本法与作业成本法的区别。作业成本法除了提供更为详细的成本信息外，其所确定的成本也与传统成本法大不相同。本例中，A 产品单位成本被高估；而 B、C 两种产品单位成本被低估。导致这种结果的主要原因在于传统成本计算法采用单一分配标准进行制造费用的分配，忽视了各种产品生产的复杂性和技术含量不同以及相联系的作业量不同。相比之下，传统成本法相关性较弱，而作业成本法考虑了引起制造费用发生的具有代表性的各种成本动因，并以此为基础分配制造费用，因而，它能较客观、合理地反映高新技术环境下各种产品的成本。

12.3 作业成本法的评价及适用范围

12.3.1 作业成本法与传统成本计算方法的联系与区别

1. 作业成本法与传统成本法的联系

(1) 两者的目的相同。作业成本法与传统成本法的目的都是计算最终产品成本。传统成本计算法是将各项费用在各种产品（各成本计算对象）之间进行分配，计算出产品成本；而作业成本法是将各项费用先在各作业中心之间分配，再按照各种产品耗用作业的数量，把各作业成本计入各种产品成本，计算出产品成本的方法。

(2) 两者对直接费用的确认和分配相同。作业成本法与传统成本计算法都依据受益性原则，对发生的直接费用予以确认。

2. 作业成本法与传统成本法的区别

(1) 成本计算对象不同。传统成本法都是以企业最终产出的各种产品作为成本计算对象；作业成本法则不仅关注产品成本，而且更多关注产品成本产生的原因及其形成的全过程，因而它的成本计算对象是多层次的，不但把最终产出的各种产品作为成本计算对象，而且把资源、作业、作业中心作为成本计算对象。

(2) 成本计算的目的不同。传统成本法的计算目的仅仅是为了计算成本，就成本论成本；作业成本法则把重点放在成本发生的前因后果上，成本是由作业引起的，该作业是否应当发生，是由产品的设计环节所决定的。在产品设计中，要设计出产品是由哪些作业所组成的，每一项作业预期的资源消耗水平，在作业的执行过程中，应分析各项作业预期的资源消耗水平以及预期产品最终可为顾客提供价值的大小。对这些信息进行处理和分析，可以促使企业改进产品设计，提高作业水平和质量，减少浪费，降低资源的消耗水平。

(3) 理论基础不同。传统成本法的理论基础是以企业所生产的产品按照其耗费的生产时间或按照其产量线性地分配各项制造费用。因此，制造费用可以以一定的标准平均地分摊到各种产品的成本中。这种方法没有考虑实际生产中产品消耗与费用的配比问题，只能算是一种近似的分配方法；作业成本法的理论基础是成本驱动因素论。这种理论认为，企业的产品成本和价值并不是孤立产生的，产品成本的形成是与各种资源的消耗密切相关的，因此，分配制造费用应着眼于费用、成本的来源，将制造费用的分配与产生这些费用的原因联系起来——产品消耗作业、作业消耗资源并导致成本的发生。作业成本法在成本核算上突破产品这个界限，使成本核算深入到资源、作业层次，它从资源的消耗入手，以多种资源动因（即资源成本的分配标准）为标准，按作业中心收集成本，并把各作业中心的成本按不同的作业动因（即作业成本的分配标准）分配到各种产品中。作业成本法通过选择多样化的分配标准（成本动因）进行制造费用的分配，使费用分配和成本计算按产品对象化的过程明细化，使成本的可归属性大大提高，并将按人为标准分配制造费用、计算产品成本的比重缩减到最低限度，从而提高了成本信息的准确性。

12.3.2 对作业成本法的评价

1. 作业成本法的优点

（1）作业成本法提供了更真实、丰富的产品成本信息，由此而得到更真实的产品盈利能力信息和定价、顾客市场及资本支出等战略决策相关的信息。作业成本法试图把支持产品生产和发生的各种活动予以量化，并把它们按其“来龙去脉”原原本本地归集到各个产品中，以能得到正确的产品成本信息。而激烈的全球竞争和崭新的生产技术使准确的产品成本信息对于企业在竞争中的取胜至关重要。

（2）作业成本法拓宽了成本核算的范围。作业成本法把作业、作业中心、顾客和市场纳入成本核算的范围，形成了以作业为核心的成本核算对象体系。它以作业为核心进行成本核算，抓住了资源向成本对象流动的关键，便于合理计算成本，有利于全面分析企业在特定产品、劳务、顾客和市场及其组合以及各相应作业盈利能力方面的差别。

（3）有利于建立新的责任会计系统，调动各部门挖掘盈利潜力的积极性，进行业绩评价。企业的作业链同时也是一条责任链，以成本库为新的责任中心，分析评价该库中费用发生的合理性，以能否为最终产品增加价值作为合理性的标准，建立责任系统，并按是否提高价值链的价值为依据进行业绩评价，充分发挥资源在价值链中的作用，以促进经济效益的提高。

2. 作业成本法的局限性

（1）尽管作业成本法大大减少了传统成本计算方法在产品成本计算上的主观分配，但没有从根本上消除主观性，如作业的划分、成本动因的选择，在一定程度上还带有一些主观因素。

（2）采用作业成本法应遵循成本效益原则，任何一个成本系统并不是越准确就越好，关键还需考虑其成本。作业成本法增加了大量的作业分析、确认、记录和计量，增加了成本动因的选择和作业成本的分配工作，要处理大量的数据，导致实施成本高昂。但是在制造费用高、产品品种复杂的情况下，由于传统成本法提供的信息严重扭曲了产品的实际成本，误导了企业的经营决策，造成企业不必要的损失。实施作业成本法可为企业决策提供准确的成本信息，带来巨大收益，企业应依据成本效益原则，考虑是否采用作业成本法。

12.3.3 作业成本法的适用范围

作业成本法不仅适用于制造业、商品流通业，也可以运用于金融企业、财务公司以及各种服务行业。西方发达国家的大银行也纷纷采用作业成本法，进行银行作业管理。生产过程复杂、产品品种多的公司使用该方法，可以获益不少，但它不太适用于生产过程简单、产品品种少的公司。因为该方法本身较为复杂，需要良好的专业技能，而且费时。因此，是否采用此法主要取决于公司生产过程的难易程度、管理会计师的专业技术水平等，各公司应根据成本——效益原则判断是否采用作业成本法计算产品成本和进行作业管理。适合使用作业成本法的企业特征如下。

1. 制造费用在产品成本结构中比重较大

制造费用在产品中所占的比重越大，采用传统成本法分配制造费用，就会使成本信息受到严重的歪曲，进而影响成本决策的正确性。如果采用作业成本法，会提高成本信息的精确度，使成本决策更具相关性。

2. 企业规模大，产品种类多

产品种类繁多的企业，通常存在制造费用在不同种类产品之间进行分配的问题，传统成本法笼统地将不同质的制造费用用统一的标准进行分配，显然会使成本信息不可靠。而作业成本法则以作业为中心，区分不同质的费用采用不同的动因进行分配，能更准确地将成本追溯到各种产品。

3. 产品工艺过程复杂，作业环节多且容易辨认

作业环节越多，制造费用的发生与传统成本法的单一分配标准不相关的可能性越大，采用单一的分配标准对成本信息的扭曲越大；同时，作业环节越多，不增值作业的可能性越多，这时可以采用作业成本法分析，消除不增值作业，降低产品成本。

4. 生产准备成本较高，各次投产数量相差较大

生产准备成本通常与投产批次相关，而与每批的投产数量关系不大，若将这种成本按传统标准分配到各产品，则会导致分配结果的不准确。而作业成本法则把该成本按各产品对调整作业的消耗次数分配到各产品，显然可以提高分配的准确性。

5. 计算机技术较高

作业成本法的计算过程较复杂，并且对计算结果的准确性要求也高，可以利用计算机技术收集数据、采用一些程序处理信息。

练习题

一、单项选择题

1. 使企业生产经营正常运转、使各项生产条件保持正常工作状态而发生的作业是（　　）。

   A. 单位作业　　B. 批别作业　　C. 产品别作业　　D. 管理作业

2. 能使某种产品的每一单位都受益的作业是（　　）。

   A. 单位作业　　B. 批别作业　　C. 产品别作业　　D. 管理作业

3. 与生产数量无关，能使一批产品受益的作业是（　　）。

   A. 单位作业　　B. 批别作业　　C. 产品别作业　　D. 管理作业

4. 作业成本法计算制造费用分配率应考虑（　　）。

   A. 生产工时　　B. 作业目的　　C. 总量标准　　D. 成本动因

5. 作业成本法最重要的优点在于（　　）。

   A. 促进企业组织方式变革　　B. 作业的计量和分配较为客观

C. 促使管理人员加强成本控制　　D. 简化了成本计算程序

二、多项选择题

1. 成本动因可以是（　　）。

A. 财务指标　　B. 非财务指标　　C. 内部指标

D. 外部指标　　E. 非数量指标

2. 作业的基本特征（　　）。

A. 是一种资源的投入和另一种结果产出的过程

B. 作业贯穿于经营过程的全部

C. 作业是可以量化的

D. 所有作业都是增值的

E. 作业的计量比较主观

3. 适合使用作业成本法的企业特征（　　）。

A. 制造费用在产品成本结构中比重较小

B. 产品工艺过程复杂，作业环节多且容易辨认

C. 企业规模大，产品种类多

D. 计算机技术不高

E. 生产准备成本较高，各次投产数量相差较大

4. 作业成本法的局限性主要有（　　）。

A. 所提供的信息仍以传统会计为基础

B. 确定作业和成本动因时具有人为性

C. 实施成本高

D. 制造费用分配标准多元性

E. 短期内实施效果不明显

5. 选择适当的成本动因通常应考虑的因素有（　　）。

A. 成本动因资料是否易得

B. 与作业实际消耗的相关度

C. 成本动因引发的人为行为

D. 执行者的判断经验

E. 以上均是

三、判断题

1. 作业是作业成本法的基础。（　　）

2. 成本动因与作业之间是一对一的对应关系。（　　）

3. 并不是所有的企业都适合采用作业成本法。（　　）

4. 作业成本法能恰如其分地反映制造费用与产量之间变动关系。（　　）

四、计算分析题

某企业同时生产甲、乙、丙三种产品，甲产品产销量比较稳定，每批生产 5 000 件，年产甲产品 60 000 件；乙产品每批生产 50 件，年产乙产品 30 000 件；丙产品每批生产 5 件，年产丙产品 6 000 件。三种产品的生产成本资料如表 12－14 所示。

表 12-14 产品生产成本表

金额单位：元

成本项目	直接材料	直接人工	制造费用
甲产品	300 000	120 000	
乙产品	180 000	60 000	
丙产品	48 000	18 000	
合　计	528 000	198 000	990 000

依据不同作业成本库归集的制造费用如表 12－15 所示。

表 12-15 依据作业成本库归集的制造费用表

金额单位：元

制造费用项目	金 额
间接人工：	
采购人员	135 000
材料处理	140 000
整备人员	160 000
检验人员	135 000
产品分类人员	70 000
车间管理人员	80 000
小　计	720 000
其他制造费用：	
热和照明	40 000
房屋占用	120 000
材料处理设备折旧	40 000
机器能量	70 000
小　计	270 000
合　计	990 000

有关的成本动因资料如下。

（1）甲、乙、丙产品的单位机器小时比例是 1∶1.5∶3.5。

（2）每生产一批次产品需要一次标准的整备工作。

（3）每批产品的标准检验单位是：甲产品每批 50 件、乙产品每批 5 件、丙产品每批 2 件。

（4）甲、乙、丙产品每批材料移动次数分别是 25 次、50 次和 100 次。

（5）甲、乙、丙产品每件购货订单数分别是 100、200 和 700。

（6）甲、乙、丙产品每种产品分类次数分别是 50 次、75 次和 200 次。

要求：根据上述资料，分别用传统成本法和作业成本法计算甲、乙、丙产品的总成本和单位成本。（传统成本法下制造费用按各种产品的直接人工比例分配，作业成本法下按照四个作业层次分配制造费用。）